金融商品取引法・金融サービス提供法

桜井健夫〈著〉

発行 ⊜ 民事法研究会

はしがき

　本書は、「金融商品取引法」と「金融サービス提供法」の解説書である。

　本書の特徴は、三つある。

　一つ目は、法の解説に先立ち、金融、金融商品取引、投資についてページを割いていることである。金融商品取引法は、金融商品取引（有価証券等の投資取引とデリバティブ取引）を対象とする法律であり、金融サービス提供法はそれに加えて預金や保険も対象とする法律である。したがって、これら対象を理解していることが法の理解のために不可欠の前提となるが、そのための適切な文献は少ない。金融商品取引法の解説書は多数あるが、ほとんどは法の解説のみをするものであり、1冊で金融商品取引や投資の解説と法律の解説がある点は、類書にない特徴といえる。

　二つ目は、全体として、消費者の視点を重視していることである。英国の著名エコノミストであるジョン・ケイがその著書で指摘するとおり、金融の発展と金融業界の発展は別問題であることを踏まえて、すべての人が消費者である以上、世の中のしくみの一部である金融制度は、消費者のためにあるべきであるとの視点を基本にしている。

　三つ目は、二つ目の特徴とも関連するが、投資被害救済の法理論の解説があることである。これは、筆者の弁護士としての経験を生かして、少ないページ数でも実務に役立つレベルに近づけるよう努めたものである。

　本書は、大学の講義資料をベースに加筆したものであり、まずは大学の法学部でこれらの法律を学ぶ学生を念頭においているが、それに加えて、金融関係の業務に携わるビジネスマンや投資被害救済に携わる弁護士、投資被害相談を担当する消費生活センター相談員や行政職員の方々も意識し、実務に必要なレベルを確保するよう心掛けた。多くの方に利用いただければ幸いである。

2023年1月　桜井　健夫

『金融商品取引法・金融サービス提供法』

目　　次

第1部　金融商品と投資

3

第2部　金融商品関連法の概要

第3部　金融商品取引法

第4部　金融サービス提供法

第5部　投資被害救済の法理論

$$\boxed{凡　例}$$

〈法令等略称〉

金商法	金融商品取引法
施行令	金融商品取引法施行令
金商業等府令	金融商品取引業等に関する内閣府令
定義府令	金融商品取引法第二条に規定する定義に関する内閣府令
金サ法 　（金融サービス提供法）	金融サービスの提供に関する法律
ADR 法	裁判外紛争解決手続の利用の促進に関する法律
一般法人法	一般社団法人及び一般財団法人に関する法律
海先法	海外商品市場における先物取引の受託に関する法律
外為法	外国為替及び外国貿易法
株券等保管振替法	株券等の保管及び振替に関する法律
金先法	金融先物取引法
金販法	金融商品の販売等に関する法律
金販法施行令	金融商品の販売等に関する法律施行令
金融 ADR 法	金融商品取引法等の一部を改正する法律案（2009年6月成立、2010年4月施行）
金融システム改革法	金融システム改革のための関係法律の整備等に関する法律
兼営法	金融機関の信託業務の兼営等に関する法律
国民生活センター法	独立行政法人国民生活センター法
資金決済法	資金決済に関する法律
資産流動化法	資産の流動化に関する法律
社債等振替法	社債、株式等の振替に関する法律
出資法	出資の受入れ、預り金及び金利等の取締りに関する法律
商先法	商品先物取引法
証取法	証券取引法
証取法施行令	証券取引法施行令
商品ファンド法	商品投資に係る事業の規制に関する法律
生協法	消費生活協同組合法

抵当証券業規制法	抵当証券業の規制等に関する法律
投資顧問業法	有価証券に係る投資顧問業の規制等に関する法律
投資信託・法人法	投資信託及び投資法人に関する法律
特定商取引法	特定商取引に関する法律
独禁法	私的独占の禁止及び公正取引の確保に関する法律
農協法	農業協同組合法
犯罪収益移転防止法	犯罪による収益の移転防止に関する法律
ファンド法	投資事業有限責任組合契約に関する法律
振り込め詐欺救済法	犯罪利用預金口座等に係る資金による被害回復分配金の支払等に関する法律
預金者保護法	偽造カード等及び盗難カード等を用いて行われる不正な機械式預貯金払戻し等からの預貯金者の保護等に関する法律
預託法	預託等取引に関する法律
有価証券取引等規制府令	有価証券の取引等の規制に関する内閣府令
企業内容等開示府令	企業内容等の開示に関する内閣府令
特定有価証券開示府令	特定有価証券の内容等の開示に関する内閣府令
投資勧誘規則	協会員の投資勧誘・顧客管理等に関する規則

〈文献略称〉

民（刑）集	最高裁判所民（刑）事判例集
金財	金融財政事情
金判	金融・商事判例
金法	金融法務事情
ジュリ	ジュリスト
商事	商事法務
セレクト	証券取引被害判例セレクト
判時	判例時報
判タ	判例タイムズ
判評	判例評論
法セ	法学セミナー
リマークス	私法判例リマークス
裁判所ウェブサイト	裁判所ウェブサイト裁判例情報
愛大	愛知大学法学部経論集

第1部
金融商品と投資

●第1部のポイント●

・金融商品取引とはどのようなものか。
・金融商品取引の社会的役割、消費者にとっての意義は何か。
・ESG 投資とはどのようなものか。
・投資の際に考慮すべき事項は何か。
・金融商品取引で被害に遭う人の心理はどうなっているのか。

第 1 章　金融と金融商品取引

1　金融とは何か

　金融とは、資金が流れることをいい（狭義では、資金の融通、すなわち資金余剰主体から資金需要主体へ流れることを指す）、次の四つの機能をもつ。[1]

①　決済

②　消費と資産の管理（預金）

③　効率的な資本配分（融資、証券取引）

④　リスクの緩和（保険）

　①②は銀行等（銀行、信用金庫、信用組合、農業協同組合、漁業協同組合、労働金庫）、③は銀行等と証券会社等（証券会社、投資信託会社を含む金融商品取引業者）、④は保険会社等（保険会社、外国保険業者、少額短期保険業者、各種共済組合）がその役割を担っている。金融業の成否は、それにかかわる業者が上げる利益額ではなく、①〜④の達成度で決まる。制度設計上は、役に立つ金融業をいかに創り上げ監督していくかという視点が重要である。[2]

2　金融商品取引の概要[3]

　金融商品取引とは、将来金銭等で受け取る約束をして資金を支出したり、それによって得た権利や地位を売却したりすることである。約束の仕方には、国債のような資金受取者にとって負債となる負債（debt、デット）契約と株式のような資金支出者が持分を取得する持分（equity、エクイティ）契約が

1　金融審議会「金融制度スタディ・グループ中間整理」（2018年 6 月29日）は、金融の機能を①決済、②資金供与、③資産運用、④リスク移転の四つに整理し、預金は、①②③の背後にあるものとして位置づけている（金融庁ウェブサイト）。

ある。第1章1の②③④に関係する。預貯金取引（定期預金・普通預金・当座預金等）、証券取引（株式・社債・投資信託等）、保険取引（生命保険契約・損害保険契約・医療保険契約等）などがその例である。デリバティブ取引（先物・先渡し・オプション・スワップ等）は④に類似する機能があり、これも含めて考える。

　なお、商品先物取引は、金銭ではなく商品に関連する取引であるが、商品デリバティブ取引の一種であり、その商品を産出する生産者、その商品を原料として使うメーカー、その商品を取り扱う流通業者など（以上を当業者という）を除けば、商品の受渡しを行わないで常に差金決済をすることとなるので、結果を将来金銭等で受け取る約束で顧客が資金を支出する取引といえる。そこで、これも金融商品取引に含める。

　そのほかに、**金融商品まがい**ともいうべき怪しい取引も多数あり、消費者が狙われている。外形が同じまたは類似しており、これらについても考えてゆく。

用語解説

▶**金融商品取引**：本文の説明のほかに、現在のお金と将来のお金を交換する取引（池尾和人『現代の金融入門〔新版〕』（筑摩書房・2010年）12頁）、現在から将来にわたるキャッシュフローの移転（新しい金融の流れに関する懇談会「新しい金融の流れに関する懇談会『論点整理』の概要」（1998年）3(1)（金融庁ウェブサイト））などとも説明される。

▶**投資サービス**：これらの金融商品取引を顧客に提供する業務を投資サービスというこ

2　ジョン・ケイ（薮井真澄訳）『金融に未来はあるか──ウォール街、シティが認めたくなかった意外な真実』（ダイヤモンド社・2017年）は、この手段の一つとしてスチュワードシップ（機関投資家の受託者責任）の重要性を指摘し、資金を預かって運用するプロが運用先の選定やその後の関与を適切に行うことが必要であるとする。日本でも同様であり、金融庁スチュワードシップ・コードに関する有識者検討会（令和元年度）が「『責任ある機関投資家』の諸原則《日本版スチュワードシップ・コード》」（2014年策定、2020年3月24日再改訂）を設け、多くの機関投資家が受け入れている。詳細は第4章3(2)参照。

3　金融商品の参考文献として、伊藤宏一監修「金融商品なんでも百科」（金融広報中央委員会ウェブサイト）がある。

とがある。証券会社、銀行、保険会社などが行っている。法律上の言葉ではない。

3　預貯金

　預貯金は預金と貯金の総称である。預金は、銀行・信託銀行・信用金庫・信用組合・労働金庫にお金を預けること、貯金は、郵便局・農業協同組合・漁業協同組合にお金を預けることである。いずれも法的には**消費寄託契約**（民法666条）に分類される契約であり、呼び名の違い以上の相違はない。預貯金制度の重要性や預貯金の特性から、預貯金を受け入れることができるのは銀行法・農協法等の法律に基づいた許可等の根拠をもつ業者に限られており、それ以外の者が預貯金を受け入れると出資法2条に違反して犯罪となる。

　預金の種類には、普通預金、定期預金、当座預金（手形・小切手の決済用の預金で、金利がつかない）、外貨預金、仕組預金（デリバティブ取引を組み込んだ預金）等がある。預金の一種である**郵便貯金**には、通常貯金、定期貯金、定額貯金、振替貯金（決済用の貯金で、金利がつかない）がある。

　このうち、外貨預金、仕組預金などの投資性の強い預金を除けば、預金は預かった金融機関が元本を返還することを約束した金融商品であり（元本保証）、支出した額より戻ってくる額が減るという元本欠損リスクの観点からは、銀行などの金融機関の**信用リスク**が問題となる。金融機関が破綻した場合には、決済用預金は全額保護、それ以外は一部を除いて**預金保険制度**により元本1000万円までは元利が保護されるが、それを超える額については倒産手続で得られる配当金等を取得できるにとどまり、元本を下回るリスクがある。

　日本における個人の金融資産の半分強は現金預金の形をとっており、[4]そのほとんどは預貯金である。ここ数十年、預貯金の割合はほとんど変わらない。

4　個人金融資産は、2022年3月末で2005兆円（現金・預金1088兆円、証券321兆円、保険年金540兆円など）である（日本銀行調査統計局「参考図表2022年第1四半期の資金循環（速報）」（2022年6月27日）図表3-1（日本銀行ウェブサイト））。

用語解説

▶**消費寄託契約（民法666条）**：預かった側はそれを消費することができ、同額を返せばよい。預ける人のための契約類型であり、いつでも返還請求できる（民法662条。なお、同法666条 3 項では同法591条 1 項を準用していない）。これに対し、消費貸借契約（貸し借り）は借りる人のための契約類型であり、期限にならないと返還請求できない。

▶**預貯金契約**：厳密には、預貯金契約には、消費寄託契約に加えて、「振込入金の受入れ、各種料金の自動支払、定期預金の自動継続処理等、委任事務ないし準委任事務の性質を有するものも含まれている」（最判平21年 1 月22日民集63巻 1 号228頁）。

▶**元本保証と元本確保**：元本保証とは、取引相手の業者など（預金の場合は金融機関、公社債の場合は発行者）が元本の支払いを約束することであり、主債務者が別にいてその債務を保証するというわけではない。元本確保とは、満期などの特定の時期に元本を全額返還できるように設計された商品の状態をいい、それ以外の時期に換価する場合は元本欠損とすることがあるように設計されている。

▶**信用リスク（デフォルトリスク）**：取引相手方や発行者などの信用状況によって、支払時期に、約束どおり元本と利息が支払われなくなるリスクをいう。預金や社債のような元本保証商品の場合に最も重要なリスクである。

▶**預金保険の対象外**：外貨預金、譲渡性預金等は預金保険の対象外である。仕組預金の利息等については、預入れ時における通常の円定期預金（仕組預金と同一の期間および金額）の店頭表示金利までが預金保険の対象となり、それを超える部分は対象外となる。

▶**預金保険機構**：預金保険制度を運営する主体。

〈コラム 1 〉　郵便局は銀行の一種

　郵便局を運営していた日本郵政公社は、銀行とは別の法的根拠に基づいた組織であったが、2007年10月 1 日、持株会社（日本郵政株式会社）と、 4 事業会社（①郵便局株式会社、②郵便事業株式会社、③株式会社ゆうちょ銀行、④株式会社かんぽ生命保険）に民営化・分社化し、2012年10月 1 日には①②が合併して日本郵便株式会社となった。郵便貯金を受け入れる株式会社ゆうちょ銀行は銀行の一種となっているが（郵政民営化法98条 1 項により銀行法 4 条 1 項の免許を受けたものとみなされる）、貯金の名称はそのまま残った。通常貯金1300万円、定期性貯金1300万円の上限がある。

┌─〈コラム 2 〉ペイオフ ─────────────────────────

　預金保険制度では、金融機関が破綻した場合の選択肢の一つとしてペイオフがある。これは、金融機関から集めた保険料によって、保険対象となる預金について1000万円を限度に預金者に払い戻し、そのうえで金融機関を清算する制度である。

　2010年 9 月に破綻した日本振興銀行がペイオフ適用の最初のケースである。民事再生手続で金融整理管財人に選任された預金保険機構によれば、預金者総数12万6779人、預金総額5820億円で、預金元本が1000万円を超える預金者が3423人（全体の2.7%）、その預金のうち1000万円を超える部分は約110億円（全体の1.9%）である。1000万円を超える部分については、概算払い率25%とされ、2014年には累計58%、2016年 9 月の最終配当まで合わせると61%の弁済率となった。

4　債券（国債、社債など）

(1)　概　要

　債券とは、国債、社債など発行主体がその証券の所持者に対して満期日に額面額の支払いを約束した金融商品である。額面額に加えて一定の金利の支払いが約束されている利付債が普通であるが、金利がなく額面額より低い金額で発行される割引債もある。現在は、債券はいずれも紙では印刷されておらず「社債、株式等の振替に関する法律」に基づきデータの形で権利の管理がされている。

　債券の実質は、発行主体が、発行という形で借金をして返済期限である満期に借金を返済するものといえる。債券は借金の「証文」である。これを取得者からみれば、債券を買うということは、経済的には発行者に資金を融資するのと同じである。したがって、債券購入の際に最も注意すべきなのは、

発行者が期日に約束どおり融資金を返済してくれるか、つまり、発行者の信用リスクである。

用語解説
▶**債券**：国債、社債などの公社債のほか、学校債その他、発行者の借金の実質をもつ証券を広く含む。

(2)　国内債と外債

債権は、国内債と外債に分類できる（【図表 1 】）。

国内の公債には、日本国債や地方債（都道府県債、市債）、政府関連機関債などがある。国内の社債は、国内の株式会社が国内で発行する社債（会社法2 条23号・676条以下。普通社債）である。日本国債の信用リスクは小さいためあまり意識されないが、社債については、1996年に適債基準（社債を発行できる基準。資本金額、決算の状況等の要件があった）が撤廃されて以来、信用リスクの大きいものも販売されることがあるので注意が必要である。過去に、上場会社が個人向け社債を公募して数カ月後に破綻して顧客に損害を与えた例（〈裁判例 1 〉・〈裁判例26〉）、実態のない会社の社債を詐欺的方法により勧誘した例（〈コラム 4 〉と類似の手口で勧誘された）などがある。

外債とは、債券のうち、発行者・発行場所・通貨のいずれかが外国であるものをいう。発行者により満期日の額面額の支払いが約束されているが、外

【図表 1 】　債券の分類

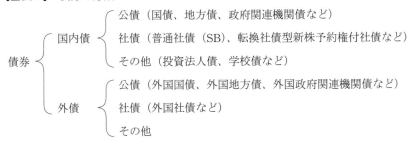

債は通常、額面が外貨建てであるため、購入者は、発行主体の信用リスクのほか為替リスクも負う。外国の国債は、発行した国によって信用リスクの程度が相当異なる。過去にデフォルト（債務不履行）となった国がいくつもあるので、注意が必要である（アルゼンチン国債、ロシア国債、ギリシャ国債など）。外国会社が発行する社債は、発行主体に関する情報を入手しにくく、信用リスクの判断が難しくなる。

〈裁判例 1 〉 マイカル債集団訴訟事件（大阪高判平20・11・20判時2041号50頁ほか）

　東京、大阪、名古屋の 3 カ所で集団訴訟が提起され、一審はいずれも原告ら敗訴だったが、①大阪高判平20・11・20判時2041号50頁は、具体的信用リスクの説明義務違反を理由に、13名の原告のうち 3 名について野村證券に損害賠償を命じ、②東京高判平21・4・16判時2078号25頁（志谷匡史「判批」商事1871号16頁）は、気配値とのかい離の説明義務違反やナンピンの際の説明義務違反を理由に、14名の原告のうち 2 名について野村證券に、 2 名について三菱 UFJ 証券に損害賠償を命じ、③名古屋高判平21・5・28判時2073号42頁は、 4 名の原告のうち 2 名について説明義務違反を理由に野村證券に損害賠償を命じた。これらの原告はいずれも説明義務を規定した2001年 4 月施行の金販法より前にマイカル債を取得しており、信用リスクの説明義務の存否自体も争点となった。

(3)　債券の信用リスクと格付け

　債券の信用リスクの判断資料として、信用リスクの程度を記号化した信用格付けがある。信用格付業者により表記方法が異なるが、一例として、格付けの高い順に、AAA、AA、A、BBB、BB、B などと表記される。この場合、BBB より上が投資適格といわれ、投資対象の基準とされることがある。ただし、格付けは一つの意見として位置づけるべきものであり、頼るものではない。高い格付けにもかかわらず短期間のうちに破綻に至る例では破綻直

前に格付けが下げられていくのが通例であるが、すでにその社債に投資してしまっている場合、破綻直前に格付けを下げられても対応が困難である。

　信用リスクが大きくなると、債券の価格は低下する。

(4)　債券の価格と金利の関係

　債券は満期前には市場で売買される。その場合は価格変動リスクがある。信用リスクに変化がない場合、一般に債券の価格は、市場金利が上がると低下し、市場金利が下がると上昇する。たとえば、金利水準が 2 ％であれば、満期に100円を償還する毎年 2 円の利払いがある債券には100円の価格がつく。ここで、市場における金利が仮に上昇し金利水準が 3 ％になったら、 2 円の利回りが約束された債券の魅力は低下して、100円を下回り99円に近づく。逆に市場において金利が低下し、金利水準が 1 ％になれば、 2 円の利払いを約束された債券の人気が上がり、価格が100円を上回って101円近くまで上昇することになる。

(5)　特殊な社債

　社債には、**普通社債**（SB、Straight Bond）のほかに、**転換社債型新株予約権付社債**（転換社債（**CB**、Convertible Bond）の語は現在も略称で使われる。会社法236条 1 項 3 号・238条 1 項 1 号・2 号）がある。後者は、一定の価格で株式に転換できる社債であり、その権利がついている分だけ普通社債より金利が低い。仕組債（デリバティブ取引を組み込んだ社債）は、第 1 章 7 参照。

(6)　債券の取引方法

　新規に発行される債券（新発債）の多くは、証券会社をとおして募集される。これを取得する場合、手数料はない。発行のコストは発行者が負担する。

　すでに発行されている債券（既発債）は、上場されていれば、金融商品取引所で成立した価格で購入や売却ができる。この場合は、取り次ぐ証券会社に売買手数料を支払う必要がある。支払額は債券の種類により異なり、成立

価格の0.05%～0.8%程度である。大部分の既発債は上場されておらず、証券会社の店頭で売買される。その場合、日本証券業協会ウェブサイトで公表されている「公社債店頭売買参考統計値」、あるいは同じく「個人向け社債等の店頭気配値」の付近の価格で売買が行われる。前者では買い気配値と売り気配値を基に、平均値、中央値、最高値、最低値の 4 種類が公表され、後者では、買い気配値と売り気配値の仲値が公表される。実際の取引は、この公表値付近の価格に隠れた形で証券会社の手数料分が加わり、あるいは差し引かれることになる。取引の公正確保のため、このかい離が大きくならないように、自主規制ルールが定められている。[6]

用語解説
　▶買い気配値と売り気配値：買い気配値とは、買い注文の価格をいい、売り気配値とは、売り注文の価格をいう。取引が成立しない場合も含むので「気配値」という。

5　投資信託

(1)　構造と特徴

　投資信託は、信託の受益証券を販売する形で多数の顧客から資金を集め、それをまとめて専門家が運用して、運用の結果を各顧客に渡す金融商品である（【図表 2 】）。

5　金融商品取引所の一種である東京証券取引所では、一部の国債、転換社債型新株予約権付社債を上場している。国債は、発行日から上場される。2022年 7 月15日現在、272本が上場されていてこの日の基準値段は76円～129円の範囲内に収まっている。満期40年の固定利付国債（40年債）の価格差が大きい。転換社債型新株予約権付社債は、2022年 3 月14日時点は 5 銘柄が上場されているにすぎない。

6　「公社債の店頭売買の参考値等の発表及び売買値段に関する規則」（2018年 3 月20日最終改正）12条（取引公正性の確保） 1 項では、「協会員は、顧客との間で公社債の店頭売買を行うに当たっては、合理的な方法で算出された時価（以下「社内時価」という。）を基準として適正な価格……により取引を行い、その取引の公正性を確保しなければならない」と定める（日本証券業協会ウェブサイト）。

【図表 2】　投資信託の基本構造

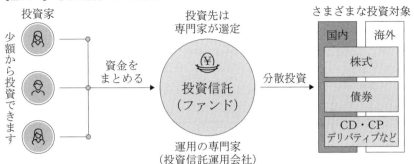

（出典　投資信託協会ウェブサイト）

　投資信託会社が委託者となり、信託銀行が受託者、顧客が受益者となる。一般的な委託者指図型投資信託は、投資信託会社が信託銀行に運用方法を具体的に指図し、信託銀行は、それに従った投資を忠実に実行して、その結果得たものを保管する形をとる[7]（【図表 3】）。

　信託の法形式をとることによって、受益者である顧客が投資信託会社の倒産等の影響を受けない（つまり、倒産しても安心である。**倒産隔離**）ことにして、その限度で、投資商品としての安全性を確保している。

　投資信託は、一般に、小口の資金でも専門家による運用および分散投資が可能となるというメリットを有しており、国民の中核的な投資商品となる可能性があるが、コストが高い、複雑すぎるなど、多くの問題が指摘されている[8]。

　投資信託は入れ物にすぎず、その入れ物に何が入っているかによって特性やリスクの程度は千差万別である。リスクの小さいものから極めて大きいも

7　この形は契約型と呼ばれる。世界的には会社型が多い（杉田浩治『投資信託の世界』（金融財政事情研究会・2019年）112頁）。会社型とは、顧客が投資法人の投資口を取得するもので、日本では「不動産投資信託」と呼ばれるものがこれにあたる。

8　永沢裕美子「投資信託の現状と課題〜長期の資産形成のために〜」月刊資本市場386号（2017年）42頁（公益財団法人資本市場研究会ウェブサイトからも閲覧可能）参照。

【図表3】　委託者指図型投資信託

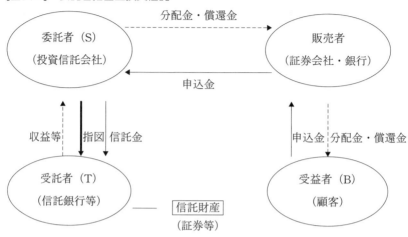

のまであり、中には、投資信託の上記メリットを有せず、かつ、安全性を誤解しやすい、単一の仕組債に投資する投資信託なども出現したし、実質的には日経平均先物取引をするのと同様の投資信託も売られている。かつて一部でいわれることがあった、投資信託は株式と社債の中間的なリスクの証券である、というのは、多様な投資信託が登場している現在では誤りである。

(2)　分　類

　投資信託協会は、2009年1月から投資信託を【図表4】のように分類している。

　単位型は、募集された資金が一つの単位として信託され、その後の追加設定がないもので、追加型は、一度設定されたファンドに後に追加設定が行われ追加募集した資金が従来の信託財産とともに運用されるものである。単位型では、運用開始前の募集期間内のみ購入できるのに対し、追加型では原則として運用期間中はいつでも購入できる。現在、ほとんどが追加型である。

　債券に投資する投資信託のうち、日本円マネーリザーブファンド（MRF）、

【図表4】 商品分類表とその例

商品分類表				
単位型・追加型	投資対象地域	投資対象資産 （収益の源泉）	独立区分	補足分類
単位型 追加型	国内 海外 内外	株式 債券 不動産投信 その他資産 資産複合	MMF MRF ETF	インデックス型 特殊型

追加型で主に国内株式に投資する投資信託は…「追加型 / 国内 / 株式」
追加型で主に海外債券に投資する投資信託は…「追加型 / 海外 / 債券」
追加型で主に国内株式に投資し、日経平均株価に連動する運用成果を目指す投資
信託は…「追加型投信 / 国内 / 株式 / インデックス型」
単位型で日経平均の水準が一定範囲に収まれば、元本が確保される仕組みの投資
信託は…「単位型 / 国内 / 株式 / 特殊型（条件付運用型）」

（出典　投資信託協会ウェブサイト）

日本円マネーマネジメントファンド（MMF）など、日本国債等の債券を中
心に運用する投資信託は、リスクが低く、運用利回りを預金利率と比較する
のもおかしなことではない。

　これに対し、一般の社債に投資する投資信託は、信用リスクの評価が重要
であり、単純に預金利率との比較はできない。それから、特定の仕組債で運
用するノックイン型投資信託は、形のうえでは公社債に投資する投資信託で
あっても、実質はオプションの売りというデリバティブ取引を行っているも
のであり、元本リスクが高いので、利回りを預金と比較するのは商品性の誤
解を示すものであって、明らかに誤りである。外国の公社債に投資する投資
信託には為替リスクもある。

　株式に投資する投資信託も、どのような株式をどの程度組み入れるかにより、リスクの程度は千差万別である。上場投資信託（ETF、Exchange-Traded Fund）も投資対象は株式であるが、金融商品取引所（証券取引所）で取引される点に特徴がある。東証株価指数（TOPIX）や日経平均株価などの株価指数などの指標に連動するもの、指標に倍率をかけて連動するレバレッジ型、負の倍率を掛けて連動するインバース型などがある。ETF以外でも、倍率をかけてデリバティブ取引に投資するリスクの高い投資信託がある。

　不動産投資信託は不動産で運用するもので、**リート**（REIT、Real Estate Investment Trust）とも呼ばれる。法形式は、信託でなく投資法人の投資口を取得する形をとり、会社型に区分される。

用語解説

　▶MRF（エムアールエフ）：Money Reserve Fund の略。毎日決算を行い、安全性の高い国内外の公社債や短期の金融商品を中心に運用する。公社債投資信託。証券総合口座において資金をいったんプールにするための商品として用いられている。購入、換金は1円以上1円単位である。

　▶リート：多くの投資家から集めた資金で、オフィスビルや商業施設、マンション、倉庫、ホテルなど複数の不動産などを購入し、その賃貸収入や売買益を投資家に分配する商品をいう。株式会社の株式を取得して出資するように、投資法人の投資口を取得して出資する形をとる。投資法人ごとに資産運用会社、資産保管会社がついている。リートのしくみは米国で生まれたので、日本ではJAPANの「J」をつけて「J-REIT」（ジェー・リート）と呼ばれることもある。2001年9月から証券取引所に上場されている。

〈コラム3〉リスク分類

　投資信託協会は、かつて、RR分類（リスク・リターン分類ともいう）というリスクの程度の分類を採用していた時期もあった。リスク・リターンの程度で最も小さいものを1、最も大きいものを5として投資信託を5段階（①安定重視型、②利回り追求型、③値上がり益・利回り追求型、④値上がり益追求型、⑤積極値上がり益追求型）に分類するものである。2000年12月に投資信託の受益証券説明書が廃止されて目論見書に統一されたことに伴い、受益証券説明書の裏面などに記載されていたRR分類も廃止された。複雑な

投資信託が登場してくるにつれて正確に分類することが困難となったことも背景にある。それでも、このような5段階分類はわかりやすいため、現在も形を変えて行われている。たとえば、投資信託評価会社のモーニングスターは、投資信託別に、基準価額の変動をリスクととらえた「標準偏差」が全ファンドの中でどの程度の水準にあるかを示すリスクメジャーという5段階評価（1（低）から5（高）まで）をしている。格付け会社の投資情報センター（R&I）も投信の評価を行い、過去の基準価額騰落率の標準偏差を基に運用方針等を加味して個別ファンドごとに5段階（1（低）から5（高）まで）に分類している。

(3)　コスト

投資信託の手数料には、販売時の販売手数料と、毎日差し引く信託報酬がある。販売手数料は1％〜3％程度が多いが、一定の上限の範囲内で販売会社が決めるため、販売会社によって異なる。インターネット販売においては、この手数料が安くなる傾向がある。信託報酬は、0.5％〜2％程度で、2012年5月の調査では、信託報酬からの取り分は、販売会社、運用会社とも5割弱で、信託銀行などの受託会社は5％弱〜6％強であるという。[9] 個別商品の具体的データは、投資信託協会のウェブサイトで閲覧することができる。[10]

用語解説
▶積立NISAの対象商品と手数料：少額からの長期・積立・分散投資を支援するための非課税制度をいう。積立NISAでは、手数料が低水準、頻繁に分配金が支払われないなど、長期・積立・分散投資に適した公募株式投資信託と上場株式投資信託（ETF）に対象を限定している（「つみたてNISAの概要」参照（金融庁ウェブサイト））。

9　「投資信託の信託報酬の内訳とその影響」（2012年5月10日）（モーニングスターウェブサイト）。なお、2016年の金融庁調査でもほぼ同様であった。
10　「目論見書」参照（投資信託協会ウェブサイト）。目論見書については第3部第2章4(4)参照。この目論見書には、投資信託を販売する際に交付しなければならない基本的情報が記載された「交付目論見書」と、投資家から請求があったときに交付しなければならない追加的詳細情報を記載した「請求目論見書」がある。

⑷　販売窓口

　投資信託は、従来は証券会社と投資信託会社でのみ販売していたが、1998年以降、銀行や郵便局、保険会社でも販売されるようになっている。[11]最近では、証券会社と並んで銀行も販売の主たる窓口となっている。[12]

　投資信託販売窓口の会社は、投資信託会社の代理人なのか、それ以上の独自の立場であるのかについては争いがある。投資信託の募集契約や売買契約が取り消されるなどした場合に、不当利得返還義務を負うのは、販売窓口となった会社か、投資信託会社かがこの立場によって異なる。

⑸　分配制度

　追加型投資信託の分配金のうち利益の分配部分を普通分配金、元本の払戻しにあたる部分を特別分配金（元本払戻金）という。毎月分配型では後者が普通にみられる。[13]これは、利益を分配するべき投資商品としては異例であり、預金を切り崩すことと似ていて投資商品としての意味がなくなるし、投資資金が減っていくので投資効率が下がって不合理であるなど、さまざまな問題点が指摘されている。[14]

11　金融庁は、2018年6月に公表した「投資信託の販売会社における比較可能な共通KPIについて」の中で、各社に①運用損益別顧客比率、②投資信託預り残高上位20銘柄のコスト・リターン、③投資信託預り残高上位20銘柄のリスク・リターンの三つを公表するよう求め、2019年1月29日には、共通KPIを公表した103社について「販売会社における比較可能な共通KPIの傾向分析」を発表した（「『顧客本位の業務運営に関する原則』を採択し、取組方針・KPIを公表した金融事業者のリストの更新について」（2019年1月29日）より参照（同庁ウェブサイト））。この中に、運用損益がプラスとなっている顧客の割合が98％の会社から24％の会社まで、順に並べたグラフも含まれている。独立系投信会社が上位3社を占めている。

12　「契約型公募・私募投資信託合計の販売態別純資産残高の状況（実額）」参照（投資信託協会ウェブサイト）。

13　2016年4月14日付け日本経済新聞「大型の毎月分配型の特別分配金　全額元本払い戻し目立つ」、2019年12月19日付け日本経済新聞「毎月分配型、目立つ元本取り崩し」。

用語解説
　▶**普通分配金と特別分配金（元本払戻金）**：分配後の投資信託の基準価格が、顧客（受益者）の購入時の基準価格（個別元本）を下回っている場合に、分配金額を限度に下回っている部分の額が特別分配金、残りが普通分配金となる。

6　株　式

　株式は、株式会社への出資の対価であり、取得して名義書換手続を経れば、株主として、株主総会の議決権、配当受領権などの権利を行使できる（会社法105条）。東京証券取引所などの金融商品取引所に上場されている上場株と、金融商品取引所に上場していない未公開株に分類され、一般に投資対象となっているのは、上場株である。

　上場株は、かつては【図表5】のような株券が発行されていたが、現在は株券が発行されない振替株式であり、取引の結果としての権利の移転は、「社債、株式等の振替に関する法律」に基づく振替手続によりなされる。

　株式の取引方法には、対面取引とインターネット取引の2種類がある。近年インターネット取引が急激に増加し、個人の株式売買高の9割はインターネット取引となっている[15]。インターネット取引では勧誘がないため、勧誘に起因する紛争はほとんど発生せず、その普及に伴い個人の株取引に関する紛争は激減したが、誤表示やクリック・ミスなどインターネット取引特有の紛争は一定数ある。

14　分配制度の問題点については、大村敬一「毎月分配型投信と預金類似性を有したわが国の投信分配制度」早稲田商学440号（2014年）99頁以下、桜井健夫「判批」リマークス54号（2017年）38頁参照。

15　日本証券業協会「インターネット取引に関する調査結果（2021年9月末）について」（2021年12月8日）によれば、インターネット取引を扱う証券会社は調査対象証券会社266社のうち88社で、増加傾向にある（同協会ウェブサイト）。

【図表5】 旧・株券の例（過去に使われた実物のコピー。現在は使われていない）

〈コラム4〉 未公開株詐欺

　電話等で勧誘される「未公開株」は無価値なものであり、勧誘は詐欺的なものである。高齢者等の被害が続いたため、国民生活センターは未公開株被害を2010年の10大項目の一つに掲げた。消費生活相談をみると、契約当事者の約8割が60歳以上の高齢者であり、2010年だけでも既支払金額の合計額は約240億円に上るなどトラブルが深刻化した（2005年〜2010年の既支払金額の累計は約730億円）。金融機関が介在していない、発行会社の実態が不明といった特徴があり、被害回復をうたって以前に未公開株の被害にあった人に新たに購入させる手口や、複数の業者が勧誘に登場する劇場型の手口もみられる。これに対処するために2011年に金商法が改正され（同年11月24日施行）、無登録業者による未公開株等の売買契約は原則として無効とした（同法171条の2）。これ以降、被害は減少傾向である。

7　デリバティブ取引

⑴　概　要

　デリバティブ（derivatives、金融派生商品）とは、由来する（derive）とい
う単語の派生語であり、元になる資産である「原資産」（underlying asset）
から派生したものという意味である。デリバティブ取引は、先物取引、先渡
し取引、オプション取引、スワップ取引、これらを組み合わせた取引など、
「原資産」から派生した取引の総称である（【図表 6】）。デリバティブ取引は、
原資産の価格変動の影響を受けること、利得者の利得、損失者の損失、コス
トを合計するとゼロになること（ゼロサム）が共通の特徴である。
　投資ではなく、リスクヘッジ、投機、裁定取引として行われる。
　先物取引（futures trading）とは、将来の売買価格を事前に決めて市場で
売買（取引所取引）することであり、顧客は証拠金（margin）を、業者を介
して取引所に預託し、差金決済を行う。**先渡し取引**（forward trading）とは、
将来の売買価格を事前に決めて相対で売買（店頭（OTC）取引）することで
あり、一方が他方に証拠金を預託することがある。元来は現物の受渡しを伴
うものを意味していたが、差金決済するものも含む意味で用いることが多い。
オプション取引（option trading）とは、「原資産を将来の一定期日または期

【図表 6】　デリバティブ取引のイメージ

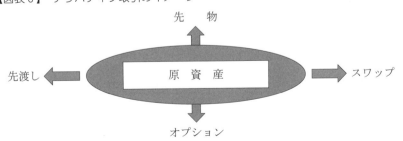

間内にあらかじめ決めた価格で買う権利」（コール・オプション）、「原資産を
将来の一定期日または期間内にあらかじめ決めた価格で売る権利」（プッ
ト・オプション）の売買である。つまり、買う権利、売る権利の売買であり、
その対価をプレミアムという。**スワップ取引**（swap trading）とは、将来、
受け取ったり支払ったりするキャッシュフローを交換（swap）する取引であ
る。

　原資産により分類すると、証券デリバティブ取引、金融デリバティブ取引、
商品デリバティブ取引、信用デリバティブ取引、天候デリバティブ取引、イ
ベントデリバティブ取引などに分けられる。

　取引形態・場所により、日本の取引所で行う市場デリバティブ取引、業者
と顧客が1対1で行う店頭デリバティブ取引、外国の取引所で行う外国市場
デリバティブ取引の三つに分類することもできる（金商法2条21項〜23項、商
先法2条3項・12項・14項）。

　取引所で行う先物取引やオプションの売り取引では、顧客は証拠金を預け
る必要がある。証拠金の数倍から数十倍の取引をすることができ、その場合
は、倍率に対応した大きなリスクを負うことになる。

用語解説
　▶ゼロサム：利得者と損失者の損益合計はゼロになる。そのため経済的意義はリスクヘ
ッジに限定される（第2章4）。

(2)　先物取引

　先物取引は、将来の一定時期を決済時期として取引所において行う取引で
あり、反対売買による差金決済ができる。約定代金の数分の1から数十分の
1の取引証拠金で取引できる制度となっていることが多い。少ない資金で多
額の取引ができるので、多くの利益を得られる可能性もあるが、価格の変動
により生ずる損失は証拠金の範囲に限定されず、証拠金を失ったうえ、さら
に債務を負う可能性もあるのでリスクも極めて大きい。

　原資産により、商品先物取引、金融先物取引、証券先物取引などに分ける

【図表 7 】　国内の商品取引所の概要

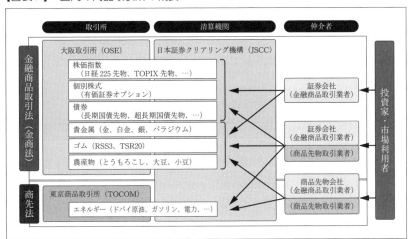

（出典　日本取引所グループウェブサイト）

　こともできる。

　商品先物取引は、特定の動産またはその指数を原資産とするものである。具体的な原資産としては、金、白金、銀、パラジウム、原油、ガソリン、灯油、ゴム、アルミニウムなどの工業品、とうもろこし、大豆、小豆、コーヒー、粗糖、米などの農産物がある[16]。

　商品取引所は近年急速に集約化が進み、現在は東京商品取引所と大阪堂島商品取引所の 2 カ所となった。さらに、大阪取引所の総合取引所化が実現し、2020年 7 月27日に東京商品取引所から貴金属、ゴム、農産物（米はもともと含まれていない）が移管された（【図表 7 】）。

　金融先物取引は、通貨や金利を原資産とする先物取引である。東京金融取引所では、金利先物取引、「くりっく365」と名付けた取引所外国為替証拠金取引（取引所 FX）を上場している。前者の取扱業者は銀行等、証券会社で

16　商品先物取引の基本については、日本商品先物取引協会ウェブサイトで解説している。

あり、後者の取扱業者は、FX 専業会社、商品先物取引会社、証券会社など
である。監督官庁は金融庁である。

　証券先物取引は、証券またはその指数を原資産とする先物取引であり、東
京証券取引所と大阪証券取引所が2014年 3 月に統合してからは、後者が名称
変更した大阪取引所にデリバティブ取引を集中させ、以来、証券先物取引は
大阪取引所で行われている。株価指数先物取引、国債先物取引などである。
東京金融取引所では、「くりっく365」と名付けた取引所株価指数証拠金取引
を上場している[17]。取扱業者は証券会社などである。監督官庁は金融庁である。

┌─〈コラム 5 〉 国内の商品取引所の変化 ─────────────

　工業品の先物取引は、東京工業品取引所などで行われ、農産物の先物取引
は、東京穀物商品取引所などで行われてきたが、東京穀物商品取引所も2013
年 2 月 8 日で立会を終了して夏までに解散し、その取引は東京商品取引所
（東京工業品取引所が2013年 2 月12日に名称変更。農産物、砂糖を移管）と大
阪堂島商品取引所（関西商品取引所が2013年 2 月12日に名称変更。農産物中
心。米を移管）に移管された。これに先立ち、中部大阪商品取引所は2011年
1 月末で解散している。

　大阪取引所の総合取引所化の実現により、東京商品取引所はエネルギー関
係（ドバイ石油、ガソリン、電力等）、大阪堂島商品取引所は米、大阪取引所
（総合取引所）は証券、貴金属、ゴム、農産物のデリバティブを扱うことにな
った。

┌─〈コラム 6 〉 株価指数先物取引と国債先物取引 ─────────

　株価指数先物取引は、日本では、1985年 9 月から始まった。2010年11月時
点では、東京証券取引所で、TOPIX（東証株価指数）先物取引、ミニ
TOPIX 先物取引、TOPIX Core30先物取引、東証 REIT 指数先物取引、東証

---

17 「くりっく株365」には、日経225証拠金取引や FTSE100証拠金取引、DAX® 証拠金取
　　引などの海外主要株価指数証拠金取引がある。

電気機器株価指数先物取引、東証銀行業株価指数先物取引が上場され、大阪
証券取引所で、日経225先物取引、日経225mini、日経300先物取引、RN プラ
イム指数先物取引が上場されていたが、2014年の両取引所の統合に伴い、同
年 3 月24日、これらのデリバティブ取引はすべて大阪取引所（大阪証券取引
所から名称変更）に統合された。

　また、国債先物取引は、東京証券取引所に、長期国債先物取引、中期国債
先物取引、ミニ長期国債先物取引が上場されていたが、大阪証券取引所との
組織統合に伴い、大阪取引所に移行した。

(3)　先渡し取引（店頭先物取引）

　先渡し取引（forward trading）とは、将来の一定時期を決済時期として 1
対 1 の相対で行う取引をいう。現物決済するものに限る使い方もあるが、こ
こでは、先物取引に類似するが取引所取引でないもの（＝店頭取引であるも
の）の総称として用いる。差金決済だけのものも含む意味で用いることが多
い。

　店頭 CFD（Contract for Difference、差金決済取引）、店頭外国為替証拠金取
引（店頭 FX 取引）、為替先物予約取引などは、一般には広義の先物取引の一
種として扱われているが、相対の店頭取引であるから、先渡し取引に分類す
ることが可能である。

用語解説
　▶**店頭 CFD**：証拠金を預け、その数倍、数十倍の取引を行ったことにして、業者と顧
　客で差金決済をする取引。外国為替証拠金取引も差金決済取引の一つであるが、一般に
　外国為替証拠金取引は FX と呼び、それ以外の差金決済取引を CFD と呼ぶ。証券 CFD、
　商品 CFD などがあるが、理論的にはこれら以外の CFD もつくれる。
　▶**為替先物予約**：銀行と顧客の間で、通貨の受渡日を将来の任意の特定日または任意の
　一定期間とする外国為替取引。通貨の受渡日を将来の任意の特定日とする外国為替先物
　予約を「確定日渡し先物予約」、通貨の受渡しを将来の任意の一定期間とする外国為替
　先物予約を「期間渡し先物予約」という。円と米ドルなどの、外貨の為替変動によるリ
　スクを回避するために使われることが多い。

23

⑷　オプション取引

　オプション取引（option trading）とは、「原資産を将来の一定期日または期間内にあらかじめ決めた価格で買う権利」（コール・オプション）、「原資産を将来の一定期日または期間内にあらかじめ決めた価格で売る権利」（プット・オプション）の売買である。つまり、買う権利を買ったり売ったり、売る権利を買ったり売ったりする取引であり、デリバティブ取引の中では複雑で理解が難しいものである。[18] 買う権利、売る権利とも、その買い手が売り手にプレミアムという売買代金を支払う。売ると、対価としてプレミアムが得られるので、これを金利の形にした仕組商品が大量につくられた。オプション取引の原資産は、金商法では金融商品、金融指標と呼ばれるもので、為替、株式、株価指数などがある。商先法では商品先物取引が原資産となる。

　コール・オプションとプット・オプションのいずれも、それぞれ買いと売りがある。したがって、取引の種類は、①コール・オプションの買い、②コール・オプションの売り、③プット・オプションの買い、④プット・オプションの売りの4種類となる（【図表8】）。

　オプション取得後は、指標の変動に応じ転売、権利行使、権利放棄のいず

【図表8】　オプション取引の種類と損益線
①　コール・オプションを買った場合の損益線

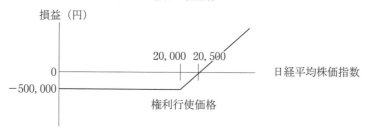

18　大阪取引所ウェブサイトに基本的な情報があるので参照されたい。

② コール・オプションを売った場合の損益線

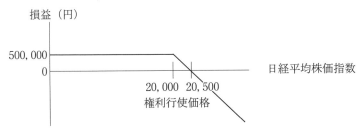

③ プット・オプションを買った場合の損益線

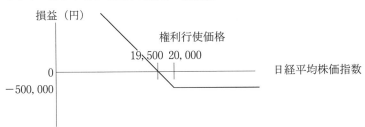

④ プット・オプションを売った場合の損益線

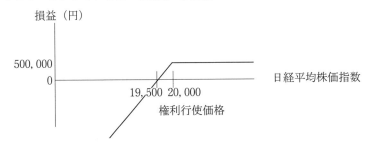

（20,000円で売る権利を売る　⇒　20,000円で買う義務がある）

注：日経平均株価指数オプション取引では、プレミアム500円で１単位の取引を行った場合、取引代金は500円×１単位×1000倍＝500,000円となる。【図表８】では、実際の取引に合わせプレミアムを500,000円とした。

れかを選ぶ。

　コール・オプションを買った場合（①）は、価格が上昇して権利行使価格とプレミアム単価の合計額を上回った分が利益となる。プット・オプションを買った場合（③）は、価格が下落して権利行使価格からプレミアム単価を差し引いた額よりさらに下落した分が利益となる。いずれの場合も、権利行使をしても利益がない場合、権利を放棄することになる。したがって、オプションの買い手は、投資金額全額（プレミアム＝オプション料）を失うリスクがある。半面、最悪の場合でもすでに支出した金額（プレミアム＝オプション料）分だけ損をするにとどまる。

　コール・オプションを売った場合（②）は、オプションの売り手は、証拠金を積み、買い手からプレミアム（オプション料）を取得し、権利行使されなければそのすべてが利益となるが、利益はそれに限定される半面、権利行使された場合の損失は、理論上は無限大である（ただし、時価にマイナスはないので、プット・オプションの売り（④）の損失には一定の限度がある）。以上の点は、取引所取引でも店頭オプション取引でも同様であるが、店頭取引ではこれらに加えて、顧客と業者の利害が対立するため顧客に不利な取引を勧誘されるリスクが常に存在する。

(5)　スワップ取引

　スワップ取引（swap trading）とは、将来、受け取ったり支払ったりするキャッシュフローを交換（swap）する取引である[19]。交換であるため、取引所での取引ではなく、相手方との1対1の取引となる。

　金利スワップ取引は、同一通貨の金利を交換する取引である。たとえば、銀行が短期変動金利の預金等で資金調達をして長期の固定金利で企業に貸し出す場合に、企業から受け取る固定金利より少ない率の長期固定金利と、預金者等に支払うに足る短期変動金利を、スワップ市場で交換する取引が典型

19　スワップ取引の文献として、杉本浩一ほか『スワップ取引のすべて〔第5版〕』（きんざい・2016年）。

である。

　通貨スワップ取引は、異種の通貨の元利金を交換する取引である。日本で行われる場合は、日本円と米ドル、日本円とユーロなど、日本円の元利金と他の通貨の元利金とを交換する取引がほとんどである。

　為替スワップ取引は、直物為替の買いと先物為替の売り、あるいはその逆を同時に行うことである。これによって、直物為替を先物為替に変えることができる。

　これらのスワップ取引はいずれも一見単純そうであり、またリスクはそれほどなさそうにみえるが、実はスワップ取引では、交換の対象にするもの次第でさまざまなことができる。そのため、多種多様なスワップ取引が考案され、中には、世界経済を揺るがしたクレジット・デフォルト・スワップ（CDS）や、リスクとリターンを全部交換するトータル・リターン・スワップという取引もある。

用語解説
　▶CDS：定期的な一定金額の支払いと引き換えに、特定の企業（reference entity、参照法人）に関して一定の信用事由として規定された事由（支払停止、破産手続開始申立てなど）の発生があったときに一定の方法による決済を行うことを約束するものである。信用リスクとリターンを第三者に移転させるものであり、保険に類似する。たとえば、

【図表 9 】　金利スワップ取引の例（銀行が融資先の顧客に提案した例）

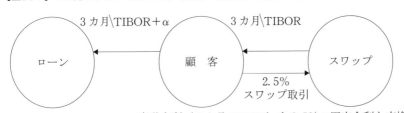

　　　　　変動金利（ 3 カ月 TIBOR）を 2.5％の固定金利と交換

効果：変動金利（ 3 カ月\TIBOR＋α）の支払義務を、固定金利（2.5％＋α）の
　　　支払義務に変換
※TIBOR（Tokyo Interbank Offerd Rate、タイボー）：東京の銀行間取引金利であり、変動する。

27

　BはAにプレミアムを支払い、C社のデフォルト（債務不履行）があった場合はAがB
に一定額を支払うことを約束するものである。BがC社の社債を有していたり、C社に
債権を有していたりする場合には、そのリスクヘッジの役割を果たすが、そういうもの
がなければ、Bにとっては投機的取引となる。いずれの場合も、Aは保険会社のような
立場に立つことになり、受け取ったプレミアムの何十倍、何百倍という金額についてリ
スクを負担する。

8　仕組商品

　仕組商品とは、デリバティブ取引をほかの金融商品に組み込んで一つの金
融商品としたものであり、社債に組み込んだ仕組債（EB、日経平均リンク債
など）、預金に組み込んだ仕組預金（満期を銀行が決める預金、二重通貨預金な
ど）、投資信託に組み込んだノックイン型投資信託（一つの仕組債に投資する
投資信託）などがある。

　共通する基本的事項は次のとおりである[20]。

①　デリバティブ取引部分と債券・預金等部分を組み合わせた商品であり、
　　組成側は、デリバティブ取引部分で対価を得て、その一部を金利名目で
　　顧客に渡し、債券・預金等部分は、元本確保または限定確保に使われる。

②　期間中、組み込まれたデリバティブ取引のリスクを顧客が負担し、そ
　　のリスクが現実化すると、元本リスク型（元本にデリバティブ取引が組み
　　込まれたもの）ではその元本限定確保がはずれて元本が減額され、元本
　　全部確保型（金利にデリバティブ取引が組み込まれたもの）では金利が減
　　額またはゼロになるうえ元本が長期間拘束される。

③　顧客は、デリバティブ取引部分の対価の一部しか渡されないのに、そ
　　のリスクを全部負担する。つまり、リスクに見合ったリターンは得られ

20　杉本卓哉＝牧野史晃「仕組債の組成と販売における課題」ファンド情報382号（2022
　　年）12頁参照。

21　金融庁「資産運用高度化プログレスレポート2022」（2022年5月27日）44頁（同庁ウ
　　ェブサイト）。

ない。しかし、①②のしくみが説明されないか、説明されても複雑で理[21]
解が難しいうえ、そのコストが開示されないので、顧客はリスクに見合
ったリターンが得られないことに気づきにくい。

④　顧客は、期間中、発行体その他最終保証者の信用リスク、流動リスク
その他のリスクを負担する。

　組み込まれるデリバティブ取引としては、オプションが多い。プット・オ
プションの売りやコール・オプションの売りで対価（プレミアム）を得て、
その一部をやや高めの金利であると扱い、残りを仕組者、発行者、販売者な
どの関係者が取得する。このような仕組商品を購入する者は、オプションの
売りのリスク（無限大）をそのまま負うので、オプション取引に精通してい
ないと投資判断やリスク管理が困難である。

9　上場投資証券（ETN）

　新しい証券として**上場投資証券**（ETN、Exchange Traded Note）がある。
証券会社などが発行する無担保債務証券であり、典型的なものでは、保有者
は、満期日に特定の約束した指標に連動した金額の償還を受ける権利を有す
る。満期時に手数料を差し引く。インデックス型の ETF に類似するが、
ETF には現物の裏づけがあるのに対し、ETN には現物の裏づけがなく、発
行証券会社の信用リスクも負う。売り建てもできる。

　さまざまな指数がつくられているので、ETN も多様である。先物取引の
価格を用いる指標に連動する先物型、原指標の日々の変動率（ボラティリテ
ィ）に一定の倍数を乗じて算出されるレバレッジ型指標に連動するレバレッ
ジ型、原指標の日々の変動率に一定の負の倍数を乗じて算出されるインバー
ス型指標に連動するインバース型もあり、これらは、リスクの高いデリバ
ティブ取引を行っているのに近い。

┌─〈コラム 7〉 S&P500 VIX インバース ETN ──────
│
│　このETNは、「米国株式市場の将来の変動見込みを反映した指数（いわゆ
│る恐怖指数）である『S&P500 VIX 短期先物指数』に基づき、日々の値動き
│が VIX 先物指数のマイナス 1 倍となる『S&P500 VIX 短期先物インバース
│日次指数』に連動するように設計された複雑な仕組債を信託設定し、その受
│益権を上場したもの」（証券取引等監視委員会事務局「証券モニタリング概要・
│事例集」（2018年）18頁〜19頁）である。価格が 8 割以上下がったら早期償還
│される特約が付いており、2018 年 2 月 5 日、一晩で価値が96％減少し、同月
│6 日に上場廃止となって 4 ％の額が償還された（「『NEXT NOTES S&P500
│VIX インバース ETN』早期償還後の対応について」（2018 年 7 月10日）（野
│村ホールディングスウェブサイト））。
└────────────────────────────

10　保険・共済

　保険・共済とは、当事者の一方が一定の事由が生じたことを条件として保
険給付を行うことを約し、相手方がその事由発生可能性に応じたものとして
保険料、共済掛金を支払う契約である。

　保険や共済には、保障性のものと、貯蓄性・投資性のものとがある。保
険・共済には、特有の考慮すべき事項があり、詳細は保険法、保険業法の解
説書に譲る。[22]

　保障性のものには、自動車保険、火災保険のような、一定の保険事故があ
った場合に損害の限度で保険金が支払われる損害保険と、疾病保険や短期掛
捨ての生命保険のように、人の入院や死亡により決められた額の保険金が支
払われる定額保険がある。

　貯蓄性・投資性のもののほとんどは、こども保険、養老保険、終身保険、

22　たとえば、桜井健夫ほか『保険法ハンドブック』（日本評論社・2009年）。

年金保険などのような定額保険の形をとるものであり、損害とは関係なく決められた金額の保険金を支払う約束となっている。

11　集団投資スキーム持分

　集団投資スキームとは、投資資金を集めて運用し配当や分配をするしくみであり、金商法に包括規定が設けられている。有価証券に投資する組合や事業に投資する組合、さらに、組合形式をとらず単に他人に運用一任する契約（投資契約）も幅広くこれに含まれる。

　ファンドという名称は、投資信託を指す場合と、集団投資スキームを指す場合とがある。そのほかの名称でも、2〜10のいずれでもない金融商品は、ほとんどが集団投資スキーム持分にあたる。投資詐欺の手段となるあやしい金融商品も、ほとんどは集団投資スキーム持分[23]（投資契約に基づく権利）であって、金商法の対象となるという前提で考えることになる。

12　暗号資産（仮想通貨）

　ブロックチェーン[24]の技術を基にした決済手段として登場したのが、ビットコインなどの暗号資産である。これは、公開鍵暗号による電子署名を利用した、転々流通型の価値送信システムであり、物理的な通貨ではないので当初は仮想通貨と呼ばれた。その普及や取引所の破綻事件などを受けて、これを放置できないとして、2014年以降、世界各国で規制を開始し、2015年の

23　投資詐欺で用いられる「金融商品」のうち、集団投資スキーム持分でなく第1章2〜第1章10に属する金融商品もある。未公開株、未公開会社社債がその例である。それから、第1章2〜第1章10のいずれにも属さないすき間商品で詐欺的商法に利用されるものとして、外国通貨現物、二酸化炭素排出権 CFD などがある。

24　ブロックチェーンを利用した仮想通貨について検討したサトシ・ナカモト2009年論文「Bitcoin: A Peer-to-Peer Electronic Cash System」〈https://bitcoin.org/bitcoin.pdf〉が、ビットコインの基礎となった。

FATF ガイドライン[25]を受けて、日本においても2016年には資金決済法、犯罪収益移転防止法の改正により規制下におくことが決まり、2017年4月から仮想通貨交換業の登録制などを含む改正資金決済法が施行された[26]。その後も流出事件が相次ぎ[27]、また、レバレッジ取引や ICO と呼ばれる取引が広がるなどしたため、2019年には資金決済法や金商法を改正して暗号資産デリバティブおよび ICO のうちの STO と呼ばれる取引を金商法の対象とした（2020年5月1日施行）。資金決済法も同時に改正され、決済で使われるより投機対象としての存在が大きいこと、国際的には "crypto-asset"（「暗号資産」）との表現が用いられつつあることなどから、「仮想通貨」の呼称は「暗号資産」に変更された[28]。

| 〈裁判例2〉 | MTGOX（マウントゴックス）事件
（東京高判令2年6月11日2020WLJPCA06119003） |

　2014年2月、世界最大のビットコイン取引所であった MTGOX がハッキング等により473億円相当のビットコインを失ったとして破綻した。同社は、同年4月24日付けで破産手続開始決定を受け、関連会社 TIBANNE は2015年2月5日、代表者個人は同年11月10日に、それぞれ破産手続開始決定を受けた。2017年にビットコイン価格が上昇して破産会社保有資産が破産当時の

25　FATF ガイドライン：マネーロンダリングやテロ資金対策のための国際基準策定を推進する「Financial Action Task Force」は、2014年6月に、「仮想通貨の定義とリスク」報告書（Key Definitions and Potential AML/CFT Risks）を発表し、2015年6月には、仮想通貨に対するガイドライン「Guidance for a Risk-Based Approach to Virtual Currencies」を公表して、各国に仮想通貨規制を求めた。

26　金融審議会「決済業務等の高度化に関するワーキング・グループ報告——決済高度化に向けた戦略的取組み——」（2015年12月22日）（金融庁ウェブサイト）。

27　不正アクセスによる仮想通貨流出事件：2018年1月にコインチェック（NEM580億円相当）、9月にテックビューロ（ビットコインなど67億円相当）で発生した。

28　仮想通貨交換業等に関する研究会「報告書」（2018年12月21日）（金融庁ウェブサイト）。

価格で日本円に換算した債務全額を超えたことなどから、2018年 6 月、民事
再生手続に移行し、2021年11月16日に再生計画認可決定が確定した（MT-
GOX ウェブサイト参照）。

　代表者個人は業務上横領等で起訴され、業務上横領罪は無罪となったもの
の残高が増加した旨の虚偽情報をコンピュータサーバに記録保存させたとし
て、私電磁記録不正作出・同供用罪で有罪となった。後者は控訴審である東
京高判令 2 年 6 月11日でも維持された。

13　その他

　融資は資金の動きが逆であり、「金融商品の販売」には含まれていない。
融資と証券投資を組み合わせた信用取引については金商法に規定があるが
（同法161条の 2 ）、それ以外の融資と投資の組合せについては一部にそれを抑
制するような規定はあるものの（同法41条の 5 ・44条の 2 第 1 項 1 号・44条の
4 など）、一般的な規制はない。

〈コラム 8 〉 マイナス金利と金融商品

　お金の貸し借りでは、借りたほうが借り賃である金利を支払うことになる。
この金利を基礎とした金融商品として、預金、公社債（国債、地方債、社債
など）、公社債投資信託などがある。マイナス金利政策では、銀行の日本銀行
への預金の一部をマイナス金利とするだけであるが、そうすると銀行は資金
を国債に振り向けるので、国債は人気が出て金利が下がり、マイナス利回り
（取得価格がプラスの金利と元本の合計より高くなること）となることもある。
2016年に、国債の多くは一時的にマイナスとなった。

第 2 章　金融商品取引の社会的意義

1　赤字主体と黒字主体

　世の中には**赤字主体**（所得を超えて支出しようとする主体）[29]と**黒字主体**（所得を下回る支出しか行わない主体）[30]があり、両主体が、「赤字主体が将来時点でお金を提供する約束をするのと引き換えに、黒字主体が現在のお金を渡す取引」（金融商品取引）をすることにより、所得を得る時間的なパターンと支出を行う時間的なパターンを、所得と支出の累積総額を一致させるという制約内で自由に決定できる[31]。これが、人々の経済厚生を向上させることになる。これにより、実現される投資の水準と内容の改善につながるので、社会全体をみても意義がある。

用語解説

　▶**経済厚生**（economics welfare）：社会を構成する各個人の効用の総和。ピグーによれば、国民所得が大きいほど、貧者の受け取る国民所得の分が大きいほど、国民所得の変動が少ないほど、経済厚生は大きい。

2　資本市場の機能

　単に赤字主体と黒字主体を抽象的に結び付けるだけでなく、効率的に結び付ける役割を果たすのが、**市場**である。市場は、預金や融資などで構成され

29　たとえば、企業が新規事業を始める場合など、貯蓄を上回る投資を行う場合、赤字主体となる。伝統的には多くの企業が赤字主体と位置づけられてきたが、最近の日本では、企業も黒字主体であり、国や地方公共団体が赤字主体である（日本銀行調査統計局「資金循環の日米欧比較」（2022年 8 月31日） 2 頁）。

30　たとえば、所得を消費と貯蓄に振り分ける堅実な個人は、黒字主体となる。

31　所得・支出の差額と貯蓄・投資の差額は同じとなる。所得は消費と貯蓄の和であり、支出は消費と投資の和である。したがって、所得－支出＝貯蓄－投資となる。

【図表10】　金融市場と資本市場

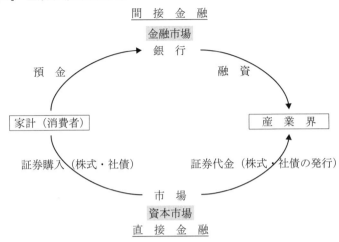

る**金融市場**、投資取引で構成される**資本市場**で構成される（【図表10】）。両市場に共通する機能は、**金融資源の効率的配分**である。すなわち、限りある金融資源が黒字主体から融資あるいは投資の形で赤字主体のうち見込みのある企業や事業に流れるようにすることである。

　このうち投資取引で構成される資本市場が上手く機能する（金融資源が見込みのある企業や事業に流れるようにする）ためには、まず**市場の効率性**が必要である。市場の効率性とは、企業や証券の価値が情報に基づいて正しく評価されること、すなわち市場原理が働くことである。情報が不足していたり、必要な情報に基づいた投資判断が行われなかったりすれば、市場原理は働かない。市場原理が働くように市場の条件が整備される必要がある。市場の条件整備として、開示ルール、業者ルールなどが必要になる。

　それから、「資本市場」が上手く機能する（金融資源が見込みのある企業や事業に流れるようにする）ためにさらに必要なのは、**リスクマネー**が豊富に供給されることである。リスクマネーの典型は、株式を発行して集める資金である。株式は社債と異なり集めた資金を返還する必要がないため、株式に

より資金を集めた企業はある程度リスクのある事業にもその資金を向けることができる。これが経済の発展にもつながる。リスクマネーが豊富に供給されるためには、市場に対する投資者の信頼が不可欠である。投資者は、どれほど市場が効率的であっても、市場を信頼しないと資金を振り向けない。そのためには**市場の公正性**が必要である。たとえば、相場操縦やインサイダー取引の規制は、市場の公正性を維持して市場に対する信頼を確保するための重要な規制である。勧誘ルールなどの投資者保護規制も同様である。

　このように、金融資源が見込みのある企業や事業に流れるようにする機能、すなわち資本市場機能の発揮のためには、市場の効率性と公正性が必要であり、そのための具体的な制度が、開示ルールや業者ルール、勧誘販売ルール、不公正取引規制などで構成された金商法である。

用語解説
　▶リスクマネー：株式や企業買収など、リスクを伴いながら、運用収益が求められる投資へ投入される資金。

3　投資サービス関連法の「目的」規定

　次にこのことを確認するために、投資サービスの基本法である金商法と、投資サービスに関連する内容を含む商先法の、それぞれ1条に掲げられている目的をみることとする。

　金商法1条は、①企業内容等の開示の制度を整備するとともに、金融商品取引業を行う者に関し必要な事項を定め、金融商品取引所の適切な運営を確保すること等により、②有価証券の発行および金融商品等の取引等を公正にし、有価証券の流通を円滑にするほか、資本市場の機能の十全な発揮による金融商品等の公正な価格形成等を図り、③もって国民経済の健全な発展および投資者の保護に資することを目的とする、と規定する。

　商先法1条は、①商品取引所の組織、商品市場における取引の管理等について定め、その健全な運営を確保するとともに、商品先物取引業を行う者の

業務の適正な運営を確保すること等により、②商品の価格の形成および売買その他の取引並びに商品市場における取引等の受託等を公正にするとともに、商品の生産および流通を円滑にし、③もって国民経済の健全な発展および商品市場における取引等の受託等における委託者等の保護に資することを目的とする、と規定する。

　これらを比較すると、資本市場機能については、金商法には明確に記載があるのに対し（資本市場機能の十全な発揮）、商先法には記載がない。価格形成の公正性については、いずれの法律も掲げている。

　金商法1条の上記①②③の関係については諸説あるが、ここでは表現どおりの整理をしておく。①が同法の内容であり、②は中間目的、③は同法の最終目的となる。

4　デリバティブ取引の存在意義

(1)　デリバティブ取引と資本市場機能

　商先法に資本市場機能に関する記載がないのは、商品先物取引などのデリバティブ取引は、資本市場機能、すなわち見込みのある企業や事業に資金が流れるようにする機能を有しないことによる。それでも、デリバティブ取引をも対象とする金商法が目的に資本市場機能の発揮を掲げているので、デリバティブ取引に、見込みのある企業や事業に資金が流れるようにする機能という意味での資本市場機能とは異なる内容で、資本市場に働きかける機能がないかを検討する。

　もともと、デリバティブ取引は社会に存在しなかったし、登場した後も、ごく一部の者の間でのみ行われてきたにすぎない。それが、1970年代に世界中で為替が変動相場制に移行して価格変動・金利変動リスクが高まってヘッジ需要が生じ[32]、1980年代には複雑なデリバティブ商品を組成できる人材が他分野から大量に流入したこともあって[33]、デリバティブ市場の世界的拡散につ[34]

ながった。このような経過から、デリバティブ取引には一定の社会的意義が[35]あるはずであるとともに、特に複雑なデリバティブ商品については、できるからやっているという面もあわせ備えているとみることができる。

　このようなデリバティブ取引の社会的意義は、リスク許容度の低い経済主体から高い経済主体へのリスク移転によって、社会全体として資本効率を向上させることにあると考えられる。[36]資本効率の向上とは、取引当事者一方にとって何らかのリスクに備えた準備金の節約となるという意味である。[37]

　つまり、デリバティブ取引の社会的意義は、**リスクヘッジ手段の提供**である。リスク許容度の低い経済主体は、デリバティブ取引によりリスクヘッジをすれば、その分準備金が不要となり、準備金の節約という形で資本効率を向上させるために使える。他方、リスク許容度の高い経済主体からすれば、リスク引受けにより利益を得る手段となる。これをオプションでいえば、リ

32　侘美光彦「現代変動相場制分析(1)」経済学季報53巻 1・2 号（2003年）65頁以下。

33　侘美光彦「現代変動相場制分析(3)（遺稿）」経済学季報54巻 2 号（2005年）11頁以下。

34　瀬川滋「スペースシャトル打上失敗が招いたリーマンショック」太成学院大学紀要13巻（2011年）265頁以下。

35　店頭デリバティブ取引の内容ごとの量的把握については、日本銀行金融市場局「外国為替およびデリバティブ取引に関する中央銀行サーベイ（2019年 6 月末残高調査）について：日本分集計結果」（2019年 9 月）を参照（日本銀行ウェブサイト）。この調査は、3 年に一度行われる。

36　二上季代司「金融デリバティブ市場の存在意義とその将来展望」（2007年 5 月号）は、取引当事者一方にとって何らかのリスクに備えた準備金の節約（すなわち資本効率向上）に貢献するようなデリバティブ取引には社会的意義があるとし、準備金節約に貢献しない利用の仕方は、賭博行為になるとしている（日本取引所グループウェブサイト）。なお、投機、賭博、保険とヘッジの違いについては、同「オプション取引と 4 つのリスク対応類型（投機、賭博、ヘッジ、保険）」彦根論叢357号（2006年）131頁以下を参照。

37　デリバティブ取引は資源の効率的配分という意味での資本市場機能を有しないことから、資本市場機能とは関係がないものと位置づけられている（黒沼悦郎『金融商品取引法入門〔第 8 版〕』（日本経済新聞社・2021年）28頁。ただし、「国民経済の健全な発展」には、投資活動（デリバティブ取引はこれに含まれる）の促進による経済の発展も含まれるとする。資本市場機能と無関係に促進すべき投資活動があるのか、そのような投資活動で経済が発展するのか、疑問がある）。

スク許容度の低い経済主体は、対価（プレミアム）を支払いリスクヘッジに必要な量のオプションを買ってリスクヘッジし、リスク許容度の高い経済主体は逆にそのオプションの売り手となってリスクを引き受け、対価（プレミアム）を得ることになる。

　デリバティブ取引のこのような機能が発揮されるためには、リスクヘッジコストが競争で決まるなど、**市場の効率性**があること、市場に対する信頼が維持されるような、**市場の公正性**が確保できることが必要である。この点は先に述べた投資取引と同様である。

　デリバティブ取引のうち、リスクヘッジ取引およびその引受けの取引には資本効率の向上という機能がある。

(2) リスクテイクのデリバティブ取引、デリバティブ商品の存在意義

　一般にデリバティブ取引は、投資ではなくリスクヘッジ、投機、裁定取引のいずれかの手段と位置づけられている[38]。投機手段としてのデリバティブ取引は、賭博罪（刑法185条）の構成要件を満たす場合は、金額や態様によって、一部が許された賭博として違法性が阻却されるにすぎない[39]。このような投機[40]

38　ジョン・ハル『フィナンシャルエンジニアリング——デリバティブ取引とリスク管理の総体系〔第9版〕』（金融財政事情研究会・2016年）17頁では、デリバティブ取引の参加者は、ヘッジャー（ヘッジをする者）、スペキュレイター（投機者）、アービトラージャー（裁定取引者）の3種類に分けられるとしている。伊藤毅＝友行貴久「わかりやすい解説シリーズ『金融商品』第5回：デリバティブとヘッジ会計」（2013年7月）は、デリバティブは、取引目的によって、①リスクヘッジ、②投機、③裁定取引の3種類に分類されるとする（EY新日本有限責任監査法人ウェブサイト）。証券デリバティブ取引を専門に扱う大阪取引所を擁する日本取引所グループのウェブサイト「北浜博士のデリバティブ教室」では、「デリバティブ取引の意義と役割」として、リスクヘッジ、市場の流動性補完（裁定取引）、価格発見機能を掲げている。

39　個人が行うFX取引などを想定されたい。

40　金融法委員会「金融デリバティブ取引と賭博罪に関する論点整理」（1999年11月29日）参照（同委員会ウェブサイト）。

的なデリバティブ取引は、リスクヘッジの相手方となる点に存在意義がある。さらに、市場デリバティブ取引には、価格形成機能があって市場に厚みをもたらすという点で市場の観点からは株式の信用取引と類似の存在意義がある。投機的な店頭デリバティブ取引は、価格形成に対する影響はさまざまではあるものの、間接的に影響を与える可能性は否定できず、この限度で存在意義を認める余地がある。

　複雑なデリバティブ商品については、できるからつくったという面があることから示唆されるように、多くは、客観的にリスクヘッジ需要に応えるものではなく、主観的にもリスクヘッジ手段とすることを意図したものではないので、購入する側にとってはリスクヘッジ手段としての合理性はなく[41]、金融資源の効率的配分という意味での資本市場機能がないのはほかのデリバティブ取引と同様であるうえ、資本効率の向上という機能も有しない。そこで、価格形成機能との関連では、コストを隠してそれを知らない顧客に勧誘すると、結論として公正な価格形成をゆがめる有害な取引となる。

　複雑なデリバティブ商品の取引には各国が規制を強めており、米国では、規制当局が業者に対し、仕組債の募集文書の表紙に発行時の時価評価額（販売額との差額がコストになる）を記載するよう求め[42]、実際に記載されるようになっており[43]、この扱いは他国にも広がりつつある。英国では実質的コストをすべて開示するよう求めている[44]。

用語解説

　▶裁定取引：同じ価値の商品の一時的な価格（ゆがみ）に着目し、割安なほうを買い、割高なほうを売ることにより、リスクなしに収益を得る取引。

41　複雑なデリバティブ商品組成の裏側では、商品を分解してシンプルなデリバティブ取引としたものが、リスクヘッジを求める機関投資家に提供されており、この部分もあわせればリスクヘッジ機能の提供とセットになっているが、本文記載の問題に加え、機関投資家にとっては投資の一場面にすぎず資本の節約になるわけでもないので、このリスクヘッジ機能の提供を社会的効用と評価することはできない。

〈コラム9〉金融のゆがんだ発展――金融化

　デリバティブ取引の位置づけは、現代社会を理解する重要なポイントである。ジョン・ケイ『金融に未来はあるか――ウォール街、シティが認めたくなかった意外な真実』(原題：John Kay *"Other People's Money: The Real Business of Finance"*)(Public Affairs・2015年)では、デリバティブ取引は、社会の金融化（金融業界が過去30年から40年の間に経済の中で支配的役割を獲得するに至った過程）を引き起こした重要手段と位置づけている。

　金融の役割は、決済、借り手と貸し手の引合せ、個人資産の管理、個人と企業のリスク制御であるが、金融化した社会における金融では、これ以外の取引がほとんどを占め、実体経済の何倍もの大きさとなっている。その中心がデリバティブ取引や仕組商品の取引である。実体経済では、たとえば、コーヒー生産者と酪農家がコーヒー豆と牛乳を交換すると互いにミルクの入ったコーヒーを飲めるようになり、どちらもハッピーだが、これに対し、デリバティブ取引でリスクAとリスクBを交換しても、これにより双方の利益となるということはない（ゼロサム）。実際のリスク選好にはそれほどの多様性はないので、主観的にも双方の利益となることはない。そこで、（ヘッジ手段としてのものを除いた）デリバティブ取引や仕組商品取引は、現実には、売り手と買い手の情報格差、あるいは情報認識の差がある場合に行われている。金融本来の役割とは無関係で、社会的には何ら意味のないこのような取引で、大きな利益を上げることができ、そのような業界に人材も集まるという状態が、金融化の一断面である。

42　"Sample Letter Sent to Financial Institutions Regarding Their Structured Note Offerings Disclosure in Their Prospectus Supplements and Exchange Act Reports"(2012年 4 月)、"Re: JPMorgan Chase & Co. 424 Prospectuses relating to Registration Statement on Form S-3ASR Filed November 14, 2011 File No. 333-177923」"(2013年 2 月)参照（米国証券取引委員会（SEC）ウェブサイト）。

43　"Investor Bulletin: Structured Notes"(2015年 1 月)参照（SEC ウェブサイト）。

44　"TR15/2: Structured Products: Thematic Review of Product Development and Governance"(2015年 3 月)参照（金融行動監視機構（FCA）ウェブサイト）。

第3章　運用としての金融商品取引

1　「宵越しの金は持たない」で大丈夫か

　かつて、江戸っ子は「宵越しの金は持たない」ことが粋だとされた。生に執着してちまちまと貯め込む行為を潔しとしないということであろうが、その背景には、当時の江戸では、職人はいつでも仕事があり収入を上げられたし、仮に収入を上げられない日があっても親族間や近隣の相互扶助が確保されていたので、宵越しの金がなくとも困らなかったという事情があると説明されたり、頻繁に大火に見舞われ、また、盗賊が横行したので、焼けたり盗まれたりするよりは使い切ってしまったほうが良いという考えがあったためと説明されたりする。インフレが続いてもっていると貨幣価値が下がるからすぐ使ってしまうという理由があげられることもある。「宵越しの金は持たない」人には、金融商品の問題は無縁である。

　現代でも、「熱帯は貯蓄をしない」といわれる。自然の豊かな熱帯では、生命は絶えず消費され速かに循環するものであり、それにあえて手を加える必要がないという意味である。進歩、繁栄、蓄積を良しとする温帯にある文明とは対極にある考え方である。その考え方によれば、物を貯えることこそは、生物としての人間の犯した数々のルール違反の中でも最大のものであり、まさに原罪であるということになる。このような世界では、金融商品の存在意義そのものが否定される。

　貯蓄をするにしても、その形はいろいろある。ケニアの遊牧民は、お金を受け取ると、羊を買う。これは決して消費ではなく、家畜の形で貯める行為である。遊牧民にとって不便な預金は選択肢にはなく、貯「畜」という形で貯蓄するのが合理的な行動なのである。

　イスラムの世界では、コーランの教義により、お金を貸して利息を取るこ

とは禁止されている（シャリア法）。したがって、融資は無利息、預金も無利息となるので、預金を集めて融資によって運用するという業態が成り立たない。そのため資金の運用は、確定利回りの預金という金融商品ではなく、投資の配当という形を採ることとなる（イスラム金融）。

現代の日本では、江戸の職人のような、宵越しの金は持たなくてもやっていけるといえるだけの基盤がないし、熱帯のような速やかな自然の循環性もない。そこで、多くの人は、資産を金融商品の形で保有するようになる。しかし、そこから先は、人によりさまざまな対応がある。

このように、金融商品の位置づけは経済状況や社会体制、自然条件等で全く異なってくる。現在の日本において、金融商品はどのように位置づけられるのであろうか。

用語解説
▶**イスラム金融**：イスラム世界特有の金融をイスラム金融と呼ぶ。利子（リバー）を禁止した、実物取引を前提にした損益分担方式の金融である。ムダラバ（信託類似）、ムシャカ（共同出資類型）、イジャラ（リース類似）などの手法がある。イスラム債券（スクーク）は、クーポンの源泉が事業収益であることを確保する工夫をした債券である（北村歳治＝吉田悦章『現代のイスラム金融』（日経 BP 出版センター・2008年）参照）。

2　経済的背景[45]

(1)　預金の定着

明治以来の日本における銀行の仕事は、国内の黒字部門であった家計から、資金需要のあった産業界に資金を仲介することであった。具体的には、銀行は、預金という形で家計から広く資金を集めて、産業界に融資して運用した（**間接金融**）。この構造が長く維持され、家計では資金の運用は預金で行うの

45　池尾和人『開発主義の暴走と保身──金融システムと平成経済』（NTT 出版・2006年）。

が当然のこととして定着した。

(2)　バブル経済とその崩壊

その後も預金は集まり続けたが、産業界に変化が生じて、銀行は集まった資金の運用先に窮するようになった。自己資金を蓄え融資を必要としない企業が増加したこと、直接金融市場が発達したため産業界が社債や新株の発行等により資金を市場から直接得られるようになったことによる。1980年代後半にはこのような状況になり、銀行は預金の形で集めた資金を産業界に流せず、不動産に向けた。こうしてバブル経済が発生し、数年で崩壊した。

(3)　「貯蓄から投資へ」の誘導

1990年代のバブル経済崩壊後、銀行が産業界への融資の形では資金を運用しきれない状況は変わらず、それに加えて、バブル経済の崩壊の後遺症で大量の不良債権を抱えて体力を落とした金融機関の破綻が続出するなど[46]、リスクを抱えられない状況となった。

そこで政府は、銀行に集中しているリスクの消費者への分散を図った。1996年には金融制度の規制緩和を内容とする日本版ビッグバンが提唱され、その後の経済白書には次のとおり記載された。

「投資家としての個人は、……リスクマネーを経済に供給していくことが求められる」（経済企画庁（現：内閣府）「平成 9 年年次経済報告」(1997年)「おわりに──景気回復から中長期的発展へ」）。

「個人投資家や年金資金等は、本来もっとリスクを負担しうるとも考えられるため、こうした者が、適切にリスクを分散・シェアしつつリスクマネーを供給できるような仕組みを作る必要があると考えられる」（経済企画庁（現：内閣府）「平成10年年次経済報告」(1998年) 第 2 章第 4 節）。

46　1992年の住宅金融専門会社（住専）の破綻に始まって、中小の金融機関の破綻の後に、北海道拓殖銀行（1997年11月）、日本長期信用銀行（1998年10月）、日本債券信用銀行と大銀行（同年12月）の破綻が相次ぎ、その後も中小金融機関の破綻が続いた。

　この後も、貯蓄から投資への誘導はさまざまな場面で行われ続けている。2001年 6 月に発表の経済財政諮問会議「今後の経済財政運営及び経済社会の構造改革に関する基本方針」（いわゆる「骨太の方針」）はその一例である。金融の流れで表現すると、黒字部門の家計から赤字部門の産業界に、銀行が介在して資金を流す間接金融から、銀行を介在させることなく市場経由で資金を流す直接金融への転換を企図したものである。2014年 1 月から開始したNISA（少額投資非課税制度）、2017年 1 月から対象が拡大（自営業者や勤務先に企業年金も企業型確定拠出年金もない会社に勤めるサラリーマン等のみから公務員や専業主婦（夫）、確定給付型年金制度があるサラリーマンなどにも拡大）された iDeCo（イデコ、Individual-type Defined Contribution Pension Plan、個人型確定拠出年金）もその一つである（第 5 章 1 (5)(イ)）。

(4)　預貯金の退場

　貯蓄から投資への誘導開始の後を追うように、1999年以降低金利政策が続き、預貯金は資産運用手段の座から降りた。1990年代前半の郵便局定額貯金は、年利 7 ％、半年複利で10年間経過すると約 2 倍になる（100万円⇒198万9787円）ということで人気を博したが、1999年以降、2000年代にかけて預貯金金利がほとんどない状態が続いた（低いときで 1 年定期0.01％）。

　このように、貯蓄から投資へ、という政府の旗振りの背後には、銀行の資金仲介機能の変化がある。すなわち、①産業界の融資需要が少なくなったので銀行は預金を集めても産業界への融資では運用しきれない、②かといって、銀行はそれ以外の投資運用リスクを負担しきれない（特に銀行の体力に余裕がない状態ではなおさらである）。産業界の融資需要が少ない点は構造的なものであるから、預金が資金運用手段の選択肢から退場することとなっているのも、一時的なものではなく構造的なものであるといえる。今後、預金金利が再び上昇しても、数ある金融商品の一つという位置づけとなる。

⑸　規制緩和で預貯金以外の金融商品が身近に

　金融商品の消費者問題はこの事実を前提として考える必要がある。運用しようと思ったら預金以外の運用方法も考えざるを得ない状況では、金融商品の消費者問題は一部の投資好きの人だけの問題ではなくなる。近年は、消費者全体が、預金以外の金融商品の海に放り込まれているといっても過言ではない。

　たとえば、規制緩和により銀行で投資信託や変額年金保険、外貨建て保険を売るようになって、投資経験のない人がこれらの金融商品を勧誘されて預金を振り向け、思わぬ損失をこうむるというケースが多発している。また、規制緩和により、悪意をもった業者、質の悪い金融商品が、そうでない業者、そうでない金融商品との見分けがつきにくくなったことから消費者の身近に忍び寄ってきて、消費者に被害を発生させている。

　2008年頃には、銀行が、預金者に対してノックイン型投資信託や仕組債を勧誘し、テレビから外国為替証拠金取引（FX取引、Foreign Exchange Margin Trade）のコマーシャルが流れ、証券会社のサイトにはFX取引類似の差額倍率決済取引（CFD、Contract for Difference）の広告が掲載されている状況となっていた。このような状況を評して、「『貯蓄から投資へ』誘導したはずなのに『貯蓄から投機へ』となってしまった」という評価が、当局関係者からすら出された。[47]　その後、リーマンショックを経て多少の鎮静化はあるものの基本的にはこの傾向は持続しており、現在の日本では、金融商品の消費者問題は大変多くの人にかかわりのある重要な問題となっている。[48]

---

[47]　松尾直彦「『貯蓄から投資へ』構想の評価と展望」金財60巻8号（2009年）23頁以下。

[48]　日本の家計の金融資産の半分は預貯金であり、この比率は、1996年から2021年の25年間、ほとんど変化はない。預金金利がほとんどななくなってもそれ以外の運用は増加して来なかった。

用語解説
- ▶**ノックイン型投資信託**：単一の仕組債に投資する投資信託。日経平均のプット・オプションの売りを組み込んだ仕組債に投資するものが多い。問題のある金融商品として批判され現在は組成されていない。
- ▶**仕組債**：デリバティブ取引を組み込んだ社債。プット・オプションの売りを組み込んだものが多い。
- ▶**CFD**：価格賭博であり、許容する法律がないものは違法性が阻却されず、賭博罪（刑法185条）の構成要件を満たせば犯罪となる。

(6)　経済的視点と法的視点

　国際比較研究[49]によって、投資家保護の程度と資本市場の発展度合いの間には、強い正の相関関係があることが実証されている。これによれば、投資家保護制度が整備されているところほど、資本市場の多様性と規模が大きく、さまざまな指標でみて金融の発展度が高くなっているということである。投資家心理を考慮すれば、当然の結果であると思われる。

3　金融商品保有の現状

　日本銀行統計[50]によれば2022年 3 月末時点の家計の金融資産は2005兆510億円である。半分が現金預金であり[51]、証券（株式、投資信託、社債）は 1 割台である。この割合はここ数十年、大きな変化はない。また、統計によれば、

49　インサイダー取引から一般投資家を保護する制度を比較した結果、投資家保護と資本市場発達度には相関関係があると結論づけた研究として、Andrei Shlifer "The New Comparative Economics" NBER Reporter：Fall 2002およびその注 6 に引用する文献がある。先物取引に関する論考でこの点を指摘するものとして、池尾和人「提言　委託者保護が市場発達の礎」週刊東洋経済臨時増刊5915号（2004年） 3 頁。

50　「資金循環」参照（日本銀行統計ウェブサイト）。なお、日本銀行調査統計局「資金循環の日米欧比較」（2022年 8 月31日）も参照（同ウェブサイト）。

51　日本銀行は、現金預金の内訳について、2020年12月30日に、家計や企業、金融機関の金庫などで年を越す紙幣（日銀券）が118兆3282億円あると発表し、11年連続で過去最高を更新した。

【図表11】　家計の金融資産構成（2022年 3 月末時点）

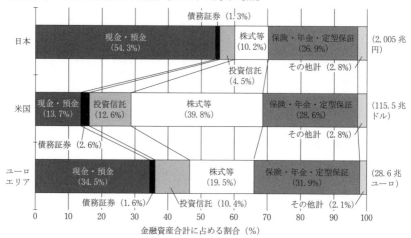

* 「その他計」は、金融資産合計から、「現金・預金」、「債務証券」、「投資信託」、「株式等」、「保険・年金・定型保証」を控除した残差。

（出典　日本銀行ウェブサイト））

米国は現金預金13.7%、証券55%であり、これと比較して日本の家計では現金預金の割合が多いこと、証券の割合が少ないことが指摘されることがある。[52] EU は現金預金34.5%、証券31.5%でその中間である（【図表11】）。

52　この相違を評価する際は、米国では貧富の差が大きく（「No. 252　米国で広がる所得格差と力強さを欠く個人消費」（2016年 3 月17日）参照（日本政策投資銀行ウェブサイト））、富裕層はその主たる金融資産を証券（特に株式）でもつことから、米国の個人金融資産における証券の率は富裕層が押し上げていることに注意が必要である。

第4章　投資に対する考え方（投資する 立場から）

1　投資に対する考え方──消費者の場合

(1)　貯蓄、投資、投機、賭博

　これまで、投資という言葉を何度も使ってきたが、ここで、関連用語の整理をしておく。

　貯蓄（savings）とは、預貯金（deposit）という、銀行などの金融機関に対する消費寄託契約に基づく金銭債権の形で金融資産を保有することである。元来は自分の手元に貯めることを意味する語であるが、銀行等の金融機関に対する信頼の高さから、預貯金の増加をいうようになった。

　投資（investment）とは、増加することを期待してリスクを負担する支出をし、増加または減少したリターンを得ることである。株式、投資信託、社債などの証券購入がその典型例である。

　投機（speculation）とは、投資のうちリスクの高い部分をいうこともあるが、ここでは、投資とは別の概念と定義して用いる。レバレッジ取引やデリバティブ取引など、何倍もの大きなリターンをめざして大きなリスクを負担する行為を指す。商品先物取引、FX取引がその例である。

　賭博（gamble）とは、偶然の事象によって財物のやりとりをすることをいい、社会の経済原則を乱し、人の射倖心を助長して勤労意欲をそぎ、経済社会の健全な発展を妨げることから原則として禁止され、違反は犯罪となる（刑法185条）。デリバティブ取引の一部はこの構成要件を満たすことがあるが、金商法や商先法で許容されたものは違法性を阻却される。

　資金の運用を考える場合、貯蓄、投資、投機、賭博のどれにあたる取引で

あるのかを正しく理解したうえで、賭博は避け、前三者のうちどれをどのように行うのかを選択することになる。

(2)　金融商品選択の基準

　金融商品の取引に対する姿勢は、消費者にとって、自分自身の生活、人生をどうするかの問題である。運用で資産が減ればそれを自分で受け止めなければならないのであるから、当然のことながら、国家が消費者にリスクの負担を求めるか否かなどは個々の消費者の選択の際は考慮要素にはならない。

　消費者がどう選択するかには、個人的性向のほかに、絶対的資金量、ライフ・ステージなどが影響する。収入で生活するのがやっとで貯蓄に回せない場合、投資にも資金を振り向けられない。また、一定の資金があっても、高齢で今後の収入が期待できず蓄えた資金を取り崩して生活する予定の場合は、大きなリスクを負担する投資は望ましくない。

(3)　投資しないという選択

　消費者にとっては、まず、投資するかどうかという選択がある。消極的選択肢、つまり、投資しないという選択は、資金運用にできるだけ手間をかけないという決断に基づきなされる。人生は有限で楽しいことややりたいことはほかにいくらでもあるので、最小限の手間でそれなりの運用ができればよいと考える立場である。また、金融商品の取引をするためには多かれ少なかれ新しい情報を処理する必要があるが、これは高齢者の特性に合わないので、高齢者は一般的に消極的選択になじみやすい。

　ところが、預金が運用手段の場から退場した現在、手間をかけずにそれなりに運用する手段はほとんどない。そこで、減らさないことでも価値があると割り切ることになる。デフレのときは、特にこの割り切りがしやすい。具体的には、金融資産を銀行預金の形で保有し、かける手間は、ペイオフに備え1000万円ずつ異なる銀行に分散する程度である。せっかく分散したのに銀行が合併してまた分散する手間がかかるということもあったが、それでもそ

れほどの手間ではない。

　規制緩和が先行して投資者保護制度が不十分な状況においては、この選択は相当の合理性を有する。なお、世界的経済危機といわれた2007年〜2009年初めにかけては、結果的に証券取引をするより有利な選択となった。この間、日経平均株価は1万8000円から1万円を割って7000円へと6割も下落し、株式のみならず、株式投資信託、公社債投資信託まで、ほとんどが価値を減らしており、半分以下の価値となったものも珍しくない。これに対し、普通預金や「たんす預金」（現金を家に保管しておくこと）をしていた場合は、増えない代わりに減りもしなかったので、相対的に有利な選択となった。

⑷　投資先を意識する投資

㋐　社会的責任投資（SRI投資）

　これに対し、積極的選択肢は、投資に時間とエネルギーを割く選択である。典型は内容にこだわる投資と利益最優先の投資であり、前者は、**社会的責任投資**（SRI、Socially Responsible Investment）に代表される。

　欧米におけるSRIはネガティブ・チェックが基本であり、軍事兵器、たばこ、酒、ギャンブルなど、倫理や社会的公正、環境への配慮等に関し、何らかの形で抵触する商品やサービスを提供する企業を、投融資対象から除外するものである。世界ではこのようなファンドの残高は300兆円を超えるといわれている。

　これに対し、日本におけるSRIは、通常の財務分析等に加え、コンプライアンス、環境・人権への配慮、地域社会貢献などの取組みにおいて、社会的責任を果たしていると判断される先に投融資を行う方法をいう。社会的な貢献に注力する企業を選別して投資対象とするポジティブ・アプローチである点が特徴である。なお、投資の対象選びにとどまらず、投資後の株主権行使においても社会的責任に軸足をおいた行動をとることも含む。投資を通じて社会にかかわろうという位置づけである。1999年頃以降、エコファンド、大手運用会社によるSRIファンドの設定が相次ぎ、2015年6月現在、SRI

ファンド2423億円、SRI 債券6297億円で合計8720億円となっている。その後、サステナブル投資ともいわれるようになり、2022年3月末現在の個人向け金融商品におけるサステナブル投資残高は4兆3182億円であるとされる。[53]

〈コラム10〉CSR と SR

　企業の社会的責任は **CSR**（Corporate Social Responsibility）と呼ばれるが、**国際標準化機構（ISO）**における CSR に関する国際規格化の過程では、責任主体は会社に限らないということで Corporate の C が外され、**SR（Social Responsibility）**と呼ばれている。2006年5月の ISO「SR（社会的責任）に関するワーキング・グループ（WG）第3回総会」（リスボン）では、SR の論点については、次の七つの大項目（①環境、②人権、③労働慣行、④組織のガバナンス、⑤公正な商習慣、⑥コミュニティ参画／社会開発、⑦消費者課題）に暫定合意し、今後の作業を進めることとなった。

　これと同方向の動きとして、**国連グローバル・コンパクト（GC）**がある。アナン事務総長の提唱に基づき2000年に発足した国連 GC は、企業と国連機関、労働団体、市民社会、政府が共に人権、労働基準、環境、腐敗防止の分野における普遍的原則を促進するための取組みである。90カ国以上から2500社を超える参加企業を擁する GC は、企業市民をめざす世界最大の自主的組織となっている。各国、地域レベルでは、50以上のローカル・ネットワークが GC 原則の推進に努めている。GC を紹介する文献として、江橋崇編著『グローバル・コンパクトの新展開』（法政大学出版局・2008年）がある。

㈡　ESG 投資

　SRI と似た概念として、**ESG**（Environment、Social、Governance）**投資**がある。ESG 投資は、国際連合による**持続可能な開発目標**（SDGs、Sustainable Development Goals）[54]が策定された2015年頃から普及が加速した。環境（エネルギー使用量や二酸化炭素（CO_2）排出量削減など環境面への配慮など）、

53　日本サステナブル投資フォーラム（JSIF）の統計による。

社会（人材多様化、ワークライフバランスへの取組み、女性活用など）、企業統治（資本効率への意識の高さや情報開示の充実など）の3要素で企業を分析し、優れた経営をしている企業に投資をすることをいう。ESG投資は、期間が長期にわたるほどリスク調整後のリターンを改善する効果が期待されるといわれ、近年、特に大きな広がりをみせており、2022年時点では、SRIに取って代わったと評することができる。

┌─〈コラム11〉　ESG投資の広がり─────────────────

　東京証券取引所は、2012年に、17業種から選定したESG銘柄15を公表している（「経営の持続的な成長が見込まれる指標『ESG』」参照（日本取引所グループウェブサイト））。その後も、ESG情報開示支援、上場会社取組み支援、ESG関連商品の紹介を行っている。世界最大規模の機関投資家・年金積立金管理運用独立行政法人（GPIF）は、2017年7月、ESG指数を選定して公表した。同法人によれば、環境・社会・ガバナンスの要素に配慮した選定した指数に準拠して一部の資産を投資することにより、安定したリターンを得ることができるという。同法人は、ウェブサイト上の「ESG投資」において、ESG投資はSDGsと表裏をなすものであると説明している（髙橋則広「年金資産運用・ESG投資」幸田博人＝川北英隆編著『金融リテラシー入門応用編』（きんざい・2021年）227頁～249頁参照）。

　世界銀行は2019年10月に、ESGデータベースを公表している。

└──────────────────────────────────

㈡　ソーシャルインパクト投資

　内容にこだわる投資には、このほかに、**ソーシャルインパクト投資**または**インパクト投資**というものもある（【図表12】）。教育や福祉などの社会的な課題に直接投資する手法をいう。英国で社会福祉事業を効率的かつ効果的に実施するために政府が推進してきたといわれる。

54　2015年9月の国際連合総会で、国連加盟国すべてである193カ国が賛同した国際目標であり、ESG投資は、この投資版と位置づけられる。SDGsの詳細は、蟹江憲史『SDGs』（中央公論新社・2020年）参照。

【図表12】　インパクト投資の特徴と位置づけ

1.総論（横断的論点）

□ インパクト投資は多様であり、市場競争力ある経済的リターンを持つ場合もあれば、マーケットよりも低い経済的リターンを許容する場合もある。

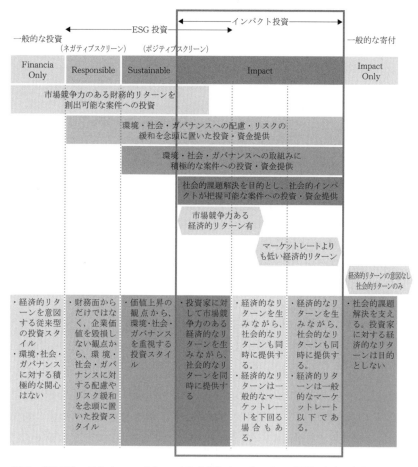

（出典　第6回サステナブルファイナンス有識者会議（2021年4月22日開催）事務局資料12頁（金融庁ウェブサイト）（GSG 国内諮問委員会ウェブサイト掲載のを金融庁が加工したもの））

㈢　「消費者市民社会」的投資

　このような社会的責任などの枠より広い観点から、過程にこだわる投資として、**消費者市民社会**（consumer citizen ship）**的投資**というものを考えることができる。**消費者市民社会**とは、消費者の権利の尊重と消費者の主体的な参加に根ざした安全で公正な社会であり、この観点からの投資は、投資の際に、その投資が社会にどのような影響を与えるかを考えるなど、社会全体を意識しながら行うものである。社会的責任投資のように投資自体で直接的に社会貢献するということにはこだわらない。投資の背景を理解しようとし、めざすべき社会を意識することによって、さまざまな局面で広がりと深みをもった判断を指向するものである。ESG 投資に近いものとなる。

〈コラム12〉 消費者市民社会 ────

　2008年12月26日公表の国民生活白書（平成20年版）では、消費者市民社会について次のとおり紹介している。

　「相互依存の中で成り立つ社会において、人々が受け身で生活するか、主体で生活するかによって今後の我が国の社会、そして世界の将来像は大きく変わりうる。欧米において『消費者市民社会（Consumer Citizenship）』という考えが生まれている。これは、個人が、消費者・生活者としての役割において、社会問題、多様性、世界情勢、将来世代の状況などを考慮することによって、社会の発展と改善に積極的に参加する社会を意味している。つまり、そこで期待される消費者・生活者像は、自分自身の個人的ニーズと幸福を求めるとしても、消費や社会生活、政策形成過程などを通じて地球、世界、国、地域、そして家族の幸せを実現すべく、社会の主役として活躍する人々である。そこには豊かな消費生活を送る『消費者』だけでなく、ゆとりのある生活を送る市民としての『生活者』の立場も重要になっている。そうした人たちのことは『消費者市民』と呼べよう。一人一人がそれぞれの幸せを追求し、その生活を充実したゆとりのあるものにできる社会、そうした社会を目指すためには残念ながら受け身の生活では実現しない」。

　また、2009年11月 5 日開催の日本弁護士連合会人権大会では消費者市民社会に関する次の決議がなされた。

「消費者被害のない安全で公正な社会を実現するための宣言・決議

1 　消費者の生命・身体や重要な財産へ危険を及ぼす商品・サービスを市場に出さない規制、市場で解決できない問題についての規制、市場が適切に機能するための規制が的確に行われている社会。

2 　消費者が安全かつ公正な消費を行うことができ、そうした消費行動や社会的活動により、誠実な事業者・生産者を支援し、また、事業者・生産者の質の向上、市場や社会の改善を図っていくことができる社会。

3 　多様な消費者が存在するなかで、社会的弱者への配慮のもと、多くの消費者が消費者教育等により批判的な精神をもって消費行動や社会的活動を行うことができ、かつ、消費者団体等の諸組織やそのネットワークが、充実した活動を行うことができる社会。

：　私たちは、このような『消費者市民社会』の確立をめざして、国及び地方公共団体に対して消費者の権利実現のための規制並びに制度の充実を求めるとともに、消費者及び消費者団体の意見が社会に反映される環境を整えるため、積極的な役割を果たす決意である」。

　これらの流れを受けて制定された「消費者教育の推進に関する法律」（2016年 4 月施行）は、消費者教育の基本理念の一つに「消費者が消費者市民社会を構成する一員として主体的に消費者市民社会の形成に参画し、その発展に寄与することができるよう、その育成を積極的に支援すること」を掲げた。

(5)　利益最優先投資

　他方、利益最優先の投資は、ネガティブ・チェックで排除されるような企業への投資をいとわない投資である。投資によって社会にかかわるという意識に薄く、投資先を無機質な変動数値ととらえて取引をし、投資資金がどう使われるかには関心がない。デイトレーダーは基本的にはこの選択をしている場合が多い。「たくさんの消費者が将来の経済のあり方について深い洞察

力を持ち、そうした消費者が一般投資家として参加する高質な資本市場[55]」とは対極にある姿であり、インサイダー情報への抵抗力が弱くなるなどの問題もある。

⑹　機械的投資（AI 投資と HFT）

㋐　AI 投資

AI（Artificial Intelligence、人工知能）**投資**とは、人工知能がビッグデータやディープラーニングによって機械的に投資判断をしていくものである。ヘッジファンド業界では AI 投資で運用される資産規模は、2009年に4080億ドルだったものが、2016年には8800億ドル程度まで急増しているという[56]。個人を対象としたものでは、投資一任型（いくつかの質問に答えて投資意向を伝え、それに合わせた投資をするという前提で AI に投資を一任する）と投資助言型

【図表13】　投資一任型の例[57]

※一定の条件が満たされた場合にのみ適用されます。税負担を必ず繰り延べることを保証するものではありません。

（出典　ウェルスナビウェブサイト）

55　高質の経済の参考文献として、矢野誠『「質の時代」のシステム改革』（岩波書店・2005年）がある。

56　櫻井豊「人間では『絶対勝てない』投資ロボのスゴさ」東洋経済 ONELINE（2016年8月30日）。

57　ウェルスナビ株式会社が提供するサービス「Wealth Navi」のウェブサイト上の運用方針書（ホワイトペーパー）「Wealth Navi の資産運用アルゴリズム」には、同社 AI の資産運用アルゴリズムが開示されており参考になる。

（AIから投資情報を受け取り顧客が判断する）が提供されている。

```
┌─〈コラム13〉 投資一任型─────────────────────
│
│　　インターネット＋投資一任＋AI＋ドルコスト平均法（預金引落しによる定
│　額投入）により、選択したリスク度に応じたコストの低い投資信託数種類に
│　投資しリバランスする手法が普及してきた。2018年時点のロボアドバイザー
│　による運用資産残高は、米国では上位5社で約1910億ドル（第3四半期）、日
│　本では上位4社で約1500億円弱（6月時点）となっている（第4回金融審議
│　会金融制度スタディグループ会議（2018年12月6日開催）野村證券説明資料
│　2頁（金融庁ウェブサイト））。
│
└──────────────────────────────────────
```

(イ)　HFT

　プロ投資業者による、**超高速取引**（HFT、High Frequency Trade）と呼ば
れるコンピュータを使った金融市場での高速売買が行われている。これは、
業者が取引所内にサーバーを設置して、100万分の1秒を切る速さで頻繁に
注文を出す取引手法であり、裁定取引など、速さが利益の確実性と大きさを
決める取引で多用される。大量の取引を短時間に行うことができるので、市
場を不安定にするという問題があり、各国で規制が始まっている[58]。

　AI投資とHFTを組み合わせると、より確実により多くの利益を生み出
すことができる。このようなプロ投資家が活動することで、一般の投資家は、
市場から消費税のような形でこの業者に利益を吸い上げられる（儲かった人
も損した人も少しずつ実入りを削られる）ことになり、市場を不公平なものと
している。

58　欧州では2018年からHFT業者を登録制にして、当局への情報提供を義務づけること
　になり、米国も同様の登録や情報提供の規制導入を打ち出している（実施時期は未定）。
　日本も、2017年の金商法改正（2018年4月施行）でHFT行為者に登録や報告を義務づ
　けるなど、一定の対応をした。

(7)　投機と賭博

　なお、商品先物取引、FX 取引、差金決済取引（CFD、Contract For Differ-ence）などのデリバティブ取引では、そもそも社会的責任投資や消費者市民社会的投資というものは存在しないが、かといって利益最優先投資という分類も適切ではない。これらは、特定の指標の変動に倍率（レバレッジ、lever-age、てこ作用）をかけて賭ける取引であり、数十倍というレバレッジが普通に行われているので、そもそも投資取引でなく投機取引ということができる。場合によっては、賭博罪（刑法185条）の構成要件を満たすこともあり、その場合は、法律によって許容されたもの以外は、違法性を阻却されない。[59]

　投機取引は、リスクヘッジ取引の相手方となる点に社会的有用性がある。原資産価格に影響を与えることもあるが、それは必ずしも有用性を意味しない。なお、競馬や宝くじのように賭博として許容したものではないから、倍率規制もありうる。

2　投資に対する考え方──公益性のある法人の場合

(1)　多様性

　法人といってもさまざまであり、ヘッジファンドのように、自らの資金または他者から預かった資金の投資運用を業としてそれに適した体制を備えた法人と、企業が本業のかたわら行う金融商品による運用とでは、考え方が根本的に異なる。また、後者でも、専任の担当者をおいて運用する大企業と、多くの中小企業のように資金運用に関しては消費者と異なるところがほとんどない法人まであり、その運用に対する考え方は相当違うはずである。

59　デリバティブ取引と賭博については、金融法委員会「金融デリバティブ取引と賭博罪に関する論点整理」（1999年11月29日）を参照（同委員会ウェブサイト）。

(2)　公益性を有する法人と投資

　ここでは，財団法人，学校法人，地方自治体のような，運用に回す資金を常時有する，一定の公益性を備えた法人の投資について，基本的な事項を整理する。これらの法人は，その公益性ゆえに法人としての継続性確保が重視され，資金運用にはそれに適したものであることが求められる。そのため，これらの法人の選択肢は投資か貯蓄であり，賭博，投機は選択肢に入らない。投資も，元本欠損リスクの小さいものに限定されることになる。

(3)　公益財団法人

　一般法人は，その目的事業を行うために不可欠な財産を**基本財産**として定款に定めることができ，その場合，理事は，その維持および法人の目的にかなった使用や運用をしなければならず，基本財産の滅失等による法人の目的である事業の成功の不能は法人の解散事由となる（一般法人法172条 2 項・202条 1 項 3 号）。

　一般法人のうち公益財団法人は，財団を構成する資産の運用益で活動資金を確保するのが原則であるから，一方では一定以上の利益を生み出すことが求められ，他方では継続性の確保のためには資産を減少させないことが求められる。このような性質を前提として，公益財団法人に特有の資金運用ルールが存在する。それは公益財団法人ごとに異なるものの，株式や投資信託等の価格変動リスク資産に対する投資を制限するのが一般的である。社債については，信用リスクの程度により投資対象に制限が設けられることが多い。[60]

　このような制限内で活動資金を確保できるような運用をめざすことになるが，特に2000年代に続いた低金利下では容易ではなかった。これに着目した金融機関が，格付けの高い社債や預金の外形を伴った仕組商品を大量に勧誘

60　投資適格については，一般に BBB 以上の格付けのものが，投資適格があるとされており，格付けがこれ以上であることを基準にしている財団等が多い。なお，中にはA以上としているところもある。

し、公益財団法人の多くがそれに応じて購入した。[61]そのリスクが現実化した20008年以降、これらの公益財団法人は深刻な事態に陥った。

⑷　学校法人

　私立大学などの私立学校を運営する学校法人は、私立学校法に基づき設立される、教育を受ける者に体系的な教育を組織的に行う組織である（教育基本法 6 条）。そのため、その設置する私立学校に必要な施設および設備またはこれらに要する資金並びにその設置する私立学校の経営に必要な財産を有しなければならない（私立学校法25条）。その経営は、安定的かつ永続的に行われる必要があるので、経営の健全性を高める必要がある。[62]

　学校法人は、安定性・継続性のある健全な経営を確保・育成すべく、資産の一部を「基本金」という形で積み立てて維持しなければならないとされている。「基本金」とは、学校法人がその諸活動の計画に基づき必要な資産を継続的に保持するために維持すべきものとして、その帰属収入のうちから積み立てるべきものをいう（学校法人会計基準29条）。

　学校法人は財団法人であり、その設立に際して、「寄附行為」をもって資産および会計に関する規定を定めることとされている（私立学校法30条）。文部科学省による「学校法人寄附行為作成例」では寄附行為の一例を次のように掲げている。

61　公益法人協会が2008年 4 月に発表した「『公益法人の資産運用アンケート』結果報告書」によれば、2007年11月〜12月時点（リーマンショックの前年）で、アンケートに回答した206の公益法人の半分が仕組商品を保有し、その額は金融商品の 2 割程度にもなる。

62　米国の私立大学の運用について米国では、数兆円規模の基金をもつ大学がある（ハーバード大学、イェール大学等）。これらの大学では、長期グローバル分散投資の観点から、専門家がヘッジファンドや現物資産などにも振り分けて積極的に運用していると評されるが、基金の大きさやその原資に占める寄附金の大きさなど、日本の私立大学とは前提が相当異なる（小藤康夫「日米における大学経営の比較──資産運用に焦点を当てて」専修商学論集96巻（2013年）63頁〜79頁）。

　「基本財産及び運用財産中の積立金は、確実な有価証券を購入し、又は確実な信託銀行に信託し、又は確実な銀行に定期預金とし、若しくは定額郵便貯金として理事長が保管する」（学校法人寄附行為作成例30条）。

　学校法人は、低金利下ではこのような制約下で運用益を上げることは容易ではなかった。これに着目した金融機関が、格付けの高い社債や預金の外形を伴った仕組商品を大量に勧誘し、一部の学校法人がそれに応じて購入した。

　その後、リーマンショックにより学校法人の資産運用が安定性・継続性との関係で懸念をもたれる事態となったことを受けて、文部科学省は、2009年1月6日付け「学校法人における資産運用について（通知）」（20高私参第7号）と題する文書で、「学校法人の資産は、その設置する学校の教育活動を安定的・継続的に支えるための大切な財産であるため、運用の安全性を重視することが求められる」、「元本が保証されない金融商品による資産運用については、その必要性やリスクを十分に考慮し、特に慎重に取り扱うべきである」と指摘した。[63]

⑸　地方公共団体

　都道府県、市町村等の地方公共団体は、その資産運用には地方自治法による規制がある。

　地方自治法は、現金および有価証券の保管につき「普通地方公共団体の歳入歳出に属する現金（以下「歳計現金」という。）は、政令の定めるところにより、最も確実かつ有利な方法によりこれを保管しなければならない」（同法235条の4第1項）と規定している。政令では、歳計現金の保管について、「会計管理者は、歳計現金を指定金融機関その他の確実な金融機関への預金その他の最も確実かつ有利な方法によって保管しなければならない」（地方自治法施行令168条の6）としている。

　金商法では、地方公共団体を自由度の大きい特定投資家（プロ）に分類し

63　大学に体制整備を求めるものとして、内藤武史「1月6日付文部科学省通知を踏まえて」（2009年）参照（大和総研ウェブサイト）。

ていたが、リーマンショック後に仕組商品で大きな損失を出す地方公共団体が続出したことから、2010年に政令を改正（定義府令23条1項1号を削除）して、金商法34条の3第1項が適用される一般投資家（アマ）に変更した。[64]

3　投資に対する考え方──機関投資家の場合

(1)　機関投資家と投資

金融機関や年金運用者などの機関投資家にとって投資は本業であり、利益を出すことが求められている。他方、機関投資家は一般に資金量が多いので、その投資行動は経済や社会に対して影響力が大きい。したがって、機関投資家には、目先の利益最優先の行動ではなく、責任ある機関投資家としての行動が求められる。[65]機関投資家の行動は、株式や投資口の売買行為とその保有者（株主・投資主）としての行動から構成され、このうち後者は、質の高い企業統治のために重要である。

> ┌〈コラム14〉 質の高い企業統治を判断するための指標 ─────
> 　質の高い企業統治を判断するための指標の一つとして、GRESB（Global Real Estate Sustainability Benchmark、グレスビー）がある。これは、欧州の年金基金グループが創設した、不動産会社・運用機関のサステナビリティ配慮を測る指標であり、欧米・アジアの主要機関投資家が不動産に対する

64　兵庫県朝来市は、仕組商品で損失を抱えて市の財政破綻が懸念された。そこで勧誘した金融機関相手にその責任を問う訴訟を提起したが、その後、価格が回復して損失がなくなったので、訴訟は取り下げられた（「議会だより」42号（2013年）参照（朝来市議会ウェブサイト））。

65　労働組合の団体である日本労働組合総連合会（連合）は、2015年に、社会的責任投資を年金運用者に求める「ワーカーズキャピタル責任投資ガイドライン」を改訂し、労働組合に対し、公的年金の積立金や企業年金の委託先に、ESG投資を働きかけるよう求めている（同団体ウェブサイト）。

ESG 投資の判断材料としている。各地域の不動産関連協会などのサポートを受けており、日本では、日本政策投資銀行（DBJ）が投資家メンバーとして、不動産証券化協会（ARES）と日本サステナブル建築協会（JSBC）がサポーターとして加盟している。「GRESB リアルエステイト評価」では、総合スコアのグローバル順位によって格付（GRESB Rating）が与えられ、上位20%が「5 スター」、次の20%が「4 スター」となる。日本国内の各リート（不動産投資法人）は、高い格付を得るよう努力している。

　個々の環境配慮不動産（グリーンビルディング）の認証制度としては、日本の CASBEE、DBJ グリーンビルディング認証、米国の LEED、英国の BREEAM などがある。

⑵　日本版スチュワードシップ・コード

　スチュワードシップ・コード（Stewardship Code）とは、2010年に、英国の企業会計基準などを検討する企業財務報告評議会が、企業の株式を保有する機関投資家向けに定めたガイドラインである。資産運用の委託者の利益を実現すると同時に、投資先企業の長期的な成長を経済全体の発展へとつなげるために、機関投資家は積極的に役割を果たすべきだとする考えに基づいている。1 年目に約70の機関投資家が採用を表明している。

　金融庁の有識者検討会は2014年 2 月、英国のこの試み（スチュワードシップ・コード）を参考に、機関投資家の行動指針として七つの原則からなる日本版スチュワードシップ・コードを策定し、機関投資家に受入れ表明を求めた。機関投資家が、顧客・受益者と投資先企業の双方を視野に入れ、「責任ある機関投資家」として当該スチュワードシップ責任（**受託者責任**）を果たすにあたり有用と考えられる諸原則を定めたものである。

　日本版スチュワードシップ・コード（金融庁2014年 2 月、2017年 5 月29日改訂（議決権行使結果の公表の充実など）、2020年 3 月24日再改訂（ESG 要素等を含むサステナビリティをめぐる課題に関する対話における目的の意識など））は、

投資先企業の持続的成長を促し、顧客・受益者の中長期的な投資リターンの拡大を図るために、次のような原則を掲げている。

① 機関投資家は、スチュワードシップ責任を果たすための明確な方針を策定し、これを公表すべきである。

② 機関投資家は、スチュワードシップ責任を果たす上で管理すべき利益相反について、明確な方針を策定し、これを公表すべきである。

③ 機関投資家は、投資先企業の持続的成長に向けてスチュワードシップ責任を適切に果たすため、当該企業の状況を的確に把握すべきである。

④ 機関投資家は、投資先企業との建設的な「目的を持った対話」を通じて、投資先企業と認識の共有を図るとともに、問題の改善に努めるべきである。

⑤ 機関投資家は、議決権の行使と行使結果の公表について明確な方針を持つとともに、議決権行使の方針については、単に形式的な判断基準にとどまるのではなく、投資先企業の持続的成長に資するものとなるよう工夫すべきである。

⑥ 機関投資家は、議決権の行使も含め、スチュワードシップ責任をどのように果たしているのかについて、原則として、顧客・受益者に対して定期的に報告を行うべきである。

⑦ 機関投資家は、投資先企業の持続的成長に資するよう、投資先企業やその事業環境等に関する深い理解のほか運用戦略に応じたサステナビリティの考慮に基づき、当該企業との対話やスチュワードシップ活動に伴う判断を適切に行うための実力を備えるべきである。

⑧ 機関投資家向けサービス提供者は、機関投資家がスチュワードシップ責任を果たすに当たり、適切にサービスを提供し、インベストメント・チェーン全体の機能向上に資するものとなるよう努めるべきである。

これにより機関投資家に求められる具体的な行動は、投資先企業のモニタリング、議決権行使の方針設定と結果の開示、ガイドラインの順守状況の運用委託者への定期報告などである。受入れを表明すると、機関投資家は諸原

則に則り、投資先企業の持続的な成長を促すとともに、顧客や受益者の中長
期的な投資リターンの拡大を図ることが求められる。また、諸原則の中で従
わない事項があればその理由を開示することが求められている（comply or
explain）。2022年 6 月末時点で、323の機関投資家が受入れを表明している。

　年金積立金管理運用独立行政法人（GPIF）、野村アセットマネジメント、
日本生命保険相互会社などの国内大手機関投資家のほか、スウェーデンの
Fourth Swedish National Pension Fund（AP4）、英国の Railway Pension
Trustee Company Limited といった海外の大手年金基金も受入れを表明し
ている。

〈コラム15〉　コーポレートガバナンス・コード

　スチュワードシップ・コードとあわせて車の両輪と位置づけられるものと
して**コーポレートガバナンス・コード**がある。コーポレートガバナンスとは、
会社が、株主をはじめ顧客・従業員・地域社会等の立場を踏まえたうえで、
透明・公正かつ迅速・果断な意思決定を行うためのしくみであり、2014年12
月に金融庁と東京証券取引所で、その実効的な実現に資する主要な原則を取
りまとめ、コーポレートガバナンス・コードとして発表した。①株主の権
利・平等性の確保、②株主以外のステークホルダーとの適切な協働、③適切
な情報開示と透明性の確保、④取締役会等の責務、⑤株主との対話の 5 項目
からなる。

4　投資に対する考え方──銀行等の金融機関の場合

　銀行は、預金の形で広く資金を集め、融資や投資で運用することを業務の
一つとする（銀行法 2 条 2 項 1 号・10条）。元本保証をして預かるのであるか
ら、預った資金を減らすわけにはいかない。そこで、融資については安全性

の原則というものがあり、投資についても、過大なリスクを負担する行為は許されない。

〈裁判例3〉　岡山市民信金事件（岡山地判平19年3月27日判タ1280号249頁）

　金融機関の証券投資行為が問題とされた事件である。信用金庫の役員が、預金の運用先として外国債に多額の投資をして大きな損失を被り、破綻したため、経営者の責任が問われた。

　旧岡山市民信用金庫理事長らによるリスク管理体制が未整備なまま特定銘柄のハイリスク商品に対し自己資本額を超える巨額の集中的な過大投資（約314億円。そのうち、回収不能額は約77億円）をしたことについて、整理回収機構が岡山市民信用金庫から損害賠償請求権を譲り受け、前記理事長ら5名を被告として提訴した損害賠償請求事件（訴額は不正融資分も含めると10億円）である。一審（岡山地判平19年3月27日）では、不正融資に関する損害賠償請求については一部棄却されたものの、不正投資に関する損害賠償請求は全部認容され、控訴審（判例集未登載）では、不正融資についても全面的に整理回収機構の請求が認められた。金融機関経営者による投資・資金運用につき法的責任を認めた裁判例はこれが初めてである。

　当該判決からは、①金融商品を購入するにあたっては**安全性の原則**を常に意識し、**自己資本額**を基準として当該金融機関の財務体質を脆弱にせしめない程度の範囲内で行うべき注意義務、②有価証券運用については**自己資本**によるリスク限度が当然に妥当し、有価証券保有額についてもリスクの程度とリスクの所在に応じて自己資本額でもって画される限界を踏まえる義務、③原債券発行体に対する資金の貸付けと同視しうる金融商品については、分散投資と安全性の観点から自己資本額の一定数値を限度とする**大口信用規制**と同じ配慮が必要になり、それ以外でもカントリーリスクと信用リスクの所在が共通する金融商品は自己資本額の範囲内にとどめてデフォルトの危険を分散すべき義務といった金融商品購入（投資）に関する善管注意義務違反の判断の枠組みを確認することができる。

第 5 章　投資の基礎と投資被害

1　投資の基礎[66]

(1)　投資の基本理念

投資[67]の 3 原則は、**安全性、流動性、収益性**である。一般に、安全性と流動性は両立するが（普通預金、MRFを想定せよ）[68]、安全性と収益性は、安全性を高めると収益性は低くなるし、収益性を高めると安全性が低くなるという対立関係にある。ただし、逆は真ならずで、安全性を低くしても収益性が高くなるとは限らないし、収益性を低くしても安全性が高くなるとは限らない（【図表14】）。

安全性確保のためには、分散投資が重要である。分散投資には、投資対象の分散と投資地域の分散がある。投資対象の分散は、預金、証券、不動産、貴金属への分散投資するとか、株式、投資信託、公社債への分散、輸出産業

【図表14】　安全性と収益性の関係

66　投資の基礎知識を整理したものとして、「投資の基本」がわかりやすい（金融庁ウェブサイト）。

67　企業の行う投資といえば、まずは設備投資であり、ほかに研究開発費への投資などさまざまな投資がありうるが、ここでは、金融商品への投資について扱う。

68　MRF については、第 1 章 5 (2)用語解説参照。

株式、輸入産業株式、国内産業株式への分散など、さまざまなレベルで考えられる。投資地域の分散は、国際的な分散投資を意味する。

　分散の観点からは、投資対象の分散、投資地域の分散のほかに、投資時期の分散も考えられる。たとえば、同じ金融商品を毎月定額購入したり（ドルコスト平均法）、毎月定量を購入したりするなどの投資手法である。この手法は一定の合理性を有するものの、特定の対象に集中する投資方法であり、リスクを低減させるとは限らない点に注意が必要である。それらに加え、次元が異なるものとして、投資窓口の分散もリスク軽減のためには重要である。何らかの事情で窓口が機能不全となることがあるからである。

　そして、資産全体の構成として、流動性の高いものを相当程度確保すること、リスクの低いものを相当割合確保することを意識する必要がある。収益性との関係では、コストを意識することが重要である。

用語解説
▶**資産配分（asset allocation）と分散投資（diversification）**：広義の分散投資のうち、大分類（証券、不動産、商品）や中分類（株式、公社債、現金）における分散を、資産配分ということがある。この場合は、小分類（たとえば株式の銘柄を分散すること）における分散のみを分散投資という。

〈コラム16〉　分散投資

　米国において信託受託者に適用されるルールであるプルーデント・インベスタールールでも分散投資を受託者に求めている。分散投資の状況をポートフォリオ（Portfolio、本来は「紙挟み」の意）という。資産において複数の異なる性質の金融商品を組み合せることでリスク軽減を図ることができ、所与のリスク許容度の下でポートフォリオから得られる利益を最大化するためには、各資産クラスに割り当てる資金の割合をリスク許容度に応じて決定する（資産配分）ことが必要になる。また、各資産クラスの中でも複数の銘柄の資産を保有すること（分散投資）により、リスクを低減することが可能になる。分散投資の最適化に関する理論として現代ポートフォリオ理論（Modern Portforio Theory）がある。

┌─〈コラム17〉│「100－年齢」説 ─────────────────
│　　株式を指標とする金融商品（株式、株式に投資する投資信託など）に投資
│　する割合は年齢が高くなると少なくすべきであり、100から年齢を引いた割合
│　が適切であるという、米国における考え方がある。たとえば、30歳なら70%
│　をそのような金融商品に投資してリスクを負担してもよいが、80歳なら20%
│　以内にとどめるべきだということになる。日本の感覚とは異なるが、考え方
│　の背景は共通であろう。
└────────────────────────────────────

(2)　リスクの種類

　一般に広く意識されているリスクは、価格変動リスクである。このほかに、
信用リスク、流動性リスク、カントリーリスク、業者リスク等がある。

　価格変動リスクは、株価や為替等、市場で価格が変動することによるリス
クである。**信用リスク**は、期日に約束どおり元利が支払われないリスクであ
る。倒産リスクと近い意味となる。**流動性リスク**は、直ちに換金できないリ
スクである。カントリーリスクは、政治的な理由で資金がその国から出せな
くなったり減少したりするリスクである。業者リスクは、これらとは異なる
次元のものであり、業者の不当な勧誘にさらされて資産を失うリスクである。

(3)　投資理論

(ア)　現代ポートフォリオ理論

　現代ポートフォリオ理論（**MPT**、Modern Portfolio Theory）とは、合理的
な投資家が分散投資を行い、自身のポートフォリオを最適化し、また、自身
のリスク資産をどう価格設定するかを決める理論である。

　ポートフォリオの収益は複数の資産の収益の加重平均であって、ランダム
な変数であり、期待値と分散をもつ。このモデルでリスクはポートフォリオ
の収益の標準偏差である。

㈠　ドルコスト平均法（定額購入法）[69]

ドルコスト平均法（定額購入法）とは、価格が変動する同じ商品を常に一定の金額で定期的に購入していく方法をいう（投信自動積立てもこの方法の一つ）。こうすると、価格の安いときに多く購入でき、価格が高いときにはあまり購入できず、全体でみれば平均購入単価が低くなる（【図表15】）。

㈢　ランダムウォーク理論

ランダムウォーク理論とは、株価の予測は不可能であるという理論であり、この理論では、テクニカル分析の予測には科学的根拠がないとする。

㈣　スマートベータ[70]（賢い指数）

スマートベータとは、決まったルールで組入れ銘柄を自動決定する投資方法であり、世界の年金基金が採用している。運用指標（ベンチマーク）に連

【図表15】　ドルコスト平均法のしくみ

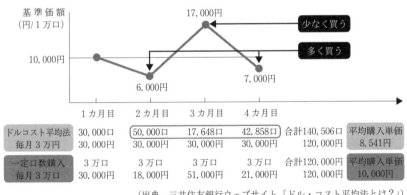

（出典　三井住友銀行ウェブサイト「ドル・コスト平均法とは？」）

69　ドルコスト平均法（定額購入法）は合理的な投資方法であると評価されることが多いが、欠点を指摘する見解もある。山崎元は、欠点として、機会損失の発生、コストの増加、集中投資のリスク（同じものを長期間買い続けるので集中投資となりやすい）の3点を指摘する（山崎元「ドルコスト平均法で起こりうる3つの弊害」（2019年11月26日）参照（楽天証券ウェブサイト））。

動したリターンをめざして指標に合わせて組入れ銘柄を自動決定するスマートベータ型インデックス運用、ベンチマークを上回る超過収益をめざして独自の基準に基づいて自動決定を行うスマートベータ型アクティブ運用がある。

(オ)　長期・積立て・分散投資

長期・積立て・分散投資は、資産を増やす方法として金融庁が勧める投資手法である。この手段として、積み立て NISA や iDeCo の制度がつくられている。[71]

(4)　投資とコスト

投資効率を上げるためにはコストが低いことが望ましい。長期でみると、少しのコストの違いが運用成績に大きな違いをもたらすことになる。たとえば、100万円を年率6.6％で運用すると20年後には359万円となるが、コストが年１％かかるとすると297万円、コストが年３％かかるとすると203万円にしかならない。[72]

証券の種類別にコストを比較すると、株式はインターネット取引が普及しており、手数料は安い（0.1%前後）。投資信託のコストは、〔販売手数料＋信託報酬（毎年）＋信託財産留保額（解約時）〕であり、日本の投資信託は合計で２％～４％以上となるものが多く、コストが高いことが問題とされている。[73]社債のうち新発債の取得では手数料はない（発行者負担）。既発債は、隠れた手数料（仕入れ値に手数料を乗せて売値とする）がある。

70　岡田功太「世界の年金基金で進むスマートベータの導入」野村資本市場クォータリー（2014年）参照（野村資本市場研究所ウェブサイト）。

71　金融庁の NISA 特設ウェブサイトの動画参照。

72　田村正之『月光！　マネー学』（日本経済新聞出版社・2008年）。

73　金融庁「投資信託の販売会社における比較可能な共通 KPI を用いた分析〈対象：主要行等９行、地域銀行20行〉」（2018年６月29日）（同庁ウェブサイト）。

〈コラム18〉 金融商品とほかの物品との違い

　自動車の部品はそれらだけでは何の役にも立たないが、組み立てて自動車
にすると、移動手段、運送手段として見違えるような大きな効用をもつよう
になる。そのため、完成品は、部品の価値の合計より明らかに大きな価値を
もつ。これに対し、金融商品は、たとえば社債やオプションなどは単体でそ
れぞれ価値をもち、価値自体が効用なので、組み合わせても全体としての効
用＝価値は増加しない。むしろ、組み合わせるのにコストがかかるので、そ
の分だけ効用＝価値は減少する。複雑にすればするほどコストがかかり、効
用＝価値は減少していく。したがって、複雑な金融商品は合理的な価値をも
たない金融商品となる。

(5)　投資と税金

㋐　NISA

　収益を考えるには、税金も重要である。投資促進のための非課税投資制度
として NISA[74]（ニーサ、Nippon Individual Savings Account）がある。NISA
には、①一般 NISA、②つみたて NISA、③ジュニア NISA があり、①②は
成人、③は未成年者（親権者が代理）に限定され、①②③のうち一つしか選
択できない制度であり、一定程度普及した（【図表16】）。②は、投資対象が
信託契約期間が無制限または20年以上であること、分配頻度が毎月でないこ
と、デリバティブ取引による運用を行っていないことなど、一定の要件を満
たした公募等株式投資信託に限られる。

　非課税投資制度としては、ほかに個人型確定拠出年金 iDeCo（イデコ、In-
dividual-type Defined Contribution Pension Plan）がある。

74　イギリスの ISA（アイサ、Individual Savings Account）制度を参考にしたもの。イ
　ギリスでは、貯金も非課税対象である点が異なる。

【図表16】　NISA の普及

	上限額	開始時	口座数	買付額	備　考
一般 NISA	年120万円	2014.1〜	1064万5891口座	25兆9271億円	
つみたて NISA	年40万円	2018.1〜	638万5158口座	2 兆1055億円	
ジュニア NISA	年80万円	2016.4〜	86万6434口座	6212億円	親権者が契約
		計	1703万1049口座	28兆326億円	

（金融庁発表データを基に作成、2022年 6 月末現在）

　2020年の制度改正で、2024年にはジュニア NISA は廃止され、つみたて NISA はそのまま、一般 NISA は新 NISA に変更が予定された（【図表17】）。

【図表17】　2024年からの NISA の運用と NISA 制度の見直し

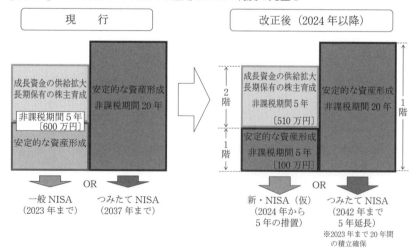

　ところが、2020年の改正内容はわかりにくいうえ不十分であるとして再検
討され、2022年12月23日、NISA の恒久化、投資枠の拡大を内容とする2023
年度税制大綱が閣議決定され、2023年の通常国会でその趣旨に沿った改正が
なされる見込みとなった。これによれば、2020年の改正内容は施行前にさら
に改正され、NISA は一本化されて、その内訳として、つみたて投資枠（年
間120万円まで）、成長投資枠（年間240万円まで）が作られることになる。具
体的には次のとおりである。

①　非課税の生涯投資枠は、1800万円に拡大される。拠出額ベースで1800
　　万円まで非課税で、売却すればその分だけ空きができ、非課税で新規投
　　資を追加できる。

②　拠出できる金額の上限は念360万円（つみたて投資枠120万円、成長投資
　　枠240万円）となる。

③　投資対象は、つみたて投資枠では、従来のつみたて NISA 同様、金
　　融庁設定の条件を満たした投資信託に限られる。成長投資枠では、従来
　　の一般 NISA よりは限定され、個別株式のうち、監理銘柄と整理銘柄、
　　投資信託のうち、運用期間20年未満のもの、毎月分配型、デリバティブ
　　型は、資産形成には不適当なので除外される。

④　改正法施行後も、従来の NISA 投資分は、つみたて NISA で20年、
　　一般 NISA で 5 年の非課税期間はそのままで、それらの投資額は、新
　　NISA の生涯投資枠に加算されない。

　㈄　iDeCo
非課税投資制度としては、ほかに**個人型確定拠出年金 iDeCo** がある。
　iDeCo は、勤労世代に積み立て投資をして、60歳以降に受け取るもので
ある。購入資金は所得控除の対象となり、運用益は非課税である。2017年 1
月から現役世代すべてに対象が拡大された。加入者数（2022年 6 月末時点）
は約251.5万人（国民年金基金連合会2022年 8 月 1 日発表）となっている。2022
年 5 月から60歳以上でも加入できるようになり（65歳まで）、2022年10月か
ら、企業型確定拠出年金との同時加入の制限が緩和されている。

(6)　**個人の資産形成**

　個人の資産形成における原則は、前述してきた投資の 3 原則、リスクの種類と程度、投資理論、コスト、税金を踏まえたうえで、長期・積立て・分散投資を行うことにあるといわれる。金融庁作成の「共通 KPI−(1)運用損益別顧客比率（投資信託）」（投資信託を販売した顧客のうち利益となっている顧客の割合を販売会社別に比較したグラフ）によれば、上位を占めている投信会社の販売方針が、長期・積立て・分散投資であることが示されている。

2　取引の仕方

(1)　**市場取引と店頭取引**

　取引には市場取引（取引所取引）と店頭取引があり、店頭取引には相対取引（店頭・仕切り取引）と店頭・取次ぎ取引がある。**市場取引**とは、金融商品取引所で上場有価証券を取引することであり、金融商品取引業者（証券会

【図表18】　取引の分類

市場取引（取引所取引）	有価証券市場
	金融先物市場
	商品先物市場
店頭取引（Over The Counter Trade、OTC 取引）　仕切りと取次ぎがある	

75　金融審議会市場ワーキング・グループ報告書「高齢社会における資産形成・管理」（2019年 6 月 3 日）25頁（金融庁ウェブサイト）。

76　金融庁「販売会社における比較可能な共通 KPI の傾向分析」（2019年 1 月29日）（同庁ウェブサイト）。

77　市場には、広義（取引所、店頭とも含む意味）と狭義（取引所の意味）がある。

78　上場とは、取引所の取引対象となることであり、上場株式、上場投資証券、一部の投資信託、一部の社債などが上場商品である。

社等）が投資者と取引所の間に入って注文を取り次ぐ（(2)参照）。**店頭取引**とは、取引所を介さずに取引することであり、ほとんどは相対取引と呼ばれる仕切り取引（金融商品取引業者が利害対立する相手方となるもの）である。

(2)　株式の取引

証券取引所[79]（金融商品取引所）に上場された株式は、取引参加資格を認められた金融商品取引業者等（金商法111条）が、顧客の注文を取引所に取り次ぐ形（取引所取引）で取引される。

この場合、証券会社は問屋（商法551条）としてかかわる（【図表19】）。

証券会社と顧客は、取引所が定める受託契約準則に従い、注文執行する。最良執行方針、オークション方式（価格優先、時間優先）などが規定されている。証券取引の決済は、2019年7月16日以降の取引では2日後（T＋2）となる（従来は3日後（T＋3））。

株式には**信用取引制度**がある。顧客が資金（委託保証金）を担保として預け、業者からその3倍余りを限度に資金を借りて株式を購入する**信用買い**、同じく3倍余りの価格を限度に株式を借りてすぐに売却する**信用売り**（カラ売り）で取引を開始し、後日反対取引を行って清算する取引である。6カ月に期限が限定される**制度信用取引**と証券会社との間で個別に期限を定める**一般信用取引**がある。途中、保証金率が一定の割合を下回ると、追証（追加保証金）の支払義務が発生する。選択により**現引き**（反対売買せず自ら資金を用意して借入金全額を返済し株式を引き取ること）、**現渡し**（反対売買せず自ら株式

【図表19】　問屋としてのかかわり

| 顧客 | ⇨ | （注文） | ⇨ | 会員等 | ⇨ | （注文） | ⇨ | 金融商品取引所 | （例：東京証券取引所） |

〔顧客の計算で〕　　　　　〔自己の名で〕

79　具体的には、東京証券取引所、札幌証券取引所、名古屋証券取引所、福岡証券取引所がある。

を用意して借入株を返済すること）も可能である。信用取引には、場の厚みを
もたらす機能があるとされる。制度が複雑でリスクが大きい取引であるので、
しくみやコストを理解した参加者が主体的に行うことが必要となる。

　上場株式では証券が発行されず、有価証券表示権利が取引される。株主等
の権利の管理（発生、移転および消滅）は、証券保管振替機構および証券会
社等に開設された口座において電子的に行う[80]（社債、株式等の振替に関する法
律）。

(3)　債券（国債、公債、社債）の取引

　新発債は発行市場で取引される。既発債は、国債、一部の転換社債を除き、
店頭で取引される。

(4)　投資信託の取引

　投資信託の受益証券は、証券会社、銀行が主な窓口となって取引される。
投資信託会社が直販することもできる。

(5)　デリバティブ取引

　市場デリバティブ取引のうち、①証券デリバティブ取引は大阪取引所と東
京金融取引所、②金融デリバティブ取引は東京金融取引所、③商品デリバテ
ィブ取引は大阪取引所、東京商品取引所（エネルギー）と大阪堂島商品取引
所（米）でそれぞれ行われている。投資者は、①については証券会社等の金
融商品取引業者に注文し、②はFX会社等の金融商品取引業者、③は商品に
より業者が異なる（【図表7】）。

　店頭デリバティブ取引は業者間、業者と顧客間でなされる。

80　証券保管振替機構は、金融商品取引所に上場されている株式、新株予約権、新株予約
　　権付社債、投資口、優先出資、投資信託受益権（ETF）およびそれらに準ずるもので発
　　行者の同意を得たものを取り扱う。

3　投資教育

(1)　金融ケイパビリティ

　従来、金融に関する知識が重要であるとして「金融リテラシー（知識）」の普及がいわれてきたが、リテラシーだけを問題としていては不十分であるということで、近年は「金融ケイパビリティ（能力）」が、教育すべき内容として掲げられている。[81]

　金融ケイパビリティは、すべての人が身に付けるべき力であり、①金融知識と理解、②金融スキルと金融行動、③金融責任という相互に関連した三つのテーマで構成される。このうち、金融責任については、個人の金融に関する意思決定は、個人の将来と同時に家族や地域社会に対しても影響を与えること、そしてそれは、経済と同時に社会・道徳・美・文化・環境といったさまざまな種類の価値判断に直接つながっているので、社会的・倫理的次元をもっていることを理解することであるとしている。つまり、個人の金融に関する意思決定は、その結果が自己責任となると同時に、社会的責任の問題でもあることを教えようというものである。

(2)　消費者教育と投資教育

　消費者教育では、消費者市民社会の構成員となる消費者としての教育が官民で推進されており、消費者教育の一部である投資教育においても、消費者[82]市民社会と整合的な、(1)で説明した金融ケイパビリティを内容として、小学校からの各教育段階に応じてそれぞれ教えていくようにすることが提唱されている。[83]

81　伊藤宏一「金融ケイパビリティの地平──『金融知識』から『消費者市民としての金融行動』へ」ファイナンシャル・プランニング研究12号（2012年）39頁～48頁。

82　新保恵志編著『金融・投資教育のススメ』（きんざい・2012年）。

4　投資被害

(1)　投資被害と行動経済学[84]

【設例】

あなたなら、それぞれどちらを選びますか？

Q1

A）いまここで80万円を差し上げます。講義が終ったらそのままお帰りください。

B）いまここで100万円差し上げます。ただし、この部屋を出るときにくじを引いてください。15％の確率、つまり100人のうち15人は全額返していただきます。

Q2

A）80万円を支払わなければなりません。

B）100万円を支払わなければなりませんが15％の確率で支払いが免除されます。

期待値　Q1　　A）　　80万×1＝　80万、　B）　100万×0.85＝　85万

　　　　Q2　　A）−80万×1＝−80万、　B）−100万×0.85＝−85万

統　計　挙手で確認

83　伊藤・前掲（注81）46頁〜47頁。

84　参考文献として、ダニエル・カーネマン（村井章子訳）『ファスト＆スロー(上)・(下)』（早川書房・2012年）、中谷内一也「悪質商法におけるコミュニケーションと消費者行動」竹村和久編著『消費行動の社会心理学』（北大路書房・2000年）108頁、多田洋介『行動経済学入門』（日本経済新聞出版社・2003年、文庫版2014年）、真壁昭夫『行動経済学入門』（ダイヤモンド社・2010年）、筒井義郎＝山根承子『図解雑学　行動経済学』（ナツメ社・2012年）、大垣昌夫＝田中沙織『行動経済学〔新版〕』（有斐閣・2018年）、大竹文雄『行動経済学の使い方』（岩波書店・2019年）などがある。行動経済学的視点から投資被害を検討したものとして、山本顕治「投資行動の消費者心理と勧誘行為の違法性評価」新世代法政策学研究5巻（2010年）201頁以下、村本武志「顧客限定合理性の下での適合性原則・説明義務と錯誤の役割と要件──複雑性金融商品取引における判決例を素材として」新世代法政策学研究13巻（2011年）245頁以下、木村真生子「行動

　【設例】Q1ではほとんどの人が、A（＝プラスの期待値の少ない方（損な方））を選び、【設例】Q2ではほとんどの人が、B（＝マイナスの期待値が大きい方（損な方））を選ぶことが統計的に実証されている。つまり、これらの局面では、いずれも損な方を選ぶという不合理な選択をする人のほうが圧倒的に多いのである。

　このような不合理な選択をする理由は、エイモス・トヴァスキーとダニエル・カーネマンによる**プロスペクト理論**[85]（1979年発表。2002年度ノーベル経済学賞受賞）で解明される。この理論は、人々が宝くじや株式投資など、結果が確実でない、リスクある商品を購入する際に、そのリスクに対してどんな見込みをもち、どんな行動をとるかについて説明するモデルであり、重みづけ関数、価値関数などがある。統計的手法により実証されたものであり、さまざまな現象を適切に説明できる理論として高く評価され行動経済学の基礎となった。次に、この理論の中核を構成する、重みづけ関数、価値関数を説明する。

㋐　重みづけ関数（【図表20】）

Ⓐ　重みづけ関数の説明

　低い確率に対しては**過大評価**をする。たとえば、当選確率が極めて低い宝くじに過大な期待をする。高い確率に対しては**過小評価**をする。たとえば、「大変高い確率で合格する」と言われても安心できない（重みづけの線は、低い確率では破線の左側、高い確率では破線の右側にくる）。

経済学と証券規制(1)(2)(3)・完」筑波ロー・ジャーナル25号（2018年）113頁以下・28号（2020年）25頁以下・30号（2021年）1頁以下がある。投資被害を含む消費者被害について行動経済学的知見を検討したものとして司法研修所編『現代型民事紛争に関する実証的研究——現代型契約紛争(1)消費者紛争』（法曹会・2011年）、桜井健夫「消費者被害救済の実務における行動経済学的知見の活用」現代消費者法33号（2016年）61頁以下がある。

85　プロスペクト理論については、Daniel Kahneman and Amos Tversky (1979) "Prospect Theory: An Analysis of Decision under Risk", Econometrica, XLVII (1979), 263-291参照。

【図表20】　重みづけ関数

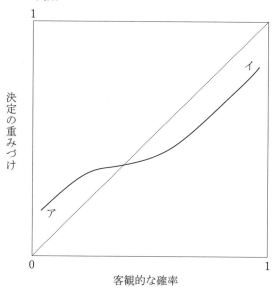

　「高い確率」に対する評価（過小評価）（イ）と、確定的に1の評価（1）
の格差大。利益の確定は、高い確率とは比較にならない魅力があることにな
る。Q1のようなプラス場面では、期待値が有利なほうより、確定している
ほうを選択する傾向につながる。つまり、プラス場面ではリスクを負担した
がらない（**参照点依存性**）。
　「低い確率」に対する評価（過大評価）（ア）と、確定的に0の評価（0）
の落差大。損失の確定には、大きな抵抗があることを示す。損失を確定した
がらない傾向がある（**損失回避性**）。Q2のようなマイナス場面では、期待値
が有利なほうよりも確定していないほうを選択する傾向につながる。つまり、
マイナス場面ではリスクを負担する方向の行動を選択しやすい（**参照点依存
性**）。

(B)　投資被害と重みづけ関数
　プラス場面ではリスクを負担したがらない傾向があるので、大きく儲かる

可能性のある取引より、利益は少しでも確実に利益の出る取引を望む人が多い。このことは、「断定的判断提供」（必ず利益がでます）、「元本保証」の勧誘がリスク認識をゆがめる大きな効果があることを示す。

このように利益の出る局面ではリスクを負担したがらない人も、マイナス局面では損を確定することを避ける選択肢を示すことで、容易にリスクを負担させられる（**参照点依存性**）。一度損をした人が同じ取引にさらに資金をつぎ込んで損失を拡大させることは、このような傾向を突かれて勧誘された場合にしばしばみられる。一度痛い目にあったら次は同じことはしなくなるという学習理論は、投資におけるマイナス局面では妥当しない。

㈗　価値関数（【図表21】）
Ⓐ　価値関数の説明

絶対値よりも変化や差異に反応しやすい（**参照点依存性**）。

損失を重ねれば重ねるほど同程度の損失に対して感じる痛みは小さくなる（**感応度逓減性**）。最初の50万円の損失発生では大きな心の痛みを感じる（0とウ）が、次に、50万円の損失（損失合計100万円）が発生しても小さな違いでしかなくなり（ウとエは近い）、心の痛みも小さい。

同額の利益と損失を比較すると、利益の喜び（右上の曲線）より損失の痛み（左下の曲線）のほうが大きい（損失回避性。交点からみて、右上の曲線は緩やかに上がる。左下の曲線は大きく下がる）。

Ⓑ　投資被害と価値関数

いったん損をするとその後の損の痛みは小さいため、さらにリスクを負担することに対して抵抗感が弱まる。（ア）Ⓑで指摘した、一度損をした人が同じ取引にさらに資金をつぎ込んで損失を拡大することがしばしばあるのは、このことも理由となる。

【図表21】　価値関数

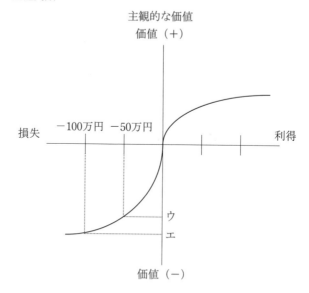

（ウ）　サンク・コスト効果とフット・イン・ザ・ドア技法

　サンク・コスト効果（sunk cost effect）とは、一度、資金や労力、時間などを投資した対象に対し、その後も投資を続けようとする強い傾向をいう。投資効果が得られていないときに、より追加投資をしやすくなる。

　この傾向は、損をしたらそれに懲りてもう資金を出さなくなるはず、という「常識」に反するし、学習理論における「効果の法則」からも逸脱する。サンク・コスト効果は、プロスペクト理論によれば説明できる。すなわち、重みづけ関数で明らかなとおり、マイナス場面ではリスクを負担する傾向がある。

　「一度、資金や労力、時間などを投資して投資効果が得られていないとき」は、マイナス場面に該当するので、このような場合は、損の確定を避けるために、リスクを負担する傾向にある。また、価値関数によると、追加投資による損失の痛みは初期投資のそれより小さい。「一度、資金や労力、時間な

どを投資して投資効果が得られていないとき」は、初期投資の失敗によりすでにマイナスの痛みを経験しており、追加投資による損失の痛みは小さいため、リスク負担の抵抗は小さくなる。以上のことから、「一度、資金や労力、時間などを投資して投資効果が得られていないとき」は、その後も追加投資を続けようとする強い傾向があることが説明できる。

フット・イン・ザ・ドア技法（foot in the door technique）とは、最初に小さな要請を受け入れてしまうと、後から大きな、普通であれば拒否するような要請にも応じてしまう傾向（実験により証明）を利用した勧誘技法をいう（ジョナサン・フリードマンとスコット・フレーザー、1966年提唱）。たとえば、訪問販売業者にいったん足をドアから中に入れることを許諾すると、その次に、普段なら承諾しないようなもっと立ち入った要求も受け入れてしまう傾向がある。これを投資勧誘の世界に置き換えると、最初にある額の資金を投入してしまうと、その後にその何倍もの額で通常なら投入するはずのない金額を投入してしまう傾向があるということである。

このように、プロスペクト理論、サンク・コスト効果、フット・イン・ザ・ドア技法を理解すれば、勧誘されて資金を次から次へと投入してしまう行動や損失発覚後も取引を任せたままにしてしまう行動も、人間の通常の心理的傾向を突かれているものであることがわかる。たとえば、事実上の一任状態で損失を抱えた状況におかれた場合に、損失を取り返す、と言われるとその後も事実上の一任状態を維持してしまうのは、不思議でも不自然でもないし、それまでの取引内容を一任の範囲として容認した行為でもないのである。

㈏　悪質業者は限定合理性を悪用する

以上に紹介したような心理的傾向は、業者が堅実な消費者に過大なリスクを負担させるのに利用される。それは、証券取引、商品先物取引における登録業者、許可業者による勧誘から、投資詐欺業者による勧誘まで、幅広く利用されている。これらの業者は、プロスペクト理論等による帰結と同様のことを経験的に知っていて、その蓄積が内部で引き継がれているのである。

勧誘文言としては、以下のものがある。

① 「必ず利益がでます」（断定的判断提供）　　重みづけ関数

② 「元本保証です」　　　　　　　　　　　　重みづけ関数

③ 「滅多に手に入らないものが出ました」　　希少性の原理

④ 「人数限定です。早くしないと枠がいっぱいになります」

心理的リアクタンス

⑤ 「他の人も買っていますよ」　　　　　　　社会的比較論

⑥ 「損を取り戻しましょう」　　　　　　　価値関数・重みづけ関数

⑦ 「この金額を追加しないとこれまでの分を守れません」

価値関数・重みづけ関数

用語解説
▶心理的リアクタンス：制限のない状態に移ろうとする傾向。

(2)　行動経済学的視点と市場理論

　行動経済学の視点は、投資をする者の心理に一定の傾向があることを明らかにする。ただしこれはあくまでも傾向にすぎず、すべての人がそのようになるわけではない。それでも、一定の傾向があることには市場との関係では大きな意味がある。

　すなわち、市場には価格発見機能、取引仲介機能等があり、これらの機能を十分発揮させるためには、よいものは高く、悪いものは安く評価される市場であることが求められる。そのためには、参加者ができるだけ合理的な判断をすることが望ましい。ところが、合理性が限定された状態を利用する商品が、何ら制約なく販売できると、市場のこれらの機能が発揮されず、健全な発展が阻害される。したがって、このような商品については一定の規制の必要性が根拠づけられる。[86]

86　川濱昇「行動経済学の規範的意義」平野仁彦ほか編『現代法の変容』（有斐閣・2013年）405頁・422頁〜430頁。

第2部
金融商品関連法の概要

●第2部のポイント●

- ・金融商品のうち誰でも自由に販売できるものはあるのか。
- ・金融商品取引に関係する法律にはどのようなものがあるのか。
- ・金融商品取引のルールの適用範囲に漏れはないか。
- ・取引の監視・監督はどこが行っているか。監視・監督範囲のすき間はないか。

【事例】

　Aは商品CFD取引（Contract for Difference、差金決済取引）という、新しい取引があると聞かされ、経営する会社でこれを業務とすることを検討しようと思う。物の価格を基準に、証拠金の10倍、100倍という倍率で取引をしたことにし、価格変動後に反対売買をしたことにして、その差額をやりとりする取引ということである。賭博のようにみえるが、自由にやってよいか。

第 1 章　金融商品取引に関する法制度の歴史

1　概　要

(1)　証券取引法、商品取引所法の時代

　明治時代に銀行や保険会社が設立され、株式会社に関する規定を含む商法が制定されて、ようやく預金、保険、株式、社債などの金融商品といわれるものが登場した。

　証券取引については、1893年制定の**取引所法**により、商品先物取引と共に規制されてきたが、戦後、米国法の影響を受けて、1948年に**証券取引法（証取法）**が制定された。その後、同法の改正が重ねられてきた。

　商品先物取引については、取引所法を経て1950年制定の**商品取引所法**により、取引所における商品先物取引の規制がなされてきた。その後、海外商品先物取引で詐欺的な被害が目立ってきたことから、1982年に**海外商品市場における先物取引の受託に関する法律（海先法）**が制定された。

(2)　金融商品取引法、商品先物取引法の時代（〜現在）

　2006年6月、証取法が改正され、対象を証券以外の投資取引にも広げて**金融商品取引法（金商法）**となり、2007年9月30日にその主要部分が施行された。その後も、毎年のように改正を重ねて今日に至る。

　2009年7月、商品取引所法が改正され、対象を商品デリバティブに広げて**商品先物取引法（商先法）**となり、2011年1月1日に施行された。これに伴い、海先法は、その対象も含まれることとなったため廃止された。その後、商先法の対象の一部が金商法の対象ともなり、両者の関係は複雑になってい

る。

(3)　金融サービスの民事法（～現在）

　規制緩和にあわせて民事的救済手段（損害賠償請求権）を広げる趣旨で、2000年に**金融商品の販売等に関する法律**（金販法）が制定され、2001年に施行された。その後、銀行、証券会社、保険会社のサービスを横断的に仲介できる金融サービス仲介業が同法に追加され、2021年11月から**金融サービスの提供に関する法律**（金サ法）となっている。

2　制度・実態の変化（1990年代以降）

(1)　制度の激変──ビッグバン（1998年～）

　1989年11月のベルリンの壁崩壊以降の経済のグローバル化と1990年代のインターネット普及開始などを背景とし、それまでの金融商品の制度が実態に合わなくなったとして、1998年に日本版ビッグバンと呼ばれる金融制度の大幅な規制緩和が行われた。具体的には、1998年4月に改正外為法が施行され、国境を越えた資金の移動が基本的に自由になった。さらに同年12月に金融システム改革法（証取法、銀行法、保険業法などの24本の法律の同時改正）が施行され、金融商品取引に関する規制が広範囲で大幅に緩和された。

(2)　実態の激変と金融商品被害

　この前後から、業者、金融商品、取引方法、金融商品と販売者の組合せなど、実態が激変しはじめた。**業者の変化**は、破綻と合併、新規参入の増加である。1980年代の銀行、証券会社、保険会社を知る者がタイムマシンで2000年以降の時代にやってくると、知った名前の会社がほとんどないほどの、あまりに大きな変化に驚くはずである。

　金融商品も変化した。一つは、伝統的な金融商品である株式・投資信託・

社債のリスクの増大である。新興市場に上場した株式の中には1年で10分の1、100分の1の価格まで下がってしまったものや、上場後数カ月で破綻してしまったものまである。投資信託は、元本割れで業界を挙げて大騒ぎしていた時期からは想像しにくいほど、リスクの大きなものも販売されている。社債は、預金金利と競争していた時代が懐かしまれるほど、リスクの大きな社債も出回るようになった。マイカル債（集団訴訟）事件（裁判例1参照）は、社債に対する従来の認識と変化後の実体とのギャップが要因となった象徴的事件である。

　金融商品のもう一つの変化は、新しい金融商品が多数登場したことである。デリバティブ取引を組み込んだ仕組債（EB、日経平均リンク債等）、証券市場で運用した結果が年金に反映される変額年金保険などが代表的なものである。新しい金融商品に紛れ込んで、問題業者の問題取引も多数登場した。それは、外国為替証拠金取引、ロコ・ロンドン貴金属取引、未公開株勧誘、仮想通貨取引と、規制の緩いところに流れるように手口を変えて続いた。ほかにも、組合、ファンドなどという名称をつけて、それらしい外形を装った詐欺的金融商品が多数登場した。**平成電電事件、近未來通信事件、ワールド・オーシャン・ファーム事件、L&G事件**などの大規模な投資被害事件も起きた。

　取引方法の変化の一番大きなものは、インターネット取引の普及である。特に株式取引でインターネット取引が急激に普及し、2007年にはインターネット取引口座が1000万口座を超えて、個人の取引高のうちインターネット取引は90％を超えている。インターネット取引では勧誘がなく、紛争は少ない。

　商品と販売者の組合せの変化としては、銀行で投資信託を販売するようになったこと、証券会社で保険を販売するようになったことが目立つ。特に、銀行での投資信託販売は年々増加し、投資信託販売の最も主要な窓口となった。銀行は預金者を抱えているので投資信託を購入できる資金をもつ人の情報を大量にもっていることになり、銀行の姿勢次第では、極めて問題のある状況をつくり出すことになる。その結果、預金を投資信託に変えられてしまったという高齢者の相談が多発した。

90

証券市場に対する不正（西武鉄道、ライブドア、村上ファンドその他）、優越的地位濫用（独禁法）（SMBC 金利スワップ事件）、一連の保険金不払い事件も大きな事件である。

(3)　再び制度激変──セカンド・ビッグバン（2007年9月30日〜）

2007年9月30日から、金商法と、同時改正の金販法・保険業法・銀行法・信託業法などが一斉に施行された。信託法も同日に施行された。この一連の法制度の変化は、1998年のビッグバンに続く金融商品に関する大幅な制度改革であり、英国の2段目の金融制度改革の呼び名にならいセカンド・ビッグバンと呼ばれる。

悪徳投資商法との関係では、金商法で集団投資スキーム持分を対象とすることとしたことが重要である。平成電電事件などのような、数万人から数百億円を集めるような大規模な投資被害事件を未然に防ぐ体制をめざしたものである。

(4)　その後の法制度の変化と最近の状況

(ア)　法制度の変化（法改正・制定）

その後の法制度の主な変化は、次のとおりである。

① 金商法

2008年改正（同年12月施行）

2009年改正（主要部分翌年4月施行、ほか同年7月・10月施行など）

2010年改正（同年5月・6月翌年以降施行）

2011年改正（同年5月施行）

2012年改正（翌年9月施行など）

2013年改正（翌年4月施行）：インサイダー取引規制の強化等

2014年改正（翌年5月施行）：投資型クラウドファンディングの制度整備、投資グループ組成、金融指標に係る規制の導入等

　　　2015年改正（翌年 3 月施行）：適格機関投資家等特例業務（プロ向けファ
　　　　　　　　　　　　　　　　　ンド）の届出者に対し、参入規制を整備
　　　　　　　　　　　　　　　　　（欠格事由の導入など）、行為規制を拡充（適
　　　　　　　　　　　　　　　　　合性原則、リスク等説明義務）、情報開示、
　　　　　　　　　　　　　　　　　エンフォースメント強化（業務改善・停
　　　　　　　　　　　　　　　　　止・廃止命令の対象とする）
　　　2017年改正（翌年 4 月施行）：取引の高速化への対応、取引所グループの
　　　　　　　　　　　　　　　　　業務範囲の柔軟化、上場会社による公平な
　　　　　　　　　　　　　　　　　情報開示（フェア・ディスクロージャー・ル
　　　　　　　　　　　　　　　　　ール）
　　　2019年改正（翌年 5 月施行）：暗号資産デリバティブおよび STO を対象
　　　　　　　　　　　　　　　　　に追加
　　　2020年改正（翌年 5 月施行）：店頭デリバティブ取引の情報の集約
　　　2021年改正（同年11月施行）：投資助言契約のクーリングオフの形式緩和
　　　　　　　　　　　　　　　　　（電磁的記録でも可）
　②　保険法
　　　2008年制定・同年 6 月公布（翌々年 4 月施行）
　③　保険業法
　　　2014年改正（翌々年 5 月施行）：意向把握・確認義務、情報提供義務（契
　　　　　　　　　　　　　　　　　約概要、注意喚起情報）、来店型保険ショ
　　　　　　　　　　　　　　　　　ップの監督整備
　④　商先法
　　　主要部分2011年 1 月施行。規制の漏れ減少、不招請勧誘禁止（ただし
　　　2015年 6 月一部緩和）
　⑤　金サ法
　　　2019年改正（翌年 5 月施行）：暗号資産を対象に追加
　　　2020年改正（翌年11月施行）：金融サービス仲介業を創設、法律の名称を
　　　　　　　　　　　　　　　　　金融商品の販売等に関する法律（金販法）

92

から金融サービスの提供に関する法律（金
サ法）に変更

⑥　資金決済法

2009年制定・6月公布（翌年4月施行。前払式証票の規制等に関する法律は
廃止）

2017年改正（同年4月施行）：仮想通貨交換業を創設し登録制

2019年改正（翌年5月施行）：仮想通貨から暗号資産への呼称変更

2020年改正（翌年5月施行）：資金移動業を3分類

2022年改正（1年以内施行）：電子決済手段等取扱業・為替取引分析業を
創設、高額電子移転可能型の前払式支払手
段への対応

(イ)　最近の状況

インターネット取引の口座数が増加し、2022年3月末時点で3822万口座と
なった。

投資信託のコストが高すぎることなどからその運用成果が芳しくないこと
が当局より指摘され[1]、手数料等の改善が一部でみられる。特に、2018年1月
開始の「つみたてNISA」制度では、不合理な構造の投資信託を除外したう
え、コストの低い投資信託のみを非課税の対象としたことから[2]、その要件を
満たす投資信託が増加した。

また、リスクの大きい上場新商品（レバレッジ型やインバース型のETF、
ETN[3]）が増加した。仕組債は相変わらず販売されているが、2022年以降、

1　第4回金融審議会市場ワーキング・グループ（2016年8月2日開催）資料2の2頁に
よれば、日米の売れ筋投資信託（上位5本）を比較すると、日本では投資対象を特定の
種類の資産（特定の国の不動産、特定の業種の株式など）に限定した商品が上位であり、
販売手数料3.2%、信託報酬1.53%、収益−0.11%（過去10年平均）となっている（金
融庁ウェブサイト）。これに対し、米国では、長期にわたり資産残高を拡大してきたロ
ングセラーの低コスト商品が上位であり、販売手数料0.59%、信託報酬0.28%、収益
5.20%（過去10年平均）となっている。なお、第1部注11（比較可能なKPI）も参照。

2　「つみたてNISAの概要」参照（金融庁ウェブサイト）。

金融庁が、商品の合理性に問題があるとして規制圧力を強めている。

　投資詐欺では、自社株・自社転換社債私募被害（金融商品取引法の規制漏れ。劇場型未公開株詐欺）、太陽光発電関連事業詐欺、暗号資産詐欺、ICO 詐欺など、時の流行に合わせて目先が頻繁に変わってきたが、構造は同じである。詐取手段は、振込み、レターパック、現金、電子マネー、暗号資産などと多様化している。

3　S&P500VIX インバース ETN につき〈コラム 8〉参照。

第 2 章　金融商品取引に関する法制度の 全体像

1　概　要

【図表22】　金融取引の全体像

（網かけは金商法の行為規制が適用される取引）

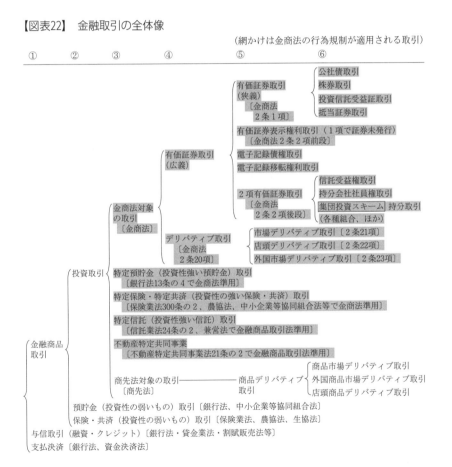

　金融取引の全体像は【図表22】のとおりであり、このうち、金融商品取引に関する法規制の枠組みを、以下、簡単に解説する（なお、下記①〜⑥は、【図表22】の上部番号に対応）。

　金融取引は、金融商品取引と、与信取引（融資・クレジット）、支払決済に分けることができる（①）。ここで用いる金融商品取引の語は、顧客が将来、資金を受け取る予定で業者に資金を渡す取引を指す。金サ法 3 条 1 項規定の「金融商品の販売」とほぼ同じ範囲となる。[4]

　融資取引やクレジット取引は資金の動きが逆であり、ここでいう金融商品取引には該当しない。融資と投資の組合せ商品やスワップを組み込んだ融資について被害があることから、融資についても顧客保護に向けた制度整備が必要であるが、今後の課題である。

　1998年以降、このような金融商品取引を投資取引とそうでない取引に分け、前者について制度整備をしてきた（②）。普通の預貯金、保険・共済は、次の課題として残された。[5]

　投資商品を一つの法律で規定せず、金商法グループ（同法とそれを準用する複数の法律）と商先法でカバーしている（③）。2007年 9 月30日に金商法グループが施行され、2011年 1 月に商先法（商品取引所法の改正法）が施行された。

　不動産特定共同事業法で不動産特定共同事業につき金商法の一部を準用した（③）。銀行法等で投資性の強い預貯金（特定預貯金）につき、金商法の一部を準用した（③）。具体的には、外貨預金や仕組預金（期間延長権限を銀行に与えた預金など）などである（銀行法13条の 4 など）。保険業法等で投資性の強い保険・共済（特定保険、特定共済）につき、金商法の一部を準用した

---

[4]　金商法にも金融商品の語が登場するが、全く別の意味で用いられているので注意が必要である（第 3 部第 1 章 3 ⑵）。

[5]　2010年 4 月から施行されている保険法は、保険と共済に関する契約法である。対応する業法は、保険業法、農協法、生協法等であり、投資性の強い保険・共済について金商法を準用している。

（③）。具体的には変額保険や変額年金保険、外貨建て保険などである（保険業法 1 条）。信託業法で投資性の強い信託（特定信託）につき、金商法を準用した（③）。

　金商法の対象は有価証券取引とデリバティブ取引（商品デリバティブ取引を除く）であり、商先法の対象は、商品デリバティブ取引である（④）。

　金商法の対象となる有価証券は、公社債・株券・投資信託受益証券等の有価証券（狭義）、証券を発行しないだけで実質はこれと同じ有価証券表示権利、有価証券とみなされる特定の電子記録債権、電子記録移転権利（ST、セキュリティトークン）、それから、持分会社社員権や集団投資スキーム（組合契約、その他）持分等の 2 項有価証券などである（⑤）。限定列挙の中に包括規定である「集団投資スキーム」持分が入っている（⑥）。

　金商法の対象となるデリバティブ取引は、取引形態により市場・店頭・外国市場デリバティブ取引に分けられ、それぞれにおいて、証券デリバティブ取引、金融デリバティブ取引等がある（⑤）。商品デリバティブ取引の一部や暗号資産デリバティブ取引も追加された。

　商先法は、商品デリバティブ取引を対象とする（⑤）。これらは、商品市場取引、外国商品市場取引（外国商品先物取引、外国商品先物オプション取引）、店頭商品デリバティブ取引（商品 CFD 取引等）に分けられ、それぞれ法令で指定したものである（⑥）。いずれも原則として不招請の勧誘が禁止される。

2　広げられた有価証券概念の具体例

　有価証券、デリバティブ取引は、金商法の対象となり、商品デリバティブ取引は、商先法の対象となる。有価証券概念が広げられ、事業型組合（平成電電事件、ワイン・ファンド、アイドル・ファンド等）、組合の形をとらない集団投資スキーム（金銭を支出して配当・分配金を受け取るもの、ジー・オー事件、近未來通信事件）も範囲に入れた等がある。このほかにも、有価証券（狭義）、みなし有価証券も、政令で追加指定できることとなっており（金商法 2 条 1

項21号・2項7号)、学校債、学校債表示権利が追加指定されている。その後
の法改正で、有価証券に電子記録移転権利(セキュリティ・トークン)が追加
され、デリバティブ取引の原資産に暗号資産が追加された。

　商先法の対象となったものとして、海外商品先物オプション取引、店頭商
品デリバティブ取引(いわゆるロコ・ロンドン貴金属取引などの商品 CFD 取
引)がある。

3　枠組みが変わった取引(個別法から金融商品取引法・商品先物取引法へ)

　金商法に取り込まれて廃止された法律として、金先法(対象:外国為替証
拠金取引など)、抵当証券業規制法(対象:抵当証券)、投資顧問業法(対象:
投資顧問業)がある。一部が金商法に移ったものとして、商品ファンド法
(販売・運用部分は金融商品取引法へ。個別法は投資顧問部分を残置)、投資信
託・法人法(開示部分の一部、販売部分に加えて運用部分の一部も金商法へ。組
成部分、開示部分の一部のほか、運用部分の一部は残置)がある。

　商先法に取り込まれて廃止された法律として、海先法がある。海先法は、
市場と商品が限定列挙であって網羅していないこと(そのため海外商品先物
オプション取引、ロコ・ロンドン貴金属取引などは対象外であったこと)、参入要
件がないことなど、不十分な法律であった。これに対し、商先法では、従来
からの国内商品先物取引に加えて、海外商品先物取引、海外商品先物オプシ
ョン取引、店頭デリバティブ取引(ロコ・ロンドン貴金属取引など)を対象に
加え、対象となる業を行う場合は参入要件として許可というハードルを越え
ることを求めたうえ、原則として不招請の勧誘を禁止した。

4　規制対象として残された部分

　自社株、自社転換社債などの取得勧誘は、自由な経済活動を阻害しない趣

旨から金商法の規制対象からはずしてあるが、近年、不特定多数の者（ただし、1回あたりの発行数を50名未満として開示規制を免れる）に対して、これらを勧誘する形をとった投資詐欺が横行して社会問題となってきた。これについては、2016年改正特商法（2017年12月施行）が指定権利性の見直しを行い、社債等の金銭債権、株式等の社員権を規制対象に追加し、これらを併せて名称を「特定権利」とした。訪問販売や電話勧誘販売に該当すれば、同法の規制が適用されるので、残された部分は減少した。

　デリバティブ取引は、金商法、商先法いずれも限定列挙方式であるから、これらに該当しないデリバティブ取引は・規制対象とならない。たとえば、CO_2排出権取引・排出量取引などは、金商法、銀行法、保険業法等で、各業者が取り扱えることにしてあるが、それ以上のかかわりをもたせていない[6]。これについても、2016年に、これらは「役務の提供」に該当し特商法の対象となることを通達で明確化したので、残された部分は減少してはいる。

　普通の預金取引、保険取引は、金商法の行為ルールの対象外である。これらも共通ルールの下におくべきであるという考えから、これらも対象に含む金融サービス法が提唱されてきたが、ホップ（1998年：金融システム改革法）・ステップ（2007年：金商法）[7]に続くジャンプにより実現されるものと考えられており、今後の課題となっている。

6　排出量取引につき業務範囲規制・子会社規制の観点から整理したものとして、西村あさひ法律事務所編『最新金融レギュレーション』（商事法務・2009年）。

7　このような名称の法律があるわけではなく、1998年に施行された、証取法等の金融関係を中心とした24本の法律の同時改正部分をいう（第1章2(1)）。

第 3 章　関連法の解説

1　概　要

(1)　法　律

　金商法および関連改正法の2007年 9 月30日施行と、それ以降の変化を整理する。

① 金商法（証取法の改正法。その後毎年のように改正）

② 投資信託・法人法

③ 銀行法（13条の 4 （特定預金につき金商法を準用））

④ⓐ 保険法（2008年 6 月制定、2010年 4 月 1 日施行）

④ⓑ 保険業法（300条の 2 （特定保険につき金商法を準用）。2014年改正で募集販売規制追加）

⑤ⓐ 新・信託法（2006年12月制定）

⑤ⓑ 信託業法（24条の 2 （特定信託につき金商法を準用））

⑥ 不動産特定共同事業法（31条の 2 （金商法を準用））

⑦ 商品取引所法（改正）⇒商先法（2009年 7 月改正・2011年 1 月 1 日施行）

⑧ ファンド法

⑨ 商品ファンド法

⑩ 金販法⇒金サ法（2020年改正、2021年11月施行）

※ 廃止：投資顧問業法、金先法、抵当証券業規制法、外国証券業者に関する法律、海先法

(2) 政省令等

㋐ 金商法関係

① 政令：施行令（証取法施行令の改正）

② 省令：定義府令、金商業等府令、企業内容等開示府令、有価証券取引
等規制府令等

③ 監督指針：金融商品取引業者等向けの総合的な監督指針

④ 自主規制規則（日本証券業協会）：投資勧誘規則

㋑ その他

関連法のうち銀行法、保険業法、信託業法、不動産特定共同事業法、商先
法など多くの業法で、各法律に対応して、政令、省令がある。必要に応じて、
監督指針も制定されている。

2 投資信託・法人法

委託者指図型投資信託（普通の投資信託）の運用業務は、2007年から、金
商法における金融商品取引業の一種（投資運用業）とされ、その行為規制の
適用を受ける。投資法人の資産運用会社の業務も同様である。

投資信託委託会社や投資法人の資産運用会社は、忠実義務を負う（金商法
42条1項）ほか、契約者に対して善管注意義務を負い（同条2項）、その義務
に違反すると損害賠償責任が発生する（投資信託・法人法21条・204条1項）。

3 銀行法

(1) 情報提供義務

銀行法12条の2第1項は、預金等に関する情報提供義務を定めている。

これを受けて、銀行法施行規則13条の3で、金利の店頭掲示、手数料の掲

示または備置き、預金保険の対象であるものの明示、商品概要について顧客の求めに応じた説明書を用いた説明と交付、デリバティブを組み込んだ元本割れの可能性のある預金商品につき元本保証がないこと等の商品に関する詳細な説明、変動金利預金の金利設定の基準・方法・金利に関する情報の適切な提供を義務づけている。同規則13条の 4 では、金融債についても類似の情報提供を義務づけている。

(2)　説明確保措置義務

　銀行法12条の 2 第 2 項は、重要事項の説明を確保する措置を講ずる義務を定める。銀行法施行規則13条の 5 は、銀行でも扱えるようになった投資信託等につき、預金との誤認防止の説明をする義務を定めている。

(3)　特定預金についての金融商品取引法準用

　銀行法13条の 4 で、金商法のうち販売勧誘に関する行為規制を特定預金契約の締結に準用している。**特定預金**とは、金利、通貨の価格、同法 2 条14項に規定する金融商品市場におけるそのほかの指標に係る変動によりその元本について損失が生ずるおそれがある預金または定期積金として内閣府令で定めるものをいう。具体的には、外貨預金、仕組預金などである。

　特定預金契約に準用される金商法の規定は、広告等の規制（同法37条 1 項1 号・3 号（表示すべき事項の規制）・同条 2 項（利益の見込み等につき不実表示・誤認表示を禁止））、契約締結前の書面交付（同法37条の 3 第 1 項 1 号・3 号〜 5 号・7 号（書面交付義務と記載事項）、同条 2 項（電子交付））、契約締結時の書面交付（同法37条の 4 ）、適合性原則（同法40条）、損失補てん禁止規制（同法39条。事故確認部分を除く）等である。

4 保険法、保険業法

(1) 保険法[8]

　保険法は、保険や共済の民事法であり、商法の一部に含まれていた保険契約に関する規律を切り出して内容を現代化し、独立した保険法としたものである（2010年 4 月 1 日施行）。保険契約とは、保険契約、共済契約その他呼び方を問わず、当事者の一方（保険者＝保険会社など）が一定の事由が生じたことを条件として財産上の給付（保険給付＝保険金）（生命保険、傷害疾病保険では金銭の支払いに限る）を行うことを約束し、相手方（保険契約者＝顧客）がこれに対し一定の事由の発生の可能性に応じたものとして保険料を支払うことを約束する契約をいう（同法 2 条 1 号〜 3 号）。被保険者とは、損害保険ではてん補する損害を受ける者、生命保険ではその者の生存または死亡に関し保険者が保険給付を行うこととなる者、傷害疾病定額保険ではその者の傷害疾病に関し保険者が保険給付を行うこととなる者である（同条 4 号）。保険金受取人は、生命保険、傷害疾病定額保険で保険給付を受ける者をいう（同条 5 号）。

　保険法は、損害保険（同法 3 条〜35条）、生命保険（同法37条〜65条）、傷害疾病定額保険（同法66条〜94条）それぞれにつき、成立、効力、保険給付、終了に関する規定を設けている。告知義務、被保険者の同意、重大事由解除などの規定が含まれる。短期消滅時効（保険給付請求権は 3 年、保険料請求権は 1 年）も定めている。

8　詳細は、桜井健夫ほか『保険法ハンドブック』（日本評論社・2009年）参照。

(2)　保険業法

(ア)　意向把握・確認義務

保険業法の改正（2016年 5 月29日施行）により、保険会社、保険募集人等（乗合代理店が含まれる）は、①顧客の意向を把握し（意向把握義務）、②これに沿った保険の提案、内容の説明をし、③保険契約の締結等に際しての顧客の意向とその保険の内容が合致していることを顧客が確認する機会を提供しなければならない（意向確認義務）とされている（同法294条の 2 ）。

(イ)　情報提供義務

保険業法の改正（2016年 5 月29日施行）により、保険会社、保険募集人等は、保険契約の内容その他保険契約者等に参考になる情報を提供しなければならないとされている（同法294条 1 項）。具体的には、次の二つである。

① 契約概要

　　商品のしくみ、保険給付に関する事項（保険金等の主な支払事由および保険金等が支払われない主な場合に関する事項を含む）、付加することのできる主な特約に関する事項、保険期間に関する事項、保険金額その他の保険契約の引受けに係る条件、保険料に関する事項、保険料の払込みに関する事項、配当金に関する事項、保険契約の解約および解約による返戻金に関する事項

② 注意喚起情報

　　クーリング・オフに関する事項、保険契約者または被保険者が行うべき告知に関する事項、保険責任の開始時期に関する事項、保険料の払込猶予期間に関する事項、保険契約の失効および失効後の復活に関する事項、保険契約者保護機構の行う資金援助等の保険契約者等の保護のための特別の措置等に関する事項、指定紛争解決機関の商号等、その他（商品の内容を理解するために必要な事項および保険契約者または被保険者の注意を喚起すべき事項として保険契約者または被保険者の参考となるべき事項のうち、特に説明がされるべき事項）

㈦　説明確保措置義務

　保険業法100条の 2 で重要事項の説明を確保する措置を講ずる義務を定め、保険業法施行規則53条でその詳細を定めている。また同規則53条の 2 では、保険会社でも扱えるようになった投資信託等につき、保険との誤認防止の説明を確保する措置の詳細について規定している。同規則53条の 4 では、これらに関する社内規則の制定とその遵守体制整備を求めている。

㈢　禁止事項

　保険業法には、広告・勧誘や契約締結に際しての禁止事項（同法300条）が定められている。虚偽を告げたり重要な事項を告げないこと、虚偽の告知を勧めること、特別の利益提供、ほかの保険との比較で誤解させるおそれのあるものを告げたり表示すること、将来における金額が不確実な事項について断定的判断を示し、または確実であると誤解させるおそれのあることを告げ、もしくは表示することなどが、禁止されている。このうち、虚偽を告げたり重要な事項を告げないで勧誘すること、虚偽の告知をするよう勧めることに対して、罰則がある（同法317条の 2 ）。重要な事項とは、「保険契約の契約条項のうち重要な事項」である。

㈣　特定保険についての金商法準用

　保険業法300条の 2 で、金商法のうち販売勧誘に関する行為規制を特定保険契約の締結に準用している。**特定保険契約**とは、金利、通貨の価格、金商法 2 条14項に規定する金融商品市場におけるその他の指標に係る変動により損失が生ずるおそれ（顧客の支払うこととなる保険料の合計額が、当該顧客の取得することとなる保険金、返戻金その他の給付金の合計額を上回ることとなるおそれ）がある保険契約として内閣府令で定めるものをいう。具体的には、変額保険・年金や外貨建て保険は、運用状況や為替変動により解約払戻金、満期保険金や年金原資が大きく変動する可能性があり、損失が生ずるおそれがあるので特定保険に該当し、規制対象とされることとなる。

　特定保険契約に準用される金商法の規定は、広告等の規制（同法37条 1 項 1 号・ 3 号（表示すべき事項の規制）・同条 2 項（利益の見込み等につき不実表

示・誤認表示を禁止))、契約締結前の書面交付（同法37条の 3 第 1 項 1 号・3 号
～ 5 号・7 号（書面交付義務と記載事項)・同条 2 項（電子交付))、契約締結時の
書面交付（同法37条の 4)、適合性原則（同法40条)、損失補てん禁止規制（同
法39条。事故確認部分を除く）等である。

5　信託法、信託業法

(1)　信託法

　信託法は、信託の民事法である。**信託**とは、信託契約、遺言、信託宣言の
いずれかの方法により（同法 3 条)、特定の者が一定の目的（専らその者の利
益を図る目的を除く）に従い財産の管理または処分およびその他の当該目的
の達成のために必要な行為をすべきものとすることをいう（同法 2 条 1 項)。
信託をするものを委託者、信託行為の定めに従い、信託財産に属する財産の
管理または処分およびその他の信託の目的の達成のために必要な行為をすべ
き義務を負う者を受託者、受益権を有する者を受益者という（同条 4 項・5
項・6 項)。信託法は、受託者の善管注意義務、忠実義務、利益相反行為の制
限、公平義務、分別管理義務などを規定する。信託契約は、投資取引や不動
産取引で頻繁に用いられる法形式である。

(2)　信託業法

　信託は、管理型信託業とそれ以外（運用型信託業など）に分けられる。**管
理型信託業**とは、①委託者等のみの指図により信託財産の管理または処分が
行われる信託、②信託財産につき保存行為または財産の性質を変えない範囲
内の利用行為もしくは改良行為のみが行われる信託のみの引受けを行う営業
をいう。原則として信託業は、内閣総理大臣の免許を受けた者でなければ、
営むことができないが（信託業法 3 条)、管理型信託業は、内閣総理大臣の登
録を受ければ営むことができる（同法 7 条)。

　信託会社の行為規制として、虚偽告知・断定的判断提供等・損失補てん等の禁止（信託業法24条1項）、適合性の原則（同条2項）、説明義務（同法25条）、契約締結時書面交付義務（同法26条）、忠実義務（同法28条1項）、善管注意義務（同条2項）等が規定されている。

　信託契約のうち、特定信託契約（金利、通貨の価格、金融商品市場における相場その他の指標に係る変動により信託の元本について損失が生ずるおそれがある信託契約として内閣府令で定めるもの）による信託の引受けについて、金商法の一部の規定が準用される（信託業法24条の2）。

6　不動産特定共同事業法

　不動産特定共同事業とは、①各当事者が、出資を行い、その出資による共同の事業として、そのうちの一人または数人の者にその業務の執行を委任して不動産取引を営み、当該不動産取引から生ずる収益の分配を行うことを約する契約、②当事者の一方が相手方の行う不動産取引のため出資を行い、相手方がその出資された財産により不動産取引を営み、当該不動産取引から生ずる利益の分配を行うことを約する契約、③当事者の一方が相手方の行う不動産取引のため自らの共有に属する不動産の賃貸をし、またはその賃貸の委任をし、相手方が当該不動産により不動産取引を営み、当該不動産取引から生ずる収益の分配を行うことを約する契約などを締結して、この不動産取引や分配を業として行うことをいう（不動産特定共同事業法2条4項）。不動産特定共同事業を行うには、主務大臣または知事の許可が必要である（同法3条）。同じ行為を、出資額100万円以下、出資合計額1億円以下で行うものを小規模不動産特定共同事業といい、主務大臣または知事の登録を受けることで事業を行える（同法41条1項）。

　不動産特定共同事業法では、不動産特定共同事業者に対し、信義誠実義務（同法14条1項）、不動産の適正かつ合理的な利用の確保と投機的取引の抑制（同条2項）、広告規制（同法18条）、不当勧誘禁止（同法20条・21条）などを規

定するほか、不動産特定共同事業契約の締結またはその代理もしくは媒介に
関し、金商法39条（3項ただし書・4項・6項および7項を除く）（損失補てん等
の禁止）、同法40条（適合性原則等）を準用している（不動産特定共同事業法21
条の2）。以上の規定は、金商法の準用部分も含め、小規模不動産特定共同
事業者に対して準用されている（同法50条2項）。

7　商品先物取引法[9]

　商先法は、商品取引所法の改正法であり、対象を広げて2011年1月1日か
ら施行されている。海外商品先物取引も含む商品デリバティブ取引の基本法
である。当初元本以上の損失が発生するおそれのある取引（通常の商品先物
取引はこれに該当する）について不招請の勧誘を禁止し、被害発生を防止し
ようとしている。

　これを含め、誠実・公正義務（商先法213条）、広告等の規制（同法213条の
2）、不当な勧誘等の禁止（同法214条。不招請勧誘禁止は9号）、損失補てん
等の禁止（同法214条の3）、適合性原則（同法215条）、書面交付義務（同法
217条）、説明義務（同法218条）、取引態様の事前明示義務（同法219条）など、
金商法と類似した行為規制がある。

　説明義務や断定的判断提供禁止に違反すると損害賠償責任を負い（商先法
218条4項・214条1号・217条1項1号〜3号）、その場合に金サ法の損害と因
果関係に関する規定などが準用（同法220条の3）されるなど、金サ法の適用
がある場合と同じ状態をつくり出している。

8　その他の法律

　1に掲げたほかの法律およびその他の法律について、簡単に解説する。

9　経済産業省商務・サービスグループ商品市場整備担当参事官室「商品先物取引と政策
　の現状」（2017年12月14日）（同省ウェブサイト）。

(1)　投資事業有限責任組合契約に関する法律

ファンド法は、投資事業有限責任組合契約（各当事者が出資を行い共同で株式や社債等への投資事業を営む契約）に関する法律であり、組合は、無限責任組合員と有限責任組合員からなり、登記により効力を生じる。

(2)　商品投資に係る事業の規制に関する法律

商品ファンド法は、商品投資顧問業（一任されて商品先物取引で運用する業務）を営む者に対する許可制度その他の商品投資に係る事業に対する必要な規制を行う法律である。

(3)　預託等取引に関する法律

預託法は、金のペーパー商法である豊田商事事件の教訓から1986年に制定された法律であるが、その後も和牛預託商法事件やジャパンライフ事件など大きな被害を防げなかったため、2021年 6 月に改正し（翌年 6 月施行）、預託取引を原則禁止とした。[10] 預託取引と集団投資スキームとの関係が問題となりうる。

(4)　出資の受入れ、預り金及び金利等の取締りに関する法律

出資法は、元本保証して出資を募ること、業として預り金をすることなどを禁止する。違反すると犯罪となる。投資詐欺商法では、これに違反することがあるので関連する。

(5)　犯罪利用預金口座等に係る資金による被害回復分配金の支払等に関する法律

振り込め詐欺救済法（2007年月制定、翌年 6 月21日施行）は、振り込め詐欺

10　石戸谷豊「預託法改正に至る経緯と今後の課題」国民生活112号（2021年）5 頁～8頁。

等の被害者に対する被害回復分配金の支払手続等を定める。詐欺等の財産罪
で、振込みすることで被害を受けた者が救済対象となるので、投資詐欺事件
の被害者も、振込みの形で支出すれば、救済対象となる。

(6)　犯罪による収益の移転防止に関する法律

　犯罪収益移転防止法は、犯罪収益の移転を防止するため、金融機関等の特
定事業者による客等の本人特定事項等の確認（KYC、Know Your Customer）、
取引記録等の保存、疑わしい取引の届出等を定めている。これらが、暗号資
産取引や投資詐欺で、後から資金の流れを追う手掛かりとなることがある。

第3部
金融商品取引法

第1章　概要と対象範囲

●第1章のポイント●

・金商法の目的は何か。⇒国民経済の健全な発展および投資者の保護に資すること（1条）
・金商法の対象は何か。⇒有価証券とデリバティブ取引（2条）
・有価証券にはどのような種類があるか。
・集団投資スキームとはどういうものか。
・デリバティブ取引にはどのようなものがあるか。

【事例】
　Aは投資に自信があるので、大勢から出資を募って資金を集め、それをさまざまなものに投資して運用した結果を配当として支払う取引を考えた。証券投資では投資信託の規制があるので、投資対象は証券以外のものにするつもりだ。これは金商法の規制対象となるか。

1　概要と目的

(1)　概　要

　金商法は、証取法の改正法である。2006年6月に成立し、主要部分は2007年9月30日から施行されている。改正の特徴は、適用対象の拡大（有価証券概念（同法2条1項・2項）、対象デリバティブ取引（同法2条20項～25項））とプロ間取引の規制緩和の2点である。適用対象については第1章3で別に解説する。同法は、条文の番号こそ1条から227条までであるが、途中に枝番やそのまた枝番が多数あり、条文だけで1冊の本になる膨大な法律である。

　金商法の構成は、証取法の骨格を維持したうえ、対象を広げたことに対応して肉づけを大きく変えたものである。具体的には、「有価証券」と「デリバティブ取引」に関する業務について、総則、開示制度、業規制・行為規制、自主規制機関（金融商品取引業協会）、安全ネット（投資者保護基金）、取引所（金融商品取引所）、取引規制、課徴金・罰則等を規定している。

　業法に分類されるが、「国民経済の健全な発展及び投資者の保護に資すること」（金商法 1 条）を目的とする法律であり、株式取引から悪徳投資詐欺まで、投資がらみの事件ではまず金融商品取引法をチェックすることが必要である。また、上場企業などでは開示規制が重要である。

　なお、金商法は、変動が激しい金融商品取引の世界を対象とすることから、それに対応するため、2008年から2022年まで、毎年のように改正が行われている。

〔〈コラム19〉〕 プロ間取引の規制緩和 ─────────

　金商法は、業規制、行為規制それぞれの場面においてプロ間取引の規制緩和を行った。

　業規制の場面では、**適格機関投資家**という概念を用いて、登録を要せず届出で足りる範囲を画している。適格機関投資家とは、有価証券に対する投資に係る専門的知識および経験を有する者として内閣府令で定める者をいう（金商法 2 条 3 項 1 号）（詳細は、第 2 部第 5 章 2 (3)参照）。

　行為規制の場面では、**特定投資家**という概念を用いて規制の一部につき適用なしとする範囲を画した。特定投資家とは、適格機関投資家、国、日本銀行、投資者保護基金、その他内閣府令で定める者をいう（金商法 2 条31項）。注意を要するのは、転換制度（アマ⇒プロ）である。一定範囲の一般投資家（純資産額 3 億円以上・投資資産 3 億円以上・契約締結から 1 年経過の個人等（金商業府令62条）、法人）は、一定の手続を経ると特定投資家とみなされ（金商法34条の 4 第 1 項 2 号・34条の 3 第 1 項）、投資家保護規定（広告規制、書面交付義務、適合性原則等）の適用が除外される（同法45条）。

---

(2) 目　的

　金商法 1 条は、①企業内容等の開示の制度を整備するとともに、金融商品取引業を行う者に関し必要な事項を定め、金融商品取引所の適切な運営を確保すること等により、②有価証券の発行および金融商品等の取引等を公正にし、有価証券の流通を円滑にするほか、資本市場の機能の十全な発揮による金融商品等の公正な価格形成等を図り、③もって国民経済の健全な発展および投資者の保護に資することを目的とする、と規定する。

　①が手段、②が中間目的、③が最終目的である。③については、どちらを重視するかにより諸説ある。

2　共同規制

(1)　実効性確保のための効果的規制の考え方

　資本主義は、規制のないところから始まり、その後も自由競争に価値をおいて規制はできるだけ少なくという方向できたが、進展するにつれてさまざまな問題が発生した。そこで、それに対処すべく規制が盛り込まれ始め、そのうち規制は増加し、日本の場合でいえば、「はしの上げ下げまで口を出す」といわれる状態にまでなり、逆に過剰規制が問題とされるに至った。そうなると今度は、過剰になった規制の緩和が求められるようになった。日本において、1998年の「日本版ビッグバン」（改正外為法と金融システム改革法）から始まった10年間は、金融分野の規制緩和の歴史である。これはまた、事前規制（参入規制、開業規制を中心とする）から事後規制（参入、開業は容易にし、その後の行為がルールに違反しないか監督する）への移行の歴史ともいわれる。

　ただし、その後の10年間も含めたこの20年間は単に規制を緩和しただけ、

1　投資者保護説、二元説、市場法説、新二元説、統合説などがある。理念の相違であり、実務的な差異にはつながらない。

あるいは事前規制から事後規制に変わっただけではない。背景には刑事規制、行政規制、自主規制、民事規制の組合せによる**共同規制**の考え方がある。[2]

(2)　共同規制の概要

　金融商品取引に関する一定の行為を行う者に、法令により、まず入口で当局への届出・報告（開示規制）や登録（参入規制）を義務づけ、次に、入口を通過した者に適用される業規制、行為規制を設けて（自主規制機関ではさらに具体化した自主規制ルールを設けて、それに違反したら自主規制機関による制裁金を課し）、それらの法令に違反すると、行政機関による処分（業務改善命令、業務停止、登録取消し）、課徴金という行政制裁、懲役・罰金という刑事制裁、損害賠償責任という民事制裁を課すことで、遵守の実効性を確保しようとしている（【図表23】）。ここでは、法令等を守らせるために、行政機

【図表23】　共同規制の概要

行　為	参入等	業法規制	自主規制	行政規制1 （改善・停止命令、登録取消し）	行政規制2 （課徴金）	刑事規制 （懲役、罰金）	民事規制 （損害賠償）
株式等の募集・売出し	有価証券届出書	目論見書交付			虚偽記載等	虚偽記載等	虚偽記載等
上場維持	有価証券報告書				虚偽記載等	虚偽記載等	不法行為
金融業者等の販売勧誘、運用、助言、仲介	登録（金融商品取引業、金融商品仲介業）	広告規制販売勧誘規制その他規制	日本証券業協会東京証券取引所	行為規制違反		虚偽告知	不法行為説明義務違反等（金サ法）
市場参加者の投資行為		相場操縦禁止			相場操縦	相場操縦	相場操縦
		インサイダー取引禁止			インサイダー取引	インサイダー取引	不法行為

　2　共同規制については、内閣府国民生活審議会消費者政策部会の下に設置された「自主行動基準検討委員会」において、とりまとめられた「消費者に信頼される事業者となるために——自主行動規準の指針——」（2002年12月）と題する最終報告書を参照。

関、自主規制機関、刑事司法機関（警察、検察、裁判所）、民間の投資者が共同してかかわる共同規制（Co-Regulation）の形となっている。

　刑事規制は、業法のうち、参入要件の規定や重要な行為ルールの違反など、一定の違反を犯罪として処罰できることにして、その取引を行う業者に対し、ルールの基本的な部分を守るよう強制する規制である。**行政規制**とは、法律に基づいて行政機関が業者に登録・許可・免許等を得させたうえ、業法規制の遵守状況を監督するものである。その違反に対しては、業務改善・停止命令や登録取消しなどの行政処分に加え、悪質な行為については課徴金による抑止もなされる。**自主規制**とは、法律で中立的な組織要件と一定の権限を定められた自主規制団体が、自主ルールを定めて会員である業者を監督するものである。**民事規制**とは、私人が、被害者の立場で加害者たる業者に対し違法行為に対する損害賠償請求をしたり、適格消費者団体の立場で、業者の不当条項の使用を差し止めたりすることによって、間接的に業者の違法行為を抑制するものである。[3]

　共同規制とは、これらの総合により業者を規制しようとするものであり、単純に、過剰規制⇒規制緩和⇒再規制⇒再規制緩和と延々と繰り返す方法と比較すると、より上のレベルの合理的な規制方法であると評価されている。

(3)　刑事規制

　違反に処罰を伴う、最も強力な規制である。参入要件違反（無登録営業、無許可営業など）、悪質な広告や勧誘（虚偽広告、虚偽告知など）、市場のかく乱（相場操縦、インサイダー取引など）などの、重大な違法行為について、刑事罰を伴わせることによって、それを予防する趣旨である。

3　民事規制について、田中英夫＝竹内昭夫『法の実現における私人の役割』（東京大学出版会・1987年）参照。

⑷　行政規制

㋐　金融庁、経済産業省、農林水産省、国土交通省、消費者庁など

　金商法では、登録等した金融商品取引業者等を監視・監督する権限は内閣総理大臣に与えられている（監督規定は同法50条〜57条、裁判所への禁止等の命令申立規定は同法192条ほか）。しかし、内閣総理大臣がこれらの権限を具体的に行使するのは現実的ではないので、金融商品取引分野の専門家である金融庁長官に委任している（同法194条の 7 第 1 項）。

　金商法の行為規制が準用される取引のうち、特定預貯金、特定保険・特定共済、特定信託の取引については、ほかの預貯金、共済、信託と同様、監視・監督は内閣総理大臣の権限であり、それが金融庁長官に委任されている（銀行法59条、保険業法313条、信託業法87条）。

　これに対し、不動産特定共同事業については、内閣総理大臣と国土交通大臣が監視・監督にあたることとされ（不動産特定共同事業法73条 1 項 1 号）、ここでも内閣総理大臣はその職務を金融庁長官に委任しているので（同条 3 項）、結局、金融庁長官と国土交通大臣が共同して監視・監督にあたることになる。

　商品先物取引では、商品の種類により、貴金属やエネルギー商品を原資産とするものは経済産業大臣、大豆やとうもろこしなどの農産物を原資産とするものは農林水産大臣が、それぞれ監視・監督にあたる（商先法354条 1 項）。

　このように、金融商品の種類によって監視・監督体制も縦割りとなっている。この弊害を除去するのは、消費者庁・消費者委員会の役割である。

㋑　証券取引等監視委員会

　証券取引等監視委員会は、1991年の証券不祥事を受けて、翌年に設立された組織であり、現在は金融庁内の委員会に位置づけられている（金融庁設置法 6 条 1 項）。活動対象は、金商法、投資信託・法人法、資産流動化法、社債等振替法、および犯罪収益移転防止法等の規定によりその権限に属させられた事項である（同法 8 条）。証券取引等監視委員会は、独立してその職権

を行う委員長および委員二人をもって組織される（同法 9 条・10条）。

　金融庁長官は、金商法等により内閣総理大臣から委任された権限のうち、監視に必要な一定の権限を、証券取引等監視委員会に委任している（金商法194条の 7 第 2 項等）。2008年12月からは、同法違反行為について裁判所への停止命令申立て権限（同法192条）も証券取引等監視委員会へ委任されている（同法194条の 7 第 4 項 2 号）。その調査のために文書提出等を命ずる権限も規定されている（同法187条）。証券取引等監視委員会には、これらとは別に、課徴金事件の調査のため、報告聴取、立入検査権限も与えられている（同法26条・177条）。

　証券取引等監視委員会は、上記規定に基づき、検査、報告もしくは資料の提出の命令、質問もしくは意見の徴取または犯則事件の調査（証券取引検査等）を行った場合において、必要があると認めるときは、その結果に基づき、金融商品取引の公正を確保するため、または投資者の保護その他の公益を確保するため行うべき行政処分その他の措置について内閣総理大臣および金融庁長官に勧告することができ（金融庁設置法20条 1 項）、証券取引検査等の結果に基づき、必要があると認めるときは、金融商品取引の公正を確保するため、または投資者の保護その他の公益を確保するために必要と認められる施策について内閣総理大臣、金融庁長官または財務大臣に建議することができる（同法21条）。

　証券取引等監視委員会は、毎年、その事務の処理状況を公表しなければならないこととされ（金融庁設置法22条）、近年は毎年 6 月に公表しており、この全文は同委員会ウェブサイトからみることもできる。

　　㈬　課徴金

　開示規制のうち、有価証券報告書虚偽記載の責任については、違反者に対し課徴金の制裁規定が設けられている（金商法172条の 4 ）。取引規制のうち、相場操縦、インサイダー取引の各規制違反について、課徴金による制裁規定

4　2008年の金商法改正により、裁判所への禁止等命令申立て（同法192条）についても証券取引等監視委員会に委任されることとなった。

が設けられている（同法174条・174条の 2・174条の 3・175条・175条の 2）。

(5)　自主規制

　共同規制の考え方では、行政規制と並んで、業者を構成員とする自主規制機関による規制が重要となっている。自主規制機関とは、単なる同業者の集まりである業界団体と異なり、法律で中立的な組織要件が規定されていて、規則制定権をもち、会員である業者に対し処分権限をもつ組織である。多くは顧客の苦情・紛争処理も行う。

　金商法に根拠をもつ自主規制機関として、日本証券業協会、金融先物取引業協会、投資信託協会、日本投資顧問業協会、第二種金融商品取引業協会がある（概要はすでに記載）[5]。

　このような自主規制機関のほか、金融商品取引所、商品取引所などの取引所も自主規制機能を有する。東京証券取引所などの金融商品取引所は、自主規制業務を行わなければならず（金商法84条）、自主規制法人への委託（同法85条・102条の 2 以下）、自主規制委員会の設置（同法105条の 4 以下）に関する規定が整備されている。

(6)　民事規制

　民事規制とは、前述のとおり、私人が、①被害者の立場で加害者たる業者に対し違法行為に対する損害賠償請求をしたり、②適格消費者団体の立場で業者の不当条項の使用を差し止めたりすることによって、間接的に業者の違法行為を抑制するものである。

　まず、①の関係では、金融商品の取引により被害を被った顧客が、被害回

5　これに対し、全国銀行協会、生命保険業協会、日本損害保険業協会はいずれも単なる業界団体であり、銀行業、保険業には自主規制機関はない。自主規制機関がないのは、「はしの上げ下げまで口を出す」過剰規制があった時代にはその必要性が少なかったことの名残である。その後、規制緩和が進んだ現在では、この分野でも自主規制制度の必要性は高まっている。

復をしやすくするため、規制緩和からやや遅れながらも、法的対応がなされた。一つは、消費者契約法であり、民法の規定による場合よりも取消しできる範囲を広げた。二つ目は、金サ法であり、損害賠償請求をしやすくすることを狙った。いずれも2001年4月から施行されている[6]。それから、2013年12月には、適格消費者団体による被害回復制度[7]がつくられ2016年から施行されている。一部の適格消費者団体が、被害を受けた消費者に代わって加害企業に損害賠償請求し、賠償金を消費者に分配する手続である。訴訟より簡便な被害回復手続として、2010年に金融ADRが開始しており（金商法、銀行法、保険業法等の改正[8]）、民事紛争を解決することで民事規制の一部を担っている。

　次に②の関係では、2007年改正消費者契約法により規定されている団体訴権による不当条項使用の差止めがある。差止請求の主体は適格消費者団体である。詳細は消費者庁ウェブサイトの消費者団体訴訟制度「差止請求事例集」を参照されたい。

(7)　法規制の実効性確保の課題

　まず、登録業者への対応では、ルール違反の監督が適切にできるかが課題となる。ルール違反者が多すぎて不十分な対処しかできないならば、参入のハードルを上げるべきである。

　次に、無登録業者、無許可営業に対する対応をみる。行政規制との関係では、無登録で金融商品取引業に該当する行為を行うこと、無許可で商品先物取引業に該当する取引を行うことは犯罪となる（金商法29条・198条1号、商先法190条1項・357条4号）。無登録営業、無許可営業に対しては、証券取引

6　金融サービスの提供に関する法律（金サ法）は、2001年施行時は、金融商品の販売等に関する法律（金販法）という名称であった。2021年11月から、横断的な金融サービス仲介業の規定が加わり、現在の名称になった。

7　なお、消費者庁ウェブサイトより消費者団体訴訟制度のパンフレットを閲覧することができる。

8　ADR一般については、山本和彦＝山田文『ADR仲裁法』（日本評論社・2009年）。

等監視委員会が裁判所に対する行為停止申立て[9]等（金商法192条）、一定の対処をできることとなっている。自主規制機関は会員以外に対して規制等の対応はできないので、無登録業者には無力である。民事規制については、無登録営業等により締結された契約の拘束力を否定ないし制限する特別の民事法がなく取引の有効性や違法性についてゼロから争うことが必要であったが、2011年の金商法改正で、無登録営業により締結された契約の効力は原則として無効とすることとされた。これにより、民事規制の効果は不十分ながらも着実に実効性のあるものとされつつある。

　最後に、すき間業者への対応には大きな制度的課題がある。その定義から当然のことであるが、すき間業者には金商法、商先法等の業法が適用されず、行政規制が行われない。同時に、すきま業者を対象とする法的根拠のある自主規制機関も存在しないので、自主規制もない。したがって、民事規制に頼らざるを得ないが、すき間業者との契約の拘束力を否定ないし制限する特別の民事法もないので、取引の有効性や違法性についてゼロから争うことが必要となり、民事規制の効果は不十分とならざるを得ない。

3　対象範囲

　金商法の適用対象は「有価証券」とデリバティブ取引である。

(1) 有価証券

　有価証券は、１項有価証券（有価証券（狭義）[10]、有価証券表示権利、特定電子

9　証券取引等監視委員会は、2021年９月17日に行った SKY PREMIUM INTERNA-
　TIONAL PTE. LTD.（スカイプレミアムインターナショナル社、シンガポール共和国、
　金融商品取引業の登録等はない）およびその最高営業責任者（CSO）であり日本におけ
　る営業活動の統括責任者である者に対する金商法違反行為（無登録で、投資一任契約の
　締結の媒介を業として行うこと）の禁止および停止を命ずるよう求める申立てをし、
　2021年12月８日に東京地方裁判所は、申立てどおり、その媒介禁止命令を出した（判例
　集未登載）。

記録債権、電子記録移転権利（ST））と2項有価証券に分けられる。

㋐　1項有価証券

有価証券（狭義）（金商法2条1項）とは、国債、地方債、金融債、社債、株券、投資信託受益証券、外国証券、受益証券発行信託の受益証券、抵当証券、学校債（施行令1条）等である。

有価証券表示権利（金商法2条2項柱書）は有価証券（狭義）と同じ権利で証券を発行しないものである。有価証券（狭義）と同様に扱われる。

電子記録債権のうち政令で指定するもの（金商法2条2項柱書）を1項有価証券とするが、今のところ指定はない。

電子記録移転権利（セキュリティトークン、収益分配を受ける権利等のうち、電子情報処理組織を用いて移転することができる財産的価値（電子機器その他の物に電子的方法により記録されるものに限る）に表示されるもの）を、1項有価証券とし（金商法2条3項）、2020年5月1日以降、企業内容等の開示制度の対象とするとともに、電子記録移転権利の売買等を業として行うことを第一種金融商品取引業に係る規制の対象とした（同条3項・8項・3条・28条）。

㋑　2項有価証券

2項有価証券は、金商法2条2項各号に規定される、信託受益権、これに類似する外国もの、合名会社・合資会社社員権（株式会社、合同会社が権利をもつ場合に限る。施行令1条の2）・合同会社社員権、これに類似する外国もの、集団投資スキーム持分、これに類似する外国もの、学校に対する貸付債権（父母等以外が複数で行う利率が同一の貸付け）であり、有価証券とみなす。特に、信託受益権一般と包括規定である集団投資スキーム持分が加わったことにより、対象が大きく拡大している。学校に対する貸付債権は政令でみな

10　金商法は、2条1項規定の有価証券と、同条2項規定のみなし有価証券のうち有価証券表示権利、特定電子記録債権、電子記録移転権利をあわせて「1項有価証券」と略し、同条2項各号で規定するみなし有価証券を「2項有価証券」と略している。本書もこれに従う。なお、本書では、「1項有価証券」のうち、同条1項規定の有価証券を「有価証券（狭義）」と表示する。

し有価証券に追加されている（施行令1条の3の2）。2項有価証券は、業規制、開示規制が1項有価証券より緩くなる。

　特に「集団投資スキーム」持分は、2項有価証券の一つにすぎないが、包括的規定としたため定義にあてはまれば投資詐欺的なものまで含まれるので、消費者問題の視点からは注目すべき対象である。これを規定した金商法2条2項5号を要約すると次のようになる。

　「組合契約・匿名組合契約・投資事業有限責任組合契約・有限責任事業組合契約に基づく権利、社団法人の社員権その他の権利のうち出資者が出資対象事業から生ずる収益の配当または出資対象事業にかかる財産の分配を受ける権利であって、次の@～dのいずれにも該当しないもの」。

　すなわち、①組合契約・匿名組合契約・投資事業有限責任組合契約・有限責任事業組合契約に基づく権利、社団法人の社員権その他の権利のうち、②出資者が出資または拠出した金銭等（金銭、有価証券、手形、または金銭の全部をあてて取得した競走用馬（施行令1条の3、定義府令5条））をあてて行う事業から生じる収益の配当または財産の分配を受ける権利で、③除外事由に該当しないものである。有価証券でないものを有価証券とみなすことで有価証券と同様の規制を及ぼそうとする手法は従来と同様であるが、金商法では、「出資者が配当を受ける権利」と抽象的に定義し、包括的な形で有価証券とみなすこととした。

　金商法2条2項5号で、組合契約・匿名組合契約・投資事業有限責任組合契約・有限責任事業組合契約に基づく権利と社団法人の社員権を掲げているのは、集団投資スキームの主要な法形式を例示しているにすぎず、「その他の権利」は、これら例示したものに類するものに限定されるわけではない。したがって、資金を拠出させ、それで事業を行ってその事業から生じる収益の配当または財産の分配を行う形式は、次の@～dを除いて、広くこの定義に該当することとなる。合同運用が要件となっていないので、個別投資契約も含まれることとなる。

　除外事由は次のとおりである。次の@～dのいずれかに該当する場合の権

利は、例外的に有価証券とみなさない（金商法2条2項5号）。

　ⓐ　出資者全員が出資対象事業に関与する場合として政令で定める場合
　　（5号イ）

　ⓑ　配当または分配が出資額を超えない契約（5号ロ）

　ⓒ　保険契約・制度共済契約・不動産特定共同事業契約（5号ハ）

　ⓓ　政令補充条項（5号ニ）

　ⓐの出資者全員が出資対象事業に関与する場合とは、業務執行の決定についてすべての出資者の同意を要することとなっており、かつ、出資者のすべてが出資対象事業に常時従事するか専門的な能力を発揮して従事するかのいずれかに該当する場合をいう（施行令1条の3の2）。全員参加の投資クラブなどが例である。ⓓの政令補充条項により除外されるものとして、一定の法令に基づくもの、組合契約によって成立する法律事務所等、従業員持株会などが規定されている（施行令1条の3の3）。

　それまで、証取法の対象となる集団投資スキームは、投資信託・投資法人と、主として有価証券に投資する組合（投資型組合）に限定されていたが、金商法では、このように事業に投資する組合（事業型組合）が対象に加わったほか、集団投資スキームの抽象的定義に該当するものを広く対象とすることとした。[11] さらに、集団投資スキームの自己募集も対象とすることとしたので（同法28条2項1号・2条8項7号ヘ）、匿名組合契約の運営者が勧誘販売を行った平成電電事件のような、事業型組合の自己募集のケースも対象に入ってくる。そのほか、組合形式をとらずに広告への出資名目で資金を集めたジー・オー一事件、同じく組合形式をとらずに中継局への出資を募った近未来通信事件のような、個別投資契約の自己募集のケースも対象に入ることとなる。

11　商品ファンドがこの定義に該当し、信託型以外のものが新たに対象に加わることとなった（信託型は信託業法の対象）。この出資持分の販売については、従来は商品ファンド法において「商品投資販売業」として業規制がなされてきたが、この改正に伴い、商品ファンド法のうち商品ファンドの出資持分販売についての規定（改正前商品ファンド法3条〜29条）は削除された。

124

金商法の対象となると、それを取り扱う業者には金融商品取引業としての登録（第3章2）が求められ、規制当局の監督が及ぶうえ、広告規制や勧誘規制の適用があることとなるので、適切に法が運用されればこのような事件は未然に防ぐことが可能となる。

(2)　デリバティブ取引

金商法のもう一つの対象が、デリバティブ取引である。デリバティブ取引は、市場・店頭・外国市場デリバティブ取引の3種に分けられ（同法2条20項）、それぞれにおいて、①金融商品（有価証券、預金契約等に基づく権利で政令で定めるもの[12]、通貨、暗号資産（2019年改正で追加）、商品先物取引法上の商品のうち政令（施行令1条の17の2）で定めるもの（2012年改正で追加）、同一の種類のものが多数存在し価格の変動が激しい資産のうち政令で定めるもの（現在は定めなし）、これらの一部の標準物等。金商法2条24）を原資産とする、先物取引・オプション取引・スワップ取引、あるいは②金融指標（金融商品の価格・利率等、気象の観測の成果に係る数値、事業者の事業に重大な影響を与える指標・社会経済状況に関する統計数値のうち政令で定めるもの、これらに基づく数値。同法2条25項）・特定金融指標（内閣総理大臣が定める。同法2条40項）を参照指標とする、先物取引・オプション取引・スワップ取引、および③一定の事由（法人の信用状態、これに類するもので政令で定めるもの、事業活動に重大な影響を与えるものとして政令で定めるもの。同法2条21項5号・同条22項6号）を支払原因とするデリバティブ取引がある。[13]

さらに、金融商品、金融指標、一定の事由とも、それぞれ政令で追加でき

12　外国為替証拠金取引（FX取引）は、2005年7月から金先法の対象に加えられ、2007年9月30日からはほかの金融デリバティブ取引といっしょに金商法の対象となった（同法2条22項1号）。

13　法人の信用状態を原資産とするクレジット・デリバティブと信用保険は似た場面で機能する。天候デリバティブと気象保険も似た場面で機能する。災害デリバティブと各種損害保険の関係も同様である。違いは損害の発生が要件となるか否かであるが微妙な問題もある。詳細は、山下友信『保険法(上)』（有斐閣・2018年）23頁〜33頁。

ることとなっており（金商法2条24項4号・25項3号・21項5号・22項6号・7号）、施行令では、金融商品は追加されていないものの、金融指標には、「気象庁その他の者が発表する地象、地動、地球磁気、地球電気、水象の観測の成果に係る数値」、「国際連合の定める基準に準拠して内閣府が作成する国民経済計算に係る数値、統計法に規定する指定統計調査、届出統計調査の結果に係る数値」、「行政機関や不動産関連業務を行う団体が定期的に発表・提供する不動産の価格・不動産インデックスその他、これらに準ずるものとして内閣府令で定める数値」が規定され（施行令1条の18）、一定の事由には、「法人でない者の信用状態に係る事由等」、「暴風、豪雨、豪雪、洪水、高潮、地震、津波、噴火その他の異常な自然現象」、「戦争、内乱、暴動、騒乱、その他これに準ずるもの」が規定されている（施行令1条の13・1条の14）。このほか、内閣総理大臣が定める特定金融指標として東京銀行間取引金利（TIBOR）がある[14]（【図表24】）。

　このように、デリバティブ取引は、従来と比較すると相当広げられたものの、あくまでも限定列挙であり、列挙されていない取引はデリバティブ取引と類似した外形があっても対象外である。

【図表24】　デリバティブ取引の原資産など

①　金融商品（有価証券、預金契約等に基づく権利で政令で定めるもの、通貨、暗号資産、商先法上の商品のうち政令で定めるもの、同一の種類のものが多数存在し価格の変動が激しい資産のうち政令で定めるもの、これらの一部の標準物（国債標準物など））（金商法2条24項）を原資産とする先物・先渡し・オプション・先物オプション・スワップション・スワップ取引など
政令の定めなし
②　金融指標（金融商品の価格・利率等、気象の観測の成果に係る数値、事業者の事業に重大な影響を与える指標・社会経済状況に関する統計数値のう

14　特定金融指標の算出者とその監督に関する規制が金商法156条の85〜156条の92に規定されている。TIBORの算出者として内閣総理大臣は全国銀行協会TIBOR運営機関を指定している。

ち政令で定めるもの、これらに基づく数値）（金商法2条25項）を参照指標とする先物・オプション・スワップ取引など

　政令では、ⓐ気象庁その他の者が発表する地象、地動、地球磁気、地球電気および水象の観測の成果に係る数値、ⓑ統計法2条4項規定の基幹統計の数値、同条7項規定の一般統計調査の結果に係る数値、同法24条1項・25条規定の届出のあった統計調査の結果に係る数値、ⓒこれに相当する外国の統計の数値、ⓓ行政機関や不動産に関連する業務を行う団体が定期的に発表・提供する不動産の価格または2以上の不動産の価格・不動産インデックスその他、これらに準ずるものとして内閣府令で定める数値を定めている（施行令1条の18）。

　内閣府令では、①行政機関（地方公共団体を含む）が法令の規定に基づき、または一般の利用に供することを目的として定期的に発表し、または提供する不動産の賃料等（賃料、稼働率、空室率その他の不動産の価値または収益に関する数値をいう）または2以上の不動産の賃料等の水準を総合的に表した数値、②不動産に関連する業務を行う団体が投資者の利用に供することを目的として定期的に発表し、または提供する不動産の賃料等または2以上の不動産の賃料等の水準を総合的に表した数値を定めている（定義府令21条の2）。

③　特定金融指標（内閣総理大臣が定める）（金商法2条40項）を参照指標とする先物・オプション・スワップ取引など（特定金融指標算出者に対する規制は同法156条の85・156条の87・156条の89）

「TIBOR」（東京銀行間取引利率）（特定金融指標算出者に関する内閣府令参照）

④　一定の事由（法人の信用状態、これに類するもので政令で定めるもの、事業活動に重大な影響を与えるものとして政令で定めるもの）（金商法2条21項5号）を支払原因とするデリバティブ取引

　政令では、「法人でない者の信用状態に係る事由その他事業を行う者における当該事業の経営の根幹にかかわる事由として内閣府令で定めるもの」と定めている（施行令1条の13）

　内閣府令では、「債務者の経営再建又は支援を図ることを目的として行われる金利の減免、利息の支払猶予、元本の返済猶予、債権放棄その他の債務者に有利となる取決め」を定めている（定義府令20条）。

　政令では、「暴風、豪雨、豪雪、洪水、高潮、地震、津波、噴火その他の異常な自然現象」、「戦争、革命、内乱、暴動、騒乱その他これに準ずるものとして

内閣府令で定める事由」（施行令 1 条の14）と定める。

　内閣府令では、外国政府、外国の地方公共団体その他これらに準ずる者により実施される、①為替取引の制限または禁止、②私人の債務の支払猶予または免除について講ずる措置、③その債務に関する債務不履行宣言を規定している（定義府令21条）。

第 2 章　企業内容の開示制度

●第 2 章のポイント●

・企業内容の開示制度は何のためにあるのか。

・発行開示の手段である有価証券届出書はどのようなものか。

・継続開示の手段である有価証券報告書とはどのようなものか。

・開示を怠ったらどのような制裁があるか。

・有価証券報告書に虚偽を記載するとどんな民事責任を負うか。

・ESG 開示とは何か。

【事例】

　有価証券報告書の原案を作成した後に実態が変化し、記載と違う状態となった。これをこのまま EDINET に提出するのは問題があるか。

1　位置づけ

　金商法の開示制度には、投資家のための情報開示である「企業内容の開示」と公正な企業買収ルールとしての開示である「公開買付けに係る開示、株券等の大量保有の状況に関する開示」の 2 種類がある。ここでは、一般投資者に関連の深い「企業内容の開示」について取り上げる（以下、単に「開示」という）。

2　開示制度の意義

　金融商品につき強制的に開示が求められるのは、投資者に判断材料を標準

的に提供するためである。当該金融商品に投資するか否かの判断や、逆に取得済みの当該金融商品をもち続けるか否かの判断のためには、発行主体、組成主体、運用主体など当該金融商品について最も情報をもつ主体による情報開示が必要であり、かつ、それを比較できる状況が必要である。これに加えて、発行開示の場合は販売圧力がかかるので、そのような状況でも情報に基づいた投資判断を確保するためという理由も付け加わる。

　投資判断材料の提供であるから、正確であること、必要な情報を含むこと、時期が適切であることが不可欠となる。それら担保するためにさまざまな工夫がなされている。

3　種類に応じた開示制度

　金商法は、有価証券を、発行体の信用力が重要な企業金融型証券（株券、社債等）と発行体の資産の状況が重要な資産金融型証券（投資信託受益証券、抵当証券等）に分類し、前者については、基本的には従来の開示制度をほぼ引継いだうえで四半期開示、確認書、内部統制報告書等を新たに求めることとし、後者については、資産金融型証券を幅広く「特定有価証券」と定義し（金商法5条、施行令2条の13、開示府令8条）、不十分だった開示制度を整備した。

　なお、有価証券（狭義）のうち、個別の信用リスク情報の開示が不要または不適切な証券（国債証券、地方債証券、特殊債、特殊法人に対する出資証券、貸付信託の受益証券、政府保証債など）は、開示対象からはずれる（金商法3条）。

　2項有価証券については、全体を原則として開示対象からはずし、例外的に有価証券投資事業権利（有価証券に半分以上投資するファンドの持分）のみに開示制度の適用があることとした（金商法3条3項）。

　2020年施行の改正金商法では、電子情報処理組織を用いて移転することができる（つまり、ブロックチェーン等の分散型台帳技術等を用いて流通できる）

財産的価値に表示されるものを「電子記録移転権利」と定義し（同法 2 条 3 項柱書）、 1 項有価証券とした。それまで暗号資産と呼ばれていたもののうち、発行者が将来的な事業収益を分配する債務を負っているもの（セキュリティ・トークン、ST）がこれに該当する。これによりその発行（STO（security token offering、収益分配を受ける権利が付与されたトークンの発行）。投資型 ICO）には、株式等と同様に発行者による投資家への情報開示の制度が適用される。[15]

4　発行開示

(1)　概　要

発行開示は、有価証券を発行する際の開示である。発行する場合に常に必要とされるのではなく、その発行が「募集」または「売出し」に該当する場合に適用される（金商法 4 条。例外についても同条に規定）。開示が必要な場合を不特定または多数の人に対して発行される場合に限定して、合理的な規制とする趣旨である。間接開示では有価証券届出書、直接開示では目論見書が重要である。

原則として開示義務がある「募集」に対応して、開示義務がない「私募」概念（「プロ私募」、「少人数私募」）は従来から規定されていたが、2009年の金商法改正により、原則として開示義務がある「売出し」に対応して、開示義務がない「私売出し」概念（「プロ私売出し」、「少人数私売出し」）が創設され、2010年 4 月から施行されている。そのほか、金融商品取引業者等が行う外国証券の一定の売出しについては、法定開示義務を免除する代わりに、「外国証券情報」の提供を求める制度が導入されている。

15　制度の詳細については、今川嘉文「暗号資産に関する法規制と判例動向」先物・証券取引被害研究50号（2021年）37頁〜46頁参照。

⑵　募集・売出しと私募・私売出し

　募集とは、 1 項有価証券では、新規発行のものにつき50名以上を相手方と
して取得勧誘を行う場合で発行価額が 1 億円以上、 2 項有価証券では、新規
発行のものを取得勧誘により500名以上が取得することとなる場合で出資総
額が 1 億円以上の場合をいう（金商法 2 条 3 項、施行令 1 条の 5 ・ 1 条の 7 の
2 ）。売出しとは、既発行のものにつきそれぞれ同様である（金商法 2 条 4 項、
施行令 1 条の 8 ・ 1 条の 8 の 2 ）。

　プロ私募・プロ私売出し（適格機関投資家のみを対象に勧誘を行う場合。一
般投資家への転売は禁止）、少人数私募・少人数私売出し（50名未満の者に勧誘
を行う場合）では、届出書の提出は必要ない。前者は、対象者は投資に関す
る専門知識があるので開示による保護の必要がないからであり、後者は、対
象となる投資家に取引力があることが想定され、販売圧力がかからないから
である。

⑶　届　出

　募集・売出しは、発行者が内閣総理大臣にその届出をしているものでなけ
れば、することができない（金商法 4 条 1 項）。届出は**有価証券届出書**等を提
出する方法で行う（同法 5 条）。具体的には、金融庁ウェブサイトの EDI-
NET（Electronic Disclosure for Investors' NETwork）というネットワークを
通じて行われる。また、発行者は届出書の写しを金融商品取引所に提出しな
ければならない（同法 6 条）。届出の効力は、内閣総理大臣が届出書を受理
してから15日を経過した日に発生する（同法 8 条 1 項）。届出書を提出せずに、
あるいは届出の効力が発生していないのに、募集・売出しをしてはならない
（同法15条 1 項）。これに違反すると処罰の対象となる（同法197条の 2 第 3 号）。

　有価証券届出書には①証券情報（発行する証券の種類・発行数・発行価格、
割当ての方法からなる募集の条件、手取り金の使途）、②発行者の企業情報、③
政令補充事項を記載する。これが財務局、発行者の本店・主要な支店、金融

【図表25】　EDINET

金融庁　金融商品取引法に基づく有価証券報告書等の開示書類に関する電子開示システム

閲覧　有価証券報告書等の開示書類を 閲 覧 する サイト

トップページ	書類検索	公告閲覧	書類比較	ダウンロード

（出典　金融庁ウェブサイト「EDINET」）

商品取引所、認可金融商品取引業協会で公開される。EDINET に公開され
た情報はインターネットで閲覧できる。

㋐　簡易な届出書の許容

　少額募集等（5億円未満等の要件を満たすもの）の届出書を提出しようとす
る発行者は、一定の要件を満たす場合は②に代えて記載内容を簡略なものと
することができる（金商法5条2項）。その後の継続開示においても記載内容
の簡略化が許容されている（同法24条2項）。

　少額募集等でない場合、継続開示の手段である有価証券報告書でも同様の
記載内容が求められているため、何度も募集・売出しをする発行者にとって
は記載内容が重複することになる。そこで、組込方式、参照方式が認められ
ている。

　組込方式とは、内閣府令で定める期間（1年。開示府令9条の3）継続開示
をしている者が有価証券届出書を提出する場合、届出書に、継続開示書類
（直近の有価証券報告書と添付書類、その後に提出される四半期報告書または半期
報告書、これらの訂正報告書）の写しを綴じ込み、かつ、その有価証券報告書

提出後に生じた一定の事実を記載することにより、②③の記載に代えることができるとする方式である（金商法5条3項）。

　参照方式とは、内閣府令で定める期間（1年。開示府令9条の4）継続開示をしている者でかつその者の企業情報等が公衆にすでに提供されているなど一定の要件を満たす者が届出をする場合、届出書に継続開示書類（直近の有価証券報告書と添付書類、その後に提出される四半期報告書または半期報告書、臨時報告書、これらの訂正報告書）を参照すべき旨を記載したときは、②③の記載をしたものとみなす方式である（金商法5条4項）。

　　(イ)　**発行登録制度**

　このように、募集または売出しをする場合は有価証券届出書を提出して行うのが原則であるが、参照方式で届け出ることが許容される発行者には、さらに簡便な、発行登録制度というものが用意されている（金商法23条の3～23条の12）。有価証券届出をするかわりに**発行登録書**を提出することによって、発行予定期間中、**発行登録追補書類**を提出するだけで有価証券の募集または売出しをすることができることにした。企業情報がすでに開示されている発行者が、市場金利に連動して金利が決まる有価証券（社債など）を機動的に発行できるようにしたものである。

　発行登録は、発行者が、発行予定期間、有価証券の種類、発行予定額または発行残高等を記載した発行登録書を内閣総理大臣に提出して行う（金商法23条の3第1項）。届出書が受理された日から15日後に発行登録の効力を生ずる（同法23条の5第1項）。

　あらかじめ有価証券の募集・売出しを登録しておき発行登録の効力が生じていれば、募集・売出しの直前に発行条件等を記載した発行登録追補書類（金商法23条の8）を提出して募集・売出しを行うことができる。基本的な情報は既に開示されていて新たな情報は追補書類のみであるので、提出の時から取得させ、売りつけることができる（同法23条の8第1項）。

　　(ウ)　**投資信託等の届出書の記載事項**

　投資信託、投資ファンド持分やABSのような、発行体の保有する資産を

その価値の裏づけとする資産金融型証券を「**特定有価証券**」（その投資者の投資判断に重要な影響を及ぼす情報がその発行者が行う資産の運用その他これに類似する事業に関する情報である有価証券として政令で定めるもの）と定義し（金商法 5 条 1 項）、届出書記載事項が別に定められている。特定有価証券とは、具体的には、流動化法規定の特定社債券・優先出資証券・受益証券、投信法規定の受益証券・投資証券、信託法規定の受益証券発行信託の受益証券、抵当証券、外国金融機関貸付債権信託受益権、以上を受託有価証券とする有価証券信託受益証券、有価証券投資事業権利などである（施行令 2 条の13）。このような特定有価証券では、「当該会社の商号、属する企業集団、経理の状況その他事業」に代えて、「**当該会社が行う資産の運用その他これに類似する事業に係る資産の経理の状況その他資産**」に関する情報を記載することとされている（金商法 5 条 5 項）。

⑷　目論見書

　また、発行者は**目論見書**を作成しなければならず（金商法13条 1 項）、発行者、売出し者、引受人、金融商品取引業者等は、募集・売出しによりその証券を取得させる場合は、目論見書をあらかじめまたは同時に交付しなければならない（同法15条 2 項）。目論見書には、有価証券届出書の記載内容のうち投資者の投資判断に<u>極めて重要な影響</u>を及ぼすものとして府令で定めるもの等を記載しなければならない（同法13条 2 項 1 号）。虚偽記載があり、または記載すべき内容の記載が欠けている目論見書を有価証券の募集売出しのために使用することは禁止される（同条 4 項）。

　目論見書には、①交付目論見書（金商法15条 2 項。すべての投資者に交付義務）、②請求目論見書（同条 3 項。投資者から請求があった場合に直ちに交付義務。投資信託等に限られる。施行令 3 条の 2 、金商法 2 条 1 項10号・11号。有価証券届出書の記載内容のうち投資者の投資判断に<u>重要な影響</u>を及ぼすものとして府令で定めるもの等を記載。同法13条 2 項 2 号）、③訂正目論見書（同法15条 4 項。訂正届出書が提出された場合に交付義務）がある。

135

5　継続開示

　発行後の継続開示対象は、①上場有価証券、②政令で定める有価証券、③募集・売出しのための開示制度の適用を受けた有価証券、④株主数1000名以上の会社の株式である（金商法24条1項）。発行者は、**有価証券報告書**を事業年度経過後3カ月以内に内閣総理大臣に提出しなければならない（同法24条1項）。継続開示関係では、**四半期開示制度**の導入（同法24条の4の7）と財務報告に係る内部統制の強化等に関する制度整備（同法24条の4の2・24条の4の4・193条の2第2項）をするなど、上場会社に関する開示制度を強化した。2008年4月1日以降に開始する事業年度から適用されている。このうち、四半期開示制度については、2022年時点で、証券取引所規則で運用されている四半期決算短信に一本化する方向性が示されている。

　これとは別に、証券取引所の自主規制により設けられている**適時開示（タイムリー・ディスクロージャー）**の制度がある。証券取引所が、公正な株価等の形成および投資者保護を目的として、上場会社に「重要な会社情報の開示」を義務づけた制度である。日々刻々と変化する経済情勢下において投資判断をするには法定開示のみでは不十分であり、また、法定されることによる制度変更等の機動性低下を補う観点から、法定開示のギャップを埋める意義がある。

　2017年の金商法改正（2018年4月1日施行）で**フェア・ディスクロージャールール**が設けられ、金融庁は「金融商品取引法第27条の36の規定に関する留意事項について（フェア・ディスクロージャー・ルールガイドライン）」（2018年）を制定・適用している。このルールは、投資者に対する公平な情報開示を確保するために導入された制度であり、上場会社等、上場投資法人等の資産運用会社、それらの役員等が、その業務に関して、金融商品取引業者やアナリストなどの取引関係者に、その上場会社等の未公表重要情報の伝達を行う場合には、その伝達と同時に、その重要情報を公表しなければならないと

するものである。

6　開示義務違反

(1)　刑事責任（罰則の強化）

　金商法では、有価証券届出書の虚偽記載に対する法定刑を、風説の流布・偽計、相場操縦等と同様、「5 年以下の懲役又は500万円以下の罰金」から「10年以下の懲役又は1000万円以下の罰金」に（法人は 5 億円以下から 7 億円以下へ）引き上げた。

(2)　課徴金

　虚偽記載のある有価証券届出書等を提出した発行者、虚偽記載のある有価証券報告書等を提出した発行者に対する課徴金制度が設けられている（金商法172条・172条の 2）。2008年 6 月の金商法改正で、この課徴金が約 2 倍に引き上げられた。

(3)　民事責任（損害賠償責任）

　金商法は、開示義務違反の場合の損害賠償責任として発行開示責任、継続開示責任を規定している。

　発行開示責任としては、①目論見書交付義務違反の賠償責任（金商法16条）、②虚偽記載目論見書等の賠償責任（同法17条）、③有価証券届出書虚偽記載の賠償責任（同法18条）と賠償額（同法19条 1 項。取得額と損害賠償請求時ないし処分時との差額。ただし、ほかの事情による損害も含まれることが証明されれば減額される（同条 2 項））が規定されている。賠償額は、推定規定ではなく定める規定である。①②の責任主体は「有価証券を取得させた者」、つまり証券会社等の販売者であり、③の責任主体は虚偽記載のある有価証券届出書の「届出者」、つまり届け出た会社である。なお、届け出た会社の役員、監

査証明をした公認会計士、監査法人、主幹事証券会社等も損害賠償責任を負うことがある（同法21条）。主幹事証券会社の責任を肯定した例としてエフオーアイ事件（裁判例６）がある。

　継続開示責任として、有価証券報告書虚偽記載の賠償責任と賠償額推定（金商法21条の２）が規定されている。賠償額推定の内容は、当該有価証券を虚偽記載等事実の公表日前１年以内に取得し公表日において引き続き所有する者は、公表日前１カ月間の市場価額平均額と公表日後１カ月間の市場価額平均額との差額を、「当該書類の虚偽記載等により生じた損害の額とすることができる」というものである（同条３項）。この「損害の額とすることができる」という表現は、損害額の推定規定と解されている。一方で、ほかの事情による損害も含まれることが証明されれば減額されるし（同条５項）、他方、因果関係がある損害額がこれより多いことを証明すれば、同法19条１項の限度額（取得額と損害賠償請求時ないし処分時との差額）まで賠償請求も可能である。なお、ほかの事情による値下がりも含まれるが性質上その額を証明することが極めて困難であるときは、裁判所は、口頭弁論の全趣旨および証拠調べの結果に基づき、賠償の責めに任じない損害の額として相当な額を認定できる（同条６項）。責任主体は、虚偽記載のある有価証券報告書の「提出者」、つまり、提出した会社である。なお、提出した会社の役員、監査証明をした公認会計士、監査法人等も等も損害賠償責任を負うことがある（同法24条の４）。

7　開示義務違反の裁判例

　発行会社の従業員が発行会社の責任を追及した事件として、山一證券従業員持株会事件がある。発行会社の役員でなく会社そのものの責任を追及している点に特色がある。

─〈裁判例 4 〉 山一證券持株会事件（東京地判平13年12月20日金判1147号34頁）─

　従業員持株融資制度、自社株融資制度に基づき自社株を購入した従業員が、会社が倒産して自社株が無価値となり損害を被ったのは、破産会社の不法行為が原因であるとして、破産管財人を被告として破産債権確定請求をしたが、請求棄却となった。

　新興市場が登場して以降、新規上場に伴う株式募集に関し、有価証券届出書に虚偽を記載したとして問題となった例が多数ある。証券取引等監視委員会による**最初の告発**は、プロデュース事件であり、金商法違反で有罪となっている。

─〈裁判例 5 〉 プロデュース事件（さいたま地判平21年 8 月 5 日裁判所ウェブサイト）─

　ジャスダック証券取引所に上場していた工作機械メーカー・プロデュースの粉飾決算事件に絡み、虚偽記載のある有価証券届出書および有価証券報告書を提出したとして証取法違反・金商法違反等の罪に問われていた同社元代表取締役社長に対し懲役 3 年（実刑）および罰金1000万円、管理部門を統括していた元専務取締役に対し懲役 2 年 6 月（執行猶予 4 年）の有罪判決が言い渡された。

　元代表取締役・元専務取締役は、会計監査を担当した公認会計士と共謀のうえ、①ジャスダック上場に伴う株式の募集および売出しを実施するに際し、2005年 6 月期、2006年 6 月期、2007年 6 月期と 3 年にわたり、売上高を水増しし、各年度に損失が出ているのに利益があったように粉飾した損益計算書を掲載する有価証券報告書を提出した。2007年11月16日には、株式募集に際し、上記粉飾をした2007年 6 月期の有価証券報告書を参照すべき有価証券届出書を提出した。

　2010年には、有価証券届出書虚偽記載の事件として、エフオーアイ事件が起きている。この事件では、発行会社とその関係者のみならず、**主幹事証券会社の責任**も肯定された。

┌─〈裁判例6〉 エフオーアイ事件（最判令2年12月22日民集74巻9号2277頁）─

　半導体製造装置メーカー・エフオーアイが、売掛金を粉飾した決算数値により2009年11月東証マザーズに上場し、程なく発覚して2010年5月12日証券取引等監視委員会が強制調査、同月21日に東京地裁に破産手続開始を申し立て、同月31日に破産手続開始決定（負債総額約93億円）となった事件である。同社社長は、2012年2月29日に金商法違反（有価証券届出書の虚偽記載）で有罪となっている。

　発行会社に開示責任（金商法18条1項・23条の12第5項）があるのはもちろんであるが、上場にかかわった主幹事証券会社の責任（同法21条1項4号・2項3号・23条の12第5項）については、東京地判平28年12月20日資料版商事法務396号171頁は、発行市場における取得者との関係のみ同法21条1項4号と17条の責任を肯定したが、東京高判平30年3月23日判時2401号32頁は責任を否定した。

　これに対し最判令2年12月22日は、金商法21条2項3号（「記載が虚偽であり又は欠けていることを知らず」）の規定の免責要件の解釈に関し、<u>文言からすれば「知らなかったことさえ証明すれば免責される」と読めることを前提にしつつ、条文の趣旨を重視し、「監査の信頼性の基礎に重大な疑義を生じさせる情報に接した場合には、当該疑義の内容等に応じて、監査が信頼性の基礎を欠くものではないことにつき調査確認を行うことが求められている」とし、それを怠ったとして主幹事証券会社の責任を肯定して</u>、損害額認定のため東京高裁に差し戻した。

　2004年に発覚した西武鉄道の有価証券報告書虚偽記載事件は、西武鉄道がコクド所有の西武鉄道株式数を過少に記載した有価証券報告書および半期報告書を関東財務局あてに継続的に提出していたことが発覚し、真実の株主数

では上場基準を満たさないため、同年12月には上場廃止となった事件である。これによって損害を受けたと主張する株主が、西武鉄道等に損害賠償請求訴訟を提起した。集団訴訟を含め15件の訴訟（請求総額約420億円）が提起され（公表されている地裁判決 7 件、その控訴審である高裁判決 4 件）、そのうち 5 件が最高裁に係属した。 5 件中 4 件の判決が同日にあり、 2 件が公表されている。いずれも、発覚直後のろうばい売りによる過剰な下落も因果関係のある損害であるとした。

〈裁判例 7 〉　西武鉄道事件（最判平23年 9 月13日判時2134号35頁）

　原審は東京高判平21年 2 月26日判時2046号40頁であり、個人株主の集団訴訟である。損害額推定規定（金商法21条の 2 第 3 項）がない時期の事件であり請求原因は不法行為である。次のとおり判示して一部破棄自判、一部破棄差戻しとした。

　「有価証券報告書等に虚偽の記載がされている上場株式を取引所市場において取得した投資者が、当該虚偽記載がなければこれを取得することはなかったとみるべき場合、当該虚偽記載により上記投資者に生じた損害の額、すなわち当該虚偽記載と相当因果関係のある損害の額は、上記投資者が、当該虚偽記載の公表後、上記株式を取引所市場において処分したときはその取得価額と処分価額との差額を、また、上記株式を保有し続けているときはその取得価額と事実審の口頭弁論終結時の上記株式の市場価額（上場が廃止された場合にはその非上場株式としての評価額。以下同じ。）との差額をそれぞれ基礎とし、経済情勢、市場動向、当該会社の業績等当該虚偽記載に起因しない市場価額の下落分を上記差額から控除して、これを算定すべきものと解される〔著者下線〕」。

　「虚偽記載が公表された後の市場価額の変動のうち、いわゆるろうばい売りが集中することによる過剰な下落〔著者下線〕は、有価証券報告書等に虚偽の記載がされ、それが判明することによって通常生ずることが予想される事態であって、これを当該虚偽記載とは無関係な要因に基づく市場価額の変動であるということはできず、当該虚偽記載と相当因果関係のない損害として

141

上記差額から控除することはできない〔著者下線〕というべきである」。

　　最判平23年 9 月13日判時2134号45頁（原審：東京高判平22年 4 月22日判時
　　2105号124頁）（機関投資家訴訟）も同旨である。

　2006年に発生したライブドア事件でも、株主に対する開示責任が問題とな
り、発行市場で取得した原告による①フジテレビ訴訟は、金商法18条 1 項の
前身である証取法18条 1 項の賠償責任の事件であり、同法19条に基づく賠償
責任額が争点となって、和解により解決した。流通市場で取得した原告によ
る②機関投資家等訴訟、③個人株主等訴訟 1 、④同 2 、⑤同 3 は、いずれも
金商法21条の 2 の前身である証取法21条の 2 に規定する損害額の推定規定の
解釈が重要な争点の一つとなり、有価証券報告書虚偽記載の損害賠償を命ず
る複数の下級審判決を経て、②で、重要な最高裁判決が出ている。

　　〈裁判例 8 〉　ライブドア事件──機関投資家等訴訟
　　　　　　　　（最判平24年 3 月13日判時2146号33頁）

　　金商法21条の 2 に関する最初の最高裁判決であり、原判決（東京高判平21
　年12月16日金判1332号 7 頁）の判断を基本的に踏襲した（評釈として、白井
　正和「ライブドア事件最高裁判決の検討㊤㊥㊦」商事1970号〜1972号）。
　　判決は、検察官は、金商法21条の 2 第 3 項（現 4 項）にいう「当該提出者
　の業務若しくは財産に関し法令に基づく権限を有する者」にあたるとし、同
　条 3 項（現 4 項）にいう「虚偽記載等に係る記載すべき重要な事項」につい
　て多数の者の知り得る状態におく措置がとられたというためには、虚偽記載
　等のある有価証券報告書等の提出者等を発行者とする有価証券に対する取引
　所市場の評価の誤りを明らかにするに足りる基本的事実について公表されれ
　ば足り、検察官の捜査に関する記者発表は、この基本的事実の公表を含むの
　で、「虚偽記載等の事実の公表」にあたるとした。
　　損害については、金商法21条の 2 第 5 項にいう「虚偽記載等によって生ず
　べき当該有価証券の値下り」とは、いわゆる取得時差額相当分（虚偽記載等
　がなかった場合に想定される当該有価証券の市場価額との差額）の値下がり

に限られず、有価証券報告書等の虚偽記載等と相当因果関係のある値下がりのすべてをいうとした。

〈コラム20〉　ライブドア事件
　　　　　　　——フジテレビ訴訟・個人株主等集団訴訟の帰結

　フジテレビ訴訟は、フジ・メディア・ホールディングス（旧フジテレビジョン。フジ）は、2005年にライブドアの第三者割当増資に応じ、当時の発行済み株式の約12.7%を計約440億円で取得したが、翌2006年1月にライブドア株は大暴落し、同年3月に株式を売却した。売却金額は約95億円にとどまり、フジは、2008年8月に有価証券届出書虚偽記載の責任（証取法18条・19条）に基づき、取得金額との差額約345億円の賠償請求訴訟を提起したものである。2009年1月22日、ライブドアがフジに約310億円の賠償金を支払うことで和解した（フジ「和解による紛争解決のお知らせ」、ライブドア「和解による訴訟解決のお知らせ」参照）。

　個人株主等訴訟1は、ライブドアによる粉飾決算事件（有価証券報告書虚偽記載）で、株価が下落し損害を受けたとして損害賠償請求をした集団訴訟であり、東京地判平21年5月21日金判1318号14頁は、公表前後1カ月平均を比較した下落額585円のうち因果関係のある損害は200円（約34%）としたが（ライブドアマーケティングの株価下落分については約20%）、この控訴審である東京高判平23年11月30日セレクト42巻1頁（第9民事部）（控訴人228名、被控訴人ライブドア（現・LDH）など計26名）は、一審判決を大幅に上回る請求認容判決を言い渡した（LD株については株価下落分の95%にあたる550円、LDM株については株価下落分の70%にあたる4088円を賠償すべきと判断した。特に、経営者に対しては、LD株の下落分である579円、LDM株の下落分である5840円全額について賠償責任を肯定した）。一部は上告したが、機関投資家等訴訟の最判平24年3月13日を受けて認諾がなされるなどして、その水準で2012年7月までにすべてが終了した。

143

　虚偽記載公表と同時または直後に再生手続開始申立てをした場合、これが、金商法21条の2第5項記載の、虚偽記載等以外の事情により損害の一部が生じたことに該当して損害額が推定額から減額されることになるかが争点となった事件が複数ある。①東京地判平22年6月25日 TKC データベース（ニイウスコー事件）、②東京高判平22年11月24日セレクト38巻133頁（アーバンコーポレーション事件）、③東京高判平24年3月29日セレクト42巻101頁（同事件）は、いずれも減額を否定したが、減額を肯定した判決もあり（④東京高判平22年12月24日判例集未登載（同事件）など）、判断が分かれていたところ、最高裁が次のとおり減額を肯定することで統一した。

> 〈裁判例9〉　アーバンコーポレーション事件
> （最判平24年12月21日判時2177号51頁①事件）
>
> 　臨時報告書等の虚偽記載等の事実の公表と再生手続開始の申立てとが同日にされた場合において、金商法21条の2第4項または5項による減額を否定した原審（東京高判平22年11月24日判時2103号24頁）の判断に違法があるとして破棄し差し戻した。「金商法21条の2第4項〔著者注：現5項。以下同じ〕及び5項〔著者注：現6項。以下同じ〕にいう『虚偽記載等によって生ずべき当該有価証券の値下り』とは、当該虚偽記載等と相当因果関係のある値下がりをいうものと解するのが相当である（最高裁平成22年(受)第755号ないし第759号同24年3月13日第三小法廷判決・民集66巻5号1957頁参照）」ところ、「本件公表日後1箇月間に生じたY株の値下がりは、本件虚偽記載等の事実と本件再生申立ての事実があいまって生じたものであり、かつ、本件再生申立てによる値下がりが本件虚偽記載等と相当因果関係のある値下がりということはできない〔著者下線〕から、本件再生申立てによる値下がりについては、本件虚偽記載等と相当因果関係のある値下がり以外の事情により生じたものとして、金商法21条の2第4項又は5項の規定によって減額すべきものである」し、「また、本件公表日前1箇月間のY株の値動きについてみると、記録によれば、Y株は、本件臨時報告書の提出よりも1箇月以上前の平成20年5月14日にその市場価格が716円（終値）となった以降、本件公表日に至る

まで、ほぼ一貫して値下がりを続けていたことがうかがわれ」ここにも値下がりの原因が別にあり、「この分についても金商法21条の２第４項又は５項の規定によって減額すべきものである」ので、「Y株の値下がりによって被上告人が受けた損害の一部には、本件虚偽記載等と相当因果関係のある値下がり以外の事情により生じたものが含まれているというべきであるのに、これを否定して、被上告人が受けた損害の全部が本件虚偽記載等により生じたものであるとして、金商法21条の２第４項又は５項の規定による減額を否定した原審の判断には、判決に影響を及ぼすことが明らかな法令の違反がある」とした。

　このほか、①「金商法21条の２第２項は、『公表日前１月間の当該有価証券の市場価額……の平均額から当該公表日後１月間の当該有価証券の市場価額の平均額を控除した額』を虚偽記載等により生じた損害の額とすることができると規定しているが、同項にいう『公表日前』及び『公表日後』に『公表日』を含まない」のに公表日を含めて計算した、②「金商法21条の２第２項を適用して損害の額を算定するためには、投資者が『公表がされた日……前１年以内』に当該有価証券を取得していることが必要であり、公表日に取得した有価証券について、同項を適用することが許されない」のに、本件公表日に被上告人が取得した株についても、金商法21条の２第２項を適用して損害の額を算定した、という２点について、判決に影響を及ぼすことが明らかな法令の違反があるとした。

　虚偽記載目論見書使用責任（金商法17条）について、改正前の事件ではあるが、責任主体を広く解する最高裁判決がある。その後、この責任に基づき損害賠償を命じた地裁判決も出ている。[16]

16　大阪地判平24年３月14日セレクト42巻383頁は、髙木証券事件の一連の訴訟の一つで、目論見書にレバレッジの記載がなかったことを虚偽記載と評価し金商法17条を損害賠償の根拠の一つとした。

145

┌─ 〈裁判例10〉 アジャンドール事件（最判平20年2月15日判時2042号120頁）──┐

　　2004年改正前の証取法17条に定める損害賠償責任の責任主体は、虚偽記載のある目論見書等を使用して有価証券を取得させたといえる者であれば足り、「発行者、有価証券の募集若しくは売出しをする者、引受人若しくは証券会社等又はこれと同視できる者」に限られないとし、当該証券の取得につきあっせん・勧誘を行い発行者と共に当該証券の内容について説明をした者について、上記「　　」内の主体でないから責任主体とならないとした原判決（東京高判平18年8月9日金判1288号45頁）を破棄して、同法17条ただし書の免責事由の存否についてさらに審理を尽くさせるため原審に差し戻した。

└─────────────────────────────────────┘

　虚偽記載が問題となる最近の事件として、オリンパス事件、東芝事件がある。

　オリンパス事件は、2011年に損失隠しが発覚したもので、2013年7月には元役員3名が有価証券報告書虚偽記載罪で有罪（確定）、オリンパスも罰金7億円となった。株主代表訴訟、会社から旧取締役に対する損害賠償請求訴訟、株主からの損害賠償請求訴訟がある。

　東芝事件は、2015年に東芝がそれまで数年間にわたり不正会計処理をしていたことが表面化した事件である。証券取引等監視委員会調査、第三者委員会設置と決算発表の延期、第三者委員会調査報告書発表を経て2015年3月期の有価証券報告書が遅れて提出された。その後も、監査法人の処分、交代した監査法人が意見不表明とするなど混乱が続き、買収したウエスチングハウスの米原子力事業での大きな損失も明らかになっている。開示義務違反を理由として、株主から東芝等に対する損害賠償請求訴訟がある。

8　ESG 指標の開示

　近年、企業経営におけるサステナビリティが重視されるようになり、また、

コロナ後の企業の変革に向けたコーポレートガバナンスの議論が進展している。そこで、これらの変化を踏まえ、投資家の投資判断に必要な情報を適時にわかりやすく提供し、企業と投資家との間の建設的な対話に資する企業情報の開示のあり方について、金融庁において検討されている[17]（【図表26】）。

　国際的には、ESG 情報の開示に共通の基準をつくることが検討されてい

【図表26】　投資家に対する企業情報の開示

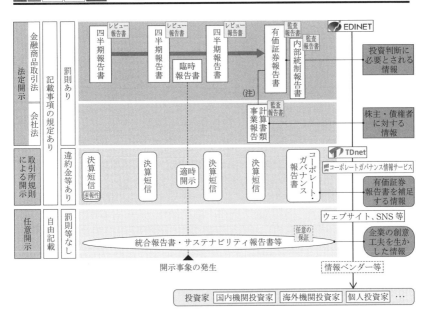

(注) 有価証券報告書と事業報告等との共通化・一体化については、2017年12月に、金融庁及び法務省において、両書類の共通化・一体化を行いやすくする方針を公表（「一体的開示をより行いやすくするための環境整備にむけた対応について」）。これを踏まえ、2018年1月〜3月に、金融庁及び法務省がそれぞれ法令改正を実施。その後、同年12月には、内閣官房、金融庁、法務省及び経済産業省の連名により、一体的開示の記載例やスケジュール等を公表（「事業報告等と有価証券報告書の一体的開示のための取組の支援について」）。2021年1月には、経済産業省から、FAQ集（「事業報告等と有価証券報告書の一体的開示FAQ」）が公表

（出典　金融庁ウェブサイト）

147

る。方向性としては、任意開示にとどめず、制度的に組み込むことが考えられる。内容としては、排出する温暖化ガスについて、自社排出や自社が使う電気などに由来するもののほか、原材料調達や製品使用時など供給網で取引先が排出するものも含めることが検討されている。[18]

17　サステナブルファイナンス有識者会議「サステナブルファイナンス有識者会議報告書」（2021年 6 月18日）（金融庁ウェブサイト）。

18　金融審議会「ディスクロージャーワーキング・グループ報告」（2022年 6 月13日）（金融庁ウェブサイト）。

第3章　業規制──業の登録

- ・金融商品取引業を行うのに登録が必要とされるのはなぜか。
- ・第一種金融商品取引業、第二種金融商品取引業とは何か。
- ・投資助言・代理業とは何か。
- ・投資一任業とはどういう業種か。
- ・格付け会社はどのように規制されているか。
- ・銀行で投資信託を売る場合、金商法はどう関係するか。

【事例】
　Aは投資に自信があるので、大勢から出資を募って資金を集め、それをさまざまなものに投資して運用した結果を配当として支払う取引を考えた。インターネットとAIを駆使すれば低コストで高いレベルの運用を行うことができるので、需要はあるはずである。証券投資であると投資信託の規制があるので、投資対象は証券以外のものにするつもりだ。自由にやってよいか。規制があるとすると、どうすればよいか。

1　業規制の考え方と全体像

　憲法22条1項は職業選択の自由を基本的人権の一つとして規定する。営業の自由は、この職業選択の自由の一つであり、公共の福祉に反しない限り、基本的人権の一つとして保障されているものである。そして、公共の福祉に反しないで行われることを担保するために、投資取引については、顧客保護、市場の公正確保に必要な基本的なルールが守られるような体制をつくっている。すなわち、参入要件、行為ルールを規定した金商法を定め、投資取引に

【図表27】　業の全体図

```
        ┌ 金融商品取引業 ┌ 第一種金融商品取引業（金商法28条 1 項・29条（登録義
        │ （金商法 2 条 8 項）│   務）・30条（認可）・35条）
        │              │     （有価証券等管理業務も含む）
        │              │   ※第一種少額電子募集取扱業
        │              │ 第二種金融商品取引業（金商法28条 2 項・29条（登録義
        │              │   務）・35条の 2 ）
○ ─────┤              │   ※第二種少額電子募集取扱業
        │              │ 投資助言・代理業（金商法28条 3 項・29条（登録義務））
        │              └ 投資運用業（金商法28条 4 項・29条（登録義務））
        └ 金融商品仲介業（金商法 2 条11項・66条（登録義務））
```

○　登録金融機関業務（金商法33条・33条の 2 （登録義務））

○　信用格付業（金商法 2 条35項・66条の27（登録可））
　　※登録は義務でない（無登録⇒金商法38条 3 項）

○　金融サービス仲介業（金サ法11条 1 項）（登録義務）

関与する業者を国家に登録させて、必要なルールを守っているか、国家が監視・監督するしくみとなっている。

　投資取引に関与する業務は、【図表27】のとおり、金融商品取引業、金融商品仲介業、登録金融機関業務、信用格付業に区分されるほか、適格機関投資家等特例業務、高速取引行為なども関連する。以下この順番で解説する。証券、預金、保険、貸付け等の金融サービス横断的な仲介業である金融サービス仲介業については第 4 部第 3 章で解説する。

2　金融商品取引業

(1)　概要と共通拒否事由

　金融商品取引業は、金商法の対象となるものを反復して取り扱う行為であ

り（金商法2条8項）、これを行う場合は内閣総理大臣の**登録**を受けることが必要となる（同法29条。ただし、私設市場（PTS）開設は認可が必要（同法30条）であり、プロ間の集団投資スキームに関する業務は届出で足りる（同法63条・63条の3））。営利目的は要件とされていない。

　金融商品取引業には、第一種金融商品取引業、投資運用業、第二種金融商品取引業、投資助言・代理業の4種類がある（金商法28条）。それぞれごとに、一定の拒否事由に該当しない限り登録される（同法29条の4）。

　共通する一般的拒否事由は、登録取消しや一定の金融犯罪の罰金刑執行後5年未満、公益に反する事業遂行、人的構成不足である（金商法29条の4第1号）。法人の一般的拒否事由は、役員または一定の使用人が、制限能力者、破産者、禁固以上の刑執行後・役員として勤務した法人の取消し後・本人の登録取消し後・本人の解任命令後・一定の金融犯罪や暴力団犯罪の罰金刑執行後5年未満であることである（同条2号）。個人の一般的拒否事由は、制限能力者、破産者、禁固以上の刑執行後・役員として勤務した法人の取消し後・本人の登録取消し後・本人の解任命令後5年未満であることである（同条3号）。

　これらに加えて、業種ごとに次のとおり、組織形態、最低資本金、純財産額等の拒否事由が定められている（金商法29条の4第4号～6号）。

(2)　金融商品取引業の分類別の内容

㋐　第一種金融商品取引業

　第一種金融商品取引業には、従来の証券業がほぼ含まれ、それ以外の新たなものが加わっている。具体的には、1項有価証券（株式や公社債、投資信託など）の売買、店頭デリバティブ取引、有価証券市場デリバティブ取引や、その媒介・取次ぎ・代理（金商法28条1項1号・1号の2・2号。店頭外国為替証拠金取引は店頭デリバティブ取引の一種であり、FX業もこれに該当する[19]）、有価証券の元引受け（同項3号）、有価証券のクラウドファンディング業務（同項4号）、これらに関して有価証券・金銭・電子記録移転権利等の預託を受

けること（同項 5 号）、口座の開設を受けて社債・株式等の振替えを行うこと（同号）である。

　株式会社であることが必要であり、最低資本金額（5000万円）、自己資本規制比率120%[20]などの要件がある。なお、PTS 業務を行う場合は認可が必要であるうえ（金商法30条）、最低資本金は 3 億円に加重されている。元引受けの主幹事は30億円、幹事は10億円に加重されている。

　なお、2014年の金商法改正（2015年 5 月施行）により、第一種少額電子募集取扱業務が創設された。投資型クラウドファンディング促進のため、発行総額 1 億円未満、一人あたり50万円以下の株式等を電子募集する業者の参入ハードルを一般の第一種金融商品取引業より下げたものである（兼業規制なし、最低資本金1000万円以上）。

　　(イ)　投資運用業

　投資運用業には、証券投資一任契約に基づく運用、証券投資信託・証券投資法人の財産の運用、投資型集団投資スキームの運用を行う場合が該当する（金商法28条 4 項）。株式会社であることが必要であり、最低資本金額（5000万円）、純財産額（5000万円）などは第一種金融商品取引業と同程度のハードルを設けているが、自己資本規制比率はない。

　　(ウ)　第二種金融商品取引業

　第二種金融商品取引業には、投資信託・抵当証券・集団投資スキーム持分等の自己募集、集団投資スキーム持分などのみなし有価証券の売買、有価証券以外についての市場デリバティブ取引などが該当する（金商法28条 2 項）。

19　金商法では、適確機関投資家等、一定の範囲の顧客（デリバティブ・プロ）に対する「有価証券関連店頭デリバティブ取引以外の店頭デリバティブ取引」は、そもそも金融商品取引業に該当しないこととしている（同法 2 条 8 項、施行令 1 条の 8 の 6 第 1 項 2 号、定義府令15条）。金先法の規制を引き継いだものであり、規制の整合性を欠くことが指摘されている（神田秀樹「ホールセール取引」金法1951号58頁）。
20　自己資本規制比率とは、自己資本（資産－負債）から固定的な資産を差し引いたものを、リスク相当額で割って算出する指標をいう。市場リスクその他のリスク耐性を一定程度保つことを求めるものである。

個人でもよい。法人の場合は最低資本金額1000万円（顧客から資金を預かる場合は5000万円）、個人の場合は営業保証金1000万円を必要とする。ハードルが低すぎる懸念がある。

なお、2014年の金商法改正（2015年 5 月施行）により、第二種少額電子募集取扱業務が創設された。投資型クラウドファンディング促進のため、発行総額 1 億円未満、一人あたり50万円以下のファンド等を電子募集する業者の参入ハードルを一般の第二種金融商品取引業よりも下げたものである（兼業規制なし、最低資本金500万円以上）。このクラウドファンディングは、市場調査と事業資金集めを同時に行うという使い方もされる。

(エ)　投資助言・代理業

投資助言・代理業には、投資顧問契約を締結し助言する業務、投資顧問契約や投資一任契約の締結の代理または媒介業務が該当する（金商法28条 3 項）。個人でもよい。法人の場合は最低資本金500万円、個人の場合は、営業保証金500万円である。

(3)　金融商品取引業の登録の意義と違反の対処

このように、金融商品取引業を行う者は登録を受ける必要がある。たとえば集団投資スキーム持分を販売する業者は、第二種金融商品取引業を行うこととして登録する必要がある。問題のある業者は、登録申請段階で拒否事由に該当すればそもそも業務を行うことができないはずであるし、登録後は内閣総理大臣（金融庁）が監督することとなり、「金融商品取引業者の業務の運営又は財産の状況に関し、公益又は投資者保護のため必要かつ適当であると認めるとき」には、「業務の方法の変更その他業務の運営又は財産の状況の改善に必要な措置をとるべきことを命ずることができる」（金商法51条）。さらには、業務停止命令、登録取消し処分（同法52条 1 項）、役員の解任命令（同条 2 項）まで行うことができる。

登録をすればこのような監督体制下におかれ、他方、無登録で金融商品取引業を行うと犯罪となるので（金商法198条 1 項。懲役 3 年以下もしくは罰金

300万円以下、または併科)、消費者にとっては、これまで証取法の対象となっていなかった投資商品の多くが新たに金商法の対象となったことの意義は大変大きいといえる。

3　金融商品仲介業

　金融商品仲介業とは、「金融商品取引業者」または「登録金融機関」から委託を受けて、有価証券の売買の媒介等、金商法 2 条11項各号に規定された行為を委託業者のために行う業務をいう。従来、証券仲介業とされていたものを、対象の拡大にあわせて一般化したものである。金融商品仲介業者の参入要件や資産要件は金融商品取引業者よりもさらに緩やかである。金融商品仲介業の登録をすることが必要であるが (同法66条)、株式会社であることは必要ではなく、個人でもよい (同法66条の 2)。

　所属金融商品取引業者等は、金融商品仲介業者が金融商品仲介業につき顧客に与えた損害を賠償する責任を負う (金商法66条の24)。ただし、相当の注意をし、かつ、損害発生の防止に努めたときは免責される (同条)。

4　登録金融機関業務

　登録金融機関とは、銀行、信用金庫、信用組合 (以下、これらを「銀行等」という) 等で金商法33条の 2 規定の登録をしたものをいう。

　1929年の世界恐慌による反省をもとに、まず米国において、**銀証分離**政策で、銀行等の金融機関は証券業務をしてはならないこととされた。日本では、1940年台に米国証券法の影響を受けて銀証分離の規定が入った。その後、分離していた壁が徐々に取り払われてきた。

　金商法には、この経緯を反映して、まず、銀行等の金融機関は、原則として有価証券関連業または投資運用業を行ってはならない (同法33条 1 項) との規定がおかれている。有価証券関連業とは、金融商品取引業のうち有価証

券の売買、媒介、取次その他同法28条 8 項に定める業務である。そのうえで、
内閣総理大臣の登録を受ければ、一定の有価証券関連業を行うことができる
（同法33条の 2・33条 2 項）。具体的には投資信託の販売等や書面による株式取
引の取次ぎが行える。第一種金融商品取引業者から委託を受けて、有価証券
の売買の媒介等、金融商品仲介業と同様のこともできる（同法33条 2 項 3 号
ハ）。登録金融機関が仲介業務を行うときは、金銭や有価証券を預かること
ができること、委託元が登録金融機関の仲介行為の責任を負わないことが、
金融商品仲介業者とは異なる。登録金融機関としての仲介業務は、銀行が預
金者に系列証券会社の仕組債を販売する手段としている。

5　信用格付業

　信用格付とは金融商品または法人の信用状態に関する評価の結果について、
記号または数字を用いて表示した等級をいい、**信用格付業**とは、信用格付を
付与し、かつ、提供しまたは閲覧に供する行為を業として行うことをいう
（金商法 2 条35項）。
　信用格付業を行う者は一定の要件を満たすと登録することができ（金商法
66条の27）、この登録を受けた者を信用格付業者という（同法 2 条36項）。
　金融商品取引業など、ほかの業は登録を義務づけられ、無登録で業を行う
ことは犯罪となる（金商法198条など）。これに対し、信用格付業については、
登録できる、と規定して登録を義務づけなかった。この理由として、記号や
数字を用いたランクづけにより、信用リスク評価の結果を提供するサービス
は、格付会社に限らず広く一般に行われており、こうしたサービスを行う事
業者に対して一律に参入規制を課すことは適当でないと考えられたとの説明
がある。[21] 投資者に大きな影響を及ぼしうる立場にある格付会社のみを規制対
象とする趣旨（金融審議会金融分科会第一部会報告（2018年12月17日））という

21　池田唯一ほか『逐条解説2009年金融商品取引法改正』（商事法務・2009年）248頁。

ことであれば、表現の自由に対する配慮ともいえる。

6　適格機関投資家等特例業務

　集団投資スキーム持分の販売・勧誘業は「第二種金融商品取引業」であり、その運用業（主として有価証券またはデリバティブ取引で運用するもの）は「投資運用業」であって、原則としてそれぞれ登録が必要である。例外的に、集団投資スキーム持分の販売・勧誘業または運用業を、適格機関投資家（金商法2条3項1号、定義府令10条）と49名以下のそれ以外の者（金商法63条1項1号、施行令17条の12）を相手方として行う「プロ向けファンド」の場合は、適格機関投資家等特例業務として、届出で足りる（金商法63条1項）。

　「プロ向けファンド」の販売等を行う届出業者は、登録業者と異なり行為規制が緩く、行政処分の対象でないのに投資の素人にも販売が可能なことから、投資家に被害を与えるケースが急増した。そこで、ファンドへの信頼を確保し、資金の円滑な供給の観点から投資被害を適切に防止することが必要であり、2015年の金商法改正により「プロ向けファンド」の制度について整備された。[22]

　①　届出者の要件等　　欠格事由の導入、届出書の内容の拡充・公表等
　②　行為規制の拡充　　適合性の原則、リスク等の説明義務等
　③　問題業者への行政対応等　　業務改善・停止・廃止命令、罰則の強化等

　このほか、出資者の範囲を、投資判断能力を有する一定の投資家およびファンド業者と密接に関連する者（政令事項）に限定した。

　ガバナンスの確保、公認会計士による会計監査の実施など、相応の体制が整備されているベンチャー・ファンドについては、上場会社の役員等や新規事業の立上げ等の実務経験のある者等の出資も可能である。

---

[22]　「第189回国会における金融庁関連法律案」の関係資料概要参照（金融庁ウェブサイト）。

7　高速取引行為

　金融商品取引業者等一定の者以外の者が、**高速取引行為**（コロケーション（取引所内に場所を借りてサーバーを設置すること）で伝達時間を短縮して行う有価証券の自動的な売買（アルゴリズム取引）等。金商法2条41項。High Frequency Trading、HFT）を行うときは、内閣総理大臣の登録を受けなければならない（金商法66条の50）。

　高速取引行為HFTとは、取引価格のゆがみをとらえて、割高なものを売り、割安なものを買う取引を、1秒間に数千回の高頻度で繰り返す取引手法である。アルゴリズムに沿ってコンピュータが自動で発注する。わずかな値幅、瞬時の動きをとらえて資金を回転させることで利益を積み上げるもので、株式のほか、デリバティブ（金融派生商品）取引でも行われる。

　HFT業者の行為が市場に影響を与える可能性があるのに監督当局にその情報が得られないことから、登録させることで、当局がHFT業者の取引内容を把握しやすくするのが狙いである。

第４章　行為規制

●第４章のポイント●

・金融商品の広告はどのように規制されているか。

・不招請の勧誘禁止とはどういう考え方に基づくものか。その対象となる取引は何か。

・適合性の原則とは何か。

・説明義務とは何をどのように説明する義務か。

【事例】

　Ａ銀行の従業員ａは、預金者Ｂに、パンフレットを渡して毎月分配型投資信託を勧誘した。パンフレットには、「利子収入相当分を中心に毎月分配をめざします。※利子収入相当分以外に売買益、評価益がある場合には決算時にこれを分配することをめざします」と記載されていた。しかし、①分配金には普通分配金と特別分配金があり、後者は元本の一部を払い戻すものである。②したがって、分配金の水準はファンドの収益の実績を示すものではない。パンフレットにはこれらのことは記載されていなかった。Ｂとしては、毎月それなりの分配金を出してきた投資信託であるという説明で購入を決断したので、後日①②を知って驚いた。Ａ銀行の販売には問題がないか。

1　行為規制の概要

(1)　金融商品取引業に共通する行為規制

　金商法は、金融商品取引業一般に共通する行為規制として、誠実公正義務（同法36条）、標識の掲示（同法36条の２）、名義貸しの禁止（同法36条の３）、

社債の管理の禁止（同法36条の4）を規定している。

　さらに、金融商品取引業のうち販売・勧誘に関するものとして、次のとおりの共通規制がある。

　広告等の規制（金商法37条）、取引態様の事前明示義務（同法37条の2）、契約締結前の書面交付義務（同法37条の3）、契約締結時の書面交付義務（同法37条の4）、保証金の受領に係る書面の交付（同法37条の5）、書面による解除（クーリング・オフ）（同法37条の6）、虚偽の告知の禁止（同法38条1号）、断定的判断提供・確実性誤解告知禁止（同条2号）、無登録業者信用格付であることの不告知勧誘の禁止（同条3号）、不招請の勧誘禁止（同条4号）、勧誘受諾意思不確認勧誘禁止（同条5号）、再勧誘の禁止（同条6号）、正当な根拠のない算出基礎情報提供の禁止（同条7号）、無登録HFT行為者等からのHFT受託禁止（同条8号）、政令禁止事項（同条9号）、損失補てんの禁止（同法39条）（事故確認制度（同条3項・5項）残置）、適合性の原則（同法40条1号）、内閣府令で定める状況（同条2号）、最良執行方針（同法40条の2）、分別管理されてない場合の売買等禁止（同法40条の3）である。

(2)　業種別の行為規制

　特定の業種の行為規制は次のとおりである。

① 　投資助言業の特則　　忠実義務（金商法41条1項）、善管注意義務（同条2項）、禁止行為（同法41条の2）、有価証券の売買等の禁止（同法41条の3）、金銭または有価証券の預託の受入れ等の禁止（同法41条の4）、金銭または有価証券の貸付等の禁止（同法41条の5）。

② 　投資運用業の特則　　忠実義務（金商法42条1項）、善管注意義務（同条2項）、禁止行為（同法42条の2。1号：自己取引（による運用）、2号：運用財産相互間の取引（による運用）、3号：図利目的で正当な根拠を有しない取引（による運用）、4号：通常の条件と異なる条件で権利者の利益を害する取引（による運用）、5号：情報利用による自己計算取引、6号：損失補てん、7号：府令補充条項）、運用権限の委託（同法42条

の 3 第 1 項）、分別管理（同法42条の 4 ）、金銭または有価証券の預託の受入れ等の禁止（同法42条の 5 ）、金銭または有価証券の貸付けの禁止（同法42条の 6 。株式信用取引は例外）、運用報告書の交付（同法42条の 7 ）、信託業法の適用除外（同法42条の 8 ）。

③　有価証券等管理業務の特則　　金融商品取引業に関して有価証券や金銭を預かる場合の規定。善管注意義務（金商法43条）、有価証券関連業の分別管理（同法43条の 2 ）、デリバティブ取引等に関する区分管理（同法43条の 3 ）、顧客の有価証券を担保に供する行為の制限（同法43条の 4 ）。

④　弊害防止措置　　2 以上の種別の業務を行う場合の禁止行為（金商法44条）、その他業務における禁止行為（同法44条の 2 ）、親法人等または子法人等が関与する行為の制限（同法44条の 3 ）、引受人の信用供与の制限（同法44条の 4 ）。

⑤　信用格付業　　誠実公正義務（金商法66条の32。「独立した立場において公正かつ誠実に」）、業務管理体制の整備（同法66条の33）、名義貸しの禁止（同法66条の34）、禁止行為（同法66条の35。密接関係先が利害を有する事項を対象とする信用格付の提供、閲覧など）、格付方針等（同法66条の36。格付方針等を定め公表）

⑥　高速取引行為（2022年 6 月30日現在53社。ほとんどが外国の会社）　　取引戦略（マーケットメイク戦略、アービトラージ戦略、ディレクショナル戦略の別を明示）についての届出（金商法66条の51第 2 項 2 号、金商業等府令328条）、業務管理体制の整備（金商法66条の55）、名義貸しの禁止（同法66条の56）、業務の運営に関する規制（コンピュータの異常動作など設備管理が十分でない状況の禁止）（同法66条の57）、取引記録の作成・保存義務（同法66条の58）、事業報告書提出義務（同法66条の59）。高速取引行為の登録を経ている高速取引行為者であっても、高速取引を行うための体制整備、リスク管理を適正に講じていることが確認できない場合、金商業者はその高速取引行為者からの取引を受託してはならない（同法38条 8 号・60条の13、金商業等府令116条の 4 ）。

160

2　広告規制

　金融商品販売や投資助言契約締結等に関する広告規制が設けられている（金商法37条。解釈につき日本証券業協会「金融商品取引法における広告等規制について」（2007年 8 月）参照）。

　広告規制の対象は、広告とこれに類するもの（郵便、ファックス、メール、ビラ・パンフレット配布があり、以下、「広告等」という。金商業等府令72条）である。

　広告等に表示しなければならない事項は、金融商品取引業者の商号等、登録番号、政令事項である。政令事項としては、①手数料、報酬、費用、その他顧客が支払う対価[23]（有価証券の価格や保証金等の額を除く）の種類ごとの金額もしくはその上限または計算方法の概要および当該金額の合計額もしくはその上限または計算方法、②預託する証拠金・保証金等の額または計算方法、③デリバティブ取引・信用取引の取引額が証拠金・保証金等の額を上回る可能性があるときはその旨と倍率、④指標の変動により元本欠損のおそれがあるときはその旨とその指標、理由、⑤指標の変動により保証金等の額を上回る損失（元本超過損）のおそれがあるときはその旨とその原因・理由、⑥店頭デリバティブ取引における売値と買値の差額（スプレッド）の存在、⑦顧客の判断に影響を及ぼす重要な事項（顧客に不利益な事実、金融商品取引業協会に加入している場合はその名称）が規定されている（施行令16条、金商業等府令74条～76条）。登録番号の表示を義務づけることによって、未登録業者を排除する効果が期待されている。

　表示は、明瞭かつ正確にしなければならない（金商業等府令73条 1 項）。特に、元本欠損のおそれとその原因、保証金等の額を上回る損失のおそれとそ

23　別の投資信託で運用する投資信託（ファンド・オブ・ファンズ）では、信託報酬が二重にかかるが、その場合はいずれも手数料として計算する（金商業等府令77条 2 項～ 4 項）。

の原因については大きな文字で表示しなければならない（同条2項は、「最も大きな文字と著しく異ならない大きさ」としている）。表示すべき事項につき表示しないか虚偽の表示をした場合、監督上の処分対象となるほか、犯罪にもなる（金商法205条10号。6カ月以下の懲役等）。

　他方、広告等に、利益の見込み・府令事項（解除、損失負担・利益保証、侵害賠償額の予定、金融商品市場、業者の資力・信用、業者の実績、手数料の額・計算方法・支払方法・時期・支払先等[24]）について、著しく事実に相違する表示、著しく誤認させる表示をしてはならない（金商法37条2項）。これに違反すると犯罪となる（同法205条11号。6カ月以下の懲役等）。

3　勧誘禁止

(1)　概　要

　取引の種類により、勧誘禁止規定が設けられている。不招請の勧誘禁止、勧誘受諾意思不確認勧誘の禁止、再勧誘禁止の3種類ある。これらに違反すると、監督上の処分対象となる（金商法51条・52条）。

(2)　不招請の勧誘禁止

　一定の取引では、勧誘の要請をしていない顧客に対し、訪問し、または電話をかけて、勧誘をする行為（**不招請の勧誘**）が禁止されている（金商法38条4号）。対象は政令で指定される。店頭金融デリバティブ取引（店頭外国為替証拠金取引（店頭金融先物取引）、店頭金融オプション取引[25]）およびこれらの取

24　このほか、抵当証券販売、投資顧問契約、投資一任契約、競争用馬投資権利募集につき**業務内容特有の事項**が定められている（金商業等府令80条8号〜11号）。

25　廃止された金先法では、2005年7月1日から不招請の勧誘が禁止され、これには取引所金融デリバティブ取引も含まれていた。金商法ではこれを禁止対象からはずし、店頭取引に限定した。

引の媒介、取次ぎ、代理（施行令16条の 4 第 1 項 1 号）が禁止され、2011年 4 月からは個人である顧客を相手方として店頭デリバティブ取引を行うことまたは個人である顧客のために店頭デリバティブ取引の媒介、取次ぎ、代理（同項 2 号）をすることも禁止対象に追加された。立法の際に消費者側からは、不招請の勧誘を原則禁止とする方向での立法が強く求められたが実現せず、個別の政令指定方式となった。このような方式をとるのならば、被害の後追いではない機動的な指定が求められる。

　不招請の勧誘禁止制度は国際的な潮流であり、この制度には、プライバシー（私生活の平穏）確保、リスクある投資勧誘からの顧客保護という二つの根拠がありうる。米国、EU の上記規制は前者、英国、日本の金融商品規制は後者である。

〈コラム21〉　不招請の勧誘禁止の国際的潮流——電話勧誘制限、訪問勧誘制限

　　不招請の勧誘禁止は、英国の金融サービス法1986年が最初である。これは、不招請の勧誘（unsolicited call）を原則禁止とし、弊害の少ないものを例外とするという定め方であり、いわゆるオプトイン規制である。その後、世界中に広まった。

　【電話勧誘】米国で2003年から開始した Do not call registry（電話勧誘拒否登録、DNC）制度がさきがけである。電話勧誘を望まない人が政府（FTC）運営のこのリストに登録すると、業者はその電話に勧誘電話をかけることが禁止される制度であり、オプトアウト規制に分類できる。違反には罰金の制裁がある。2021年 9 月末時点の電話登録数は 2 億4430万台である（National Do Not Call Registry Data Book FY 2021）。米国の人口は約 3 億3291万人（2021年）であり、ロボコールとの対決が懸案となっている。

　　DNC 制度は世界中に広まっている（カナダ、オーストラリア、ブラジル、アルゼンチン、メキシコ、アイルランド、イギリス、オランダ、スペイン、デンマーク、ノルウェー、ベルギー、フランス、インド、韓国、シンガポール）。

　【訪問勧誘】一般的規制として訪問勧誘お断りステッカー制度が普及しつつあ

る。オーストラリア Door to door - do not knock sticker 制度 Door to door -
do not knock sign ACCC)、米国（州レベル）、イギリス、ルクセンブルグな
どにみられる。国内では、地方自治体の条例に、類似の効果をめざす規制が
みられる。北海道、滋賀県、京都府、大阪府、兵庫県、奈良県、札幌市、葛
飾区、国分寺市、堺市、神戸市、生駒市（消費者保護条例「訪問販売お断り
ステッカー」制度（2008年4月〜））、熊本市、野洲市（滋賀県野洲市「くら
し支えあい条例」（2016年6月成立・公布、2017年10月1日全面施行））など
がある（第8回特定商取引法専門調査会（2015年7月22日開催）参考資料1
の44頁〜60頁参照（内閣府ウェブサイト）。上杉めぐみ「訪問販売お断りステ
ッカーをめぐる現状と導入の意義」愛大229号（2021年）1頁も参照）。

(3)　勧誘受諾意思不確認勧誘禁止

　一定の取引では、勧誘に先立って、顧客に対し、その勧誘を受ける意思の
有無を確認することをしないで勧誘をする行為が禁止される（金商法38条5
号）。政令では、第4章3⑵に掲げたもののほか、取引所金融デリバティブ
取引（取引所金融先物取引、取引所金融スワップ取引、取引所金融オプション取
引）および取引所商品デリバティブ取引の媒介、取次ぎ、代理、またはこれ
らの委託の媒介、取次ぎ、代理（施行令16条の4第2項）が指定されている。

(4)　再勧誘の禁止

　一定の取引では、勧誘を受けた顧客が契約を締結しない旨の意思や勧誘を
引き続き受けることを希望しない旨の意思を表示したにもかかわらず、当該
勧誘を継続する行為（再勧誘）が禁止される（金商法38条6号）。政令で指定
されている取引は第4章3⑶と同一となっている。

4　適合性の原則

(1)　概　要

適合性の原則とは、金融商品取引業者等は、「金融商品取引行為について、顧客の知識、経験、財産の状況及び金融商品取引契約を締結する目的に照らして不適当と認められる勧誘を行って投資者の保護に欠けることとなっており、又は欠けるおそれがあること」のないように、業務を行わなければならない（金商法40条1号）という原則である。換言すれば、顧客の意向（金融商品取引契約を締結する目的）と実情（顧客の知識、経験、財産の状況）に合わない勧誘をしてはならない、という原則である。

適合性判断の考慮要素には、「顧客の知識、経験、財産の状況」（顧客の実情）と、「金融商品取引契約を締結する目的」（顧客の意向）がある。後者は投資意向、投資目的、投資方針とほぼ同様の意味であり、従来から判例上も実務上も適合性判断の考慮要素とされてきたものを、2007年改正（金商法制定）にあたり取り込んだものである。ちなみに、日本証券業協会の「協会員の投資勧誘・顧客管理等に関する規則」（投資勧誘規則）において各証券会社に作成保存が義務づけられている顧客カードには、従来から「投資目的」という項目が設けられている。適合性原則は、さらに、金融商品取引業者は積極的に顧客の投資目的および財産状態について相当の調査をしなければならないという要請を含む。

適合性の原則に違反すると、業務改善命令、業務停止等、一定の監督上の制裁がなされうる（金商法52条1項6号）。

用語解説
▶**顧客カード**：証券会社が、口座開設の際に調製する顧客別のカードであり、当該顧客の「氏名・住所および連絡先、職業および年齢、投資目的、資産の状況、有価証券投資の経験の有無、取引の種類、顧客となった動機、本人の確認方法」（日本証券業協会

「協会員の投資勧誘・顧客管理等に関する規則」 5 条）が記載される。

(2)　適合性原則違反と民事責任

　適合性原則の違反は、さらに、民法の不法行為の一類型として損害賠償の根拠となる。すなわち、金融商品取引業者の担当者が顧客の意向と実情に反して、明らかに過大な危険を伴う取引を積極的に勧誘するなど、適合性の原則から著しく逸脱した金融商品取引の勧誘をしてこれを行わせたときは、当該行為は不法行為法上も違法となり（最判平17年 7 月14日判時1909号30頁）、損害賠償義務を負う。

〈裁判例11〉 適合性原則（最判平17年 7 月14日判時1909号30頁）

　事案は、水産会社が、1984（昭和59）年から1994（平成 6 ）年までの間に、取引総額累計約1800億円に及ぶ取引（対象は、信用取引を含む株式取引、債券、投資信託、外国証券、ワラント、日経平均オプション、国債や株式の先物取引、CP、CD など）をし、24億円強の損害を被ったとして、過当取引、断定的判断、適合性原則違反、説明義務違反を理由に、内金として14億3400万円の損害賠償請求を行ったものである。判決は、適合性原則違反が不法行為となることを明示し（「証券会社の担当者が顧客の意向と実情に反して、明らかに過大な危険を伴う取引を積極的に勧誘するなど、適合性の原則から著しく逸脱した証券取引の勧誘をしてこれを行わせたときは、当該行為は不法行為法上も違法となると解するのが相当である」）、日経平均株価オプションの売り取引は、各種の証券取引の中でも極めてリスクの高い取引類型で、その取引適合性の程度も相当に高度なものが要求されるとしながら、当然に一般投資家の適合性を否定すべきものであるとはいえないとして、「一般的抽象的なリスクのみを考慮するのではなく、当該オプションの基礎商品が何か、当該オプションは上場商品とされているかどうかなどの具体的な商品特性を踏まえて、これとの相関関係において、顧客の投資経験、証券取引の知識、投資意向、財産状態等の諸要素を総合的に考慮する必要がある」という判断枠組みを示し、具体的適用においては適合性原則違反がないとし、助言義務

等、ほかの争点について審理するよう指示して原審に差し戻した。適合性原則違反は不法行為となるという判断はこれまで下級審で積み重ねられてきたが、本判決は、これを明示した初めての最高裁判決である。

　適合性原則違反が不法行為となることを明示した点に異論はみられないが、具体的事案の処理に関する説示の射程範囲については見解が分かれる余地がある。すなわち、この判決は有価証券オプション取引について、「証券取引所の上場商品として、広く投資者が取引に参加することを予定する」金融商品であることを指摘し、「専門的な知識及び経験を有するとはいえない一般投資家であっても、有価証券オプション取引等の適合性がないものとして一律に取引市場から排除するのではなく、当該取引の危険性等について十分な説明を要請することで、自己責任を問いうる要件を付与して取引市場に参入させようとする考え方」による規定が設けられているとして、勧誘を許容している。

　ところでこの事件の顧客は、証券投資を担当する役員を社内に配置した企業であり、20億円以上の資金を積極的に投資運用する方針を有していたことや信用取引、先物取引の経験もあることなどが認定されている。したがって、上記説示は一般投資家という語を用いてはいるものの、このような顧客を念頭において、自己責任を問いうる要件が整っているかを問題としているので、その射程範囲は限定的にとらえるべきであろう。オプション取引の適合性判断にあたっては、一般投資家が有価証券オプション取引を行うことが近代兵器を備えた相手に素手で立ち向かうような不公平なものであること、それから、自ら取引に参加する者を排除しないということと取引意思のない者を勧誘によって引き込むことは区別されるべきことの2点に留意する必要がある。

このように、適合性原則は、一方で、行政当局と金融商品取引業者との関係では金商法規定の取締法規として機能し、他方、顧客と金融商品取引業者との関係では、1995年以降、適合性原則に違反する勧誘は不法行為となるとの下級審判決が多数積み重ねられ、上記の最高裁判決も出されて、私法原理としてその違反が不法行為の一類型に位置づけられることが明確となってい

【図表28】　適合性原則の3段階適用

26
る。これまで、社債、投資信託、株式、株式信用取引、ワラント、オプションなど、多くの種類の取引について、適合性原則違反を理由に損害賠償を命じた判決がある。

(3)　適合性原則の深化

近年、適合性原則に広がりがみられ、現在の適合性原則は、合理的根拠適合性（商品適合性）、特定顧客適合性、量的適合性の三つに分けられる。

商品適合性とは、商品自体に着目するもので、適合する顧客が想定できない商品は販売してはならないということであり（監督指針、投資勧誘規則3条3項）、顧客の属性は問題とならない。顧客適合性は従来の適合性原則のことである。量的適合性は、従来、過当取引とされていたものを含みその周辺部分を合わせて過大なリスクという観点から適合性原則の一種と位置づけたものである。この三者の関係は【図表28】のとおりである。

5　書面交付義務と説明義務、クーリング・オフ

(1)　契約締結前の書面交付義務

金融商品取引業者等は、目論見書を交付している場合、上場有価証券等の取引で1年以内に上場有価証券等書面を交付している場合、同一内容の取引

26　その後の裁判例については桜井健夫ほか『新・金融商品取引法ハンドブック〔第4版〕』（日本評論社・2018年）330頁～339頁参照。

で1年以内に契約締結前書面を交付している場合を除き、契約締結前に書面を交付する義務がある（金商法37条の3、金商業等府令80条1項）。後二者の取引では交付があったとみなされるので（同条2項）、一度交付して1年以上の間隔を空けずに取引が反復される場合は、交付義務はない。

その書面の記載内容は、①金融商品取引業者の商号等・住所、②登録番号、③契約の概要、④手数料、報酬、費用、その他顧客が支払う対価（有価証券の価格や保証金等の額を除く）の種類ごとの金額もしくはその上限または計算方法および当該金額の合計額もしくは上限または計算方法（金商業等府令81条・74条2項～4項）、⑤指標変動により元本欠損のおそれがあるときはその旨、⑥指標変動により保証金等の額を上回る損失のおそれがあるときはその旨、⑦府令指定事項である（金商法37条の3第1項各号）。

金商業等府令では、共通記載事項として、①内容をよく読むべきこと、②指標の変動により元本欠損のおそれがあるときはその旨とその指標、理由、③指標の変動により元本超過損のおそれがあるときはその旨とその原因・理由、④ある者の信用リスクによって元本欠損のおそれがあるときはその旨と当該者、理由、⑤ある者の信用リスクによって元本超過損のおそれがあるときはその旨と当該者、理由、⑥契約終了事由がある場合はその内容、⑦クーリング・オフの権利の有無、⑧クーリング・オフの権利がある場合、クーリング・オフに関する所定事項（金商法37条1項～4項の事項）、⑨金融商品取引業者の概要、⑩金融商品取引業の内容および方法の概要、⑪金融商品取引業者に連絡する方法、⑫金融商品取引業協会加入の有無および加入している場合はその名称、認定投資者保護団体の対象の有無および対象となっている場合はその名称、⑬預託する証拠金・保証金等の額または計算方法が掲げられている（金商業等府令82条）。さらに、金商業等府令83条～96条では、取引内容別に詳細に記載事項を規定している。

記載文字は8ポイント以上であることを要し、顧客の判断に影響を及ぼすこととなる特に重要なものを、最初に平易に記載しなければならない（金商業等府令79条1項・3項）。次に、手数料等対価に関する事項の概要、指標変

動により元本欠損のおそれあること、指標変動により保証金等の額を上回る損失のおそれがあること、店頭金融先物取引の場合にはカバー取引の相手方等と財産の管理方法・預託先、クーリング・オフの規定の適用の有無を、枠の中に12ポイント以上で明瞭かつ正確に記載しなければならない（同条2項）。

2項有価証券の募集売出[27]しの勧誘をしようとする場合は、事前書面の内容を、あらかじめ内閣総理大臣に届け出なければならない（金商法37条の3第3項）。

(2) 契約時書面交付義務

契約時書面の交付も、一定の場合[28]を除き、義務づけられている（金商法37条の4）。契約締結後、遅滞なく交付すべしとされており、契約内容を正しく把握できるように交付されるものである。記載事項は金商業等府令99条〜107条に詳細に規定されている。共通記載事項は、①商号等、②登録番号、③営業所等の名称、④契約・解約・払戻しの概要、⑤契約成立・解約・払戻し年月日、⑥契約成立・解約・払戻しの手数料、税金、⑦顧客の氏名等、⑧金融商品取引業者等に連絡する方法である（金商業等府令99条1項）。

取引残高報告書等の記載事項は金商業等府令108条・109条に規定されてい

27　施行令によれば、2項有価証券の募集とは、新発2項有価証券の取得勧誘で500名以上の者が所有することとなる場合、同じく売出しとは既発2項有価証券の取得勧誘で500名以上の者が所有することとなる場合をいう。2項有価証券のうち、有価証券投資事業権利の募集、売出しには金商法第2章の開示規定の適用があり（同法3条）、それ以外（事業型組合等）には契約締結前書面交付義務（同法37条の3第1項）のほか、「当該勧誘に応じることにより500名以上の者が当該勧誘にかかる金融商品取引契約をすることとなるもの」（施行令16条の2）では事前書面の内容を内閣総理大臣にあらかじめ届け出る義務がある（金商法37条の3第3項）。

28　契約内容を記載した書面を定期的に交付しており、かつ、顧客からの問い合わせに速やかに回答できる体制が整備されている場合には、累積投資契約による売買、投信等の収益金で投信等を買い増しすること、MMF等の売買・解約等の場合は、**契約締結時書面の交付義務がない**（金商業等府令110条）。

る。

⑶ 保証金受領書面交付義務

保証金を受領する場合、その旨の書面を作成交付しなければならない（金商法37条の5）。

⑷ 違反の効果

これらの書面を交付しないことや虚偽の記載、記載事項の欠落は犯罪となる（金商法205条12号。6カ月以下の懲役等）。

⑸ 説明義務

事前書面や目論見書の交付に関し、特定投資家以外の顧客に対し、それらの書類に記載すべき事項（金商法37条の3第1項3号〜7号）について、あらかじめ、「顧客の知識、経験、財産の状況及び金融商品取引契約を締結する目的に照らして当該顧客に理解されるために必要な方法及び程度による説明をすることなく、金融商品取引契約を締結する行為」は禁止される（同法38条9号、金商業等府令117条1号）。これは「説明しないで契約締結することを禁止する」ことで説明義務を規定したものである。書面交付義務を説明義務と関連づけ、説明義務の実質化を図ったものといえる。違反すると行政監督上の処分の対象となる。

⑹ 説明義務違反と民事責任

民事上も説明義務があり、違反は損害賠償請求の根拠となる（金サ法4条・6条、民法709条。これらの関係についての詳細は、第5部第4章2参照）。

民法709条の場合について説明を付加すると、判例によれば、民法の信義則に基づき、「業者には、顧客の投資判断に必要な事項について、相手に合わせた的確な説明、正しい理解、自主的な判断ができるように説明する義務がある」とされており、その違反は不法行為となる。

171

> ┌─〈裁判例12〉ワラント事件（東京高判平 8 年11月27日判時1587号72頁）─┐
>
> 　　事案は、定年退職後の60歳男性が、証券会社の担当者からワラントを勧誘
> され承諾したところ、価格が下がって無価値となってしまったというもので
> あり、判決は「証券会社及びその使用人は、投資家に対し証券取引の勧誘を
> するに当たっては、投資家の職業、年齢、証券取引に関する知識、経験、資
> 力等に照らして、当該証券取引による利益やリスクに関する的確な情報の提
> 供や説明を行い、投資家がこれについての正しい理解を形成した上で、その
> 自主的な判断に基づいて当該の証券取引を行うか否かを決することができる
> ように配慮すべき信義則上の義務（以下、単に説明義務という。）を負うもの
> というべきであり、証券会社及びその使用人が、右義務に違反して取引勧誘
> を行ったために投資家が損害を被ったときは、不法行為を構成し、損害賠償
> 責任をまぬかれない」とした。
>
> 　　この後、説明義務について同様の一般論を展開して不法行為になるとした
> 判決が続いた（東京高判平 9 年 7 月10日判タ984巻201頁、福岡高判平10年 2
> 月27日セレクト 7 巻206頁など）。

　その後、最高裁も、金利スワップに関する最判平25年 3 月 7 日判時2185号
64頁（破棄自判・請求棄却）、仕組取引に関する最判平28年 3 月15判時2302号
43頁（破棄自判・請求棄却）において、いずれも説明義務違反が不法行為と
なることを前提とした判示をしている。なお、説明義務違反は債務不履行に
はならないとした判決があり（最判平23年 4 月22日判時2116号53頁）、同判決
は、「信義則上の説明義務に違反して、当該契約を締結するか否かに関する
判断に影響を及ぼすべき情報を相手方に提供しなかった場合」には不法行為
による賠償責任を負うことがあるとしている。

(7)　無登録業者の格付けを用いる場合の説明義務

　無登録業者の格付けを用いる場合は、無登録業者による格付けであること
および登録の意義等の説明義務がある（金商法38条 3 号）。

172

(8)　クーリング・オフ

　契約時書面交付と関連づけて、クーリング・オフ制度が設けられている（金商法37条の6）。政令指定の取引（従来同様、**投資顧問契約**を指定）については、契約時書面を受領してから10日以内ならば、書面または電磁的記録（電子メール等）により契約の解除（クーリング・オフ）を行うことができる（施行令16条の3）。記載事項を満たした書面が交付されていないと、いつまでもクーリング・オフできる。

6　禁止行為

(1)　不当勧誘禁止

(ア)　虚偽告知の禁止

　金融商品取引業者等またはその役員、使用人は、金融商品取引契約の締結または勧誘に関して、「顧客に対し虚偽のことを告げる行為」をしてはならない（金商法38条1号）。違反は犯罪である（同法198条の6第2項。1年以下の懲役等）。

　民事上は、損害賠償請求の根拠となり（民法709条）、取消原因にもなる（消費者契約法4条）。

(イ)　断定的判断の提供・確実性誤解告知を伴う勧誘の禁止

　金融商品取引業者等またはその役員、使用人は、「顧客に対し、不確実な事項について断定的判断を提供し、又は確実であると誤解させるおそれのあることを告げて金融商品取引契約の締結の勧誘をする行為」をしてはならない（金商法38条2号）。「不確実な事項について」との部分が証取法のときよりも広がり、確実性誤解告知を伴う勧誘は新たに追加された。後者は、断定的判断とまではいえない表現を用いて確実であると誤解するような言い回しを工夫することがあるので、それも禁止する趣旨である。

違反した場合は、行政監督上の処分対象となる（金商法52条1項6号）。民事上は、損害賠償請求の根拠となり（金サ法6条・7条、民法709条）、取消原因ともなる（消費者契約法4条）。

㈡　その他の不当勧誘禁止

そのほか、「投資者の保護に欠け、若しくは取引の公正を害し、又は金融取引業の信用を失墜させるものとして内閣府令で定める行為」が禁止される（金商法38条9号）。金商業等府令117条は、説明しないで契約すること（第4章5⑸）、不実表示・誤解表示、特別利益提供約束・提供、偽計・暴行・強迫、迷惑時間の電話・訪問勧誘、不招請勧誘禁止の取引を勧誘する目的を明示せず顧客を集めて勧誘する行為、再勧誘禁止取引につき契約意思がないことを明示している顧客を勧誘する行為、無断取引等、1号〜50号まで禁止行為を掲げている。

(2)　内閣府令で定める状況の禁止

金融商品取引業者等は、顧客情報適正取扱確保措置を講じていない状況その他、業務運営状況が公益に反し、または投資者の保護に支障を生ずるおそれがあるものとして内閣府令で定める状況に該当しないように、業務を行わなければならない（金商法40条2項）。

内閣府令では、頻繁な無断取引、法人関係情報の管理・顧客の有価証券売買等に関する管理について不公平取引防止措置をとらないこと、個人情報の安全管理・従業員の監督・当該情報の取扱委託する場合の監督につき漏洩等防止措置をとらないこと、個人情報の目的外使用防止確保措置をとらないこと、投資信託受益証券等の乗換え勧誘時に当該乗換えに関する重要事項不説明、社債の取得または買付申込み期間中に生じた投資判断に影響を及ぼす重要な事象の不説明等、1号〜36号まで定めている（金商業等府令123条）。

違反した場合は、行政監督上の処分対象となる（金商法52条1項6号）。民事上は、不法行為として損害賠償請求の根拠となることがありうる（民法709条）。

174

7　損失補てん禁止と事故確認制度

(1)　損失補てん禁止

金融商品のうち株式や投資信託、社債などの証券については、1992年以降、顧客の損失を業者が補てんすることは禁止されてきた。損害賠償名目での損失補てんを防ぐために、交渉で損害賠償をするには、内閣総理大臣の事故確認が必要である。証券業者はこの制度を盾に、損失補てんだけでなく交渉による損害賠償までも拒否する傾向があったため、証券取引に関する紛争では示談解決が著しく困難になり、訴訟が激増した。

損失補てん禁止および事故確認制度は金商法39条にそのまま引き継がれている。従来の証券取引だけではなく、広げられた有価証券概念やデリバティブ取引に該当するものに共通して適用がある。金融商品取引業者等が、顧客等に損失補てんを申し込むこと、約束すること、損失補てんをすることなどを禁止し、顧客が金融商品取引業者等に損失補てんを要求すること、約束すること、受けることも禁止した（金商法39条1項・2項）。事故について損害賠償をするには、事前に内閣総理大臣の事故確認を受けなければならない（同条3項）。

(2)　事故確認が不要な場合

ただし、事故確認を不要とする場合が広げられている。従来は、①確定判決、②裁判上の和解（即決和解を除く）、③民事調停、④日本証券業協会のあっせんによる和解に限定されていたが、④については日本証券業協会だけでなく金融商品取引業協会全体に広げられたほか、認定投資者保護団体のあっせんによる和解や2010年からは指定紛争解決機関（金融ADR法）の解決手続も含まれ、さらに、⑤弁護士会仲裁センター等のあっせんによる和解や仲裁判断、⑥地方公共団体や国民生活センターにおけるあっせんによる和解、[29]

⑦ADR 法規定の認証紛争解決事業者（有価証券売買取引等を紛争の範囲とするものに限る）による解決手続による和解、⑧弁護士や司法書士が顧客を代理する和解で、文書により事故による損失を補てんするために行われることを調査確認したことが書面で通知されているもの[30]、⑨日本証券業協会の委員会が事故確認した1000万円以下の支払い、⑩10万円以下の支払いを内容とするもの、⑪原因が注文執行の際の事務処理の誤りかコンピュータ・システムの異常にあるものも、事故確認手続は不要とされる（金商業等府令119条1項）。なお、⑩⑪に関し、金融商品取引業者は当局への事後報告が義務づけられている（同条3項）。

8　分別管理されていない場合の売買禁止

　金融商品取引業者等は、集団投資スキーム持分について、出資金等の分別管理が契約等で確保されているものでなければ売買、募集等をしてはならない（金商法40条の3）。事業型ファンドは商品規制として分別管理が義務づけられてないので、それを含む集団投資スキーム持分について、販売規制の形で間接的に分別管理を求めたものである。分別管理は、事業者の定款や契約により名義を分けた預金や金銭信託とする等、一定の基準を満たすことを義務づけることにより確保されていることが必要である（金商業等府令125条）。

29　金商業等府令119条1項6号に「消費者基本法第19条第1項又は第25条に規定するあっせんによる和解が成立している場合」が掲げられている。前者には都道府県の消費者被害救済委員会のあっせんによる和解、後者には国民生活センターの消費者苦情処理専門委員会のあっせんによる和解が含まれるほか、国民生活センターや消費生活センターの相談員のあっせんによる和解もそれぞれに含まれると解される。

30　弁護士関与の場合に自己確認が不要となるのは上限1000万円までとされており（金商業等府令119条1項8号ロ）、司法書士関与の場合は上限140万円までとされている（同号ロ、司法書士法3条1項7号）。

9　保証金・証拠金を預かる場合の区分管理義務

　通貨関連デリバティブ取引等の証拠金を預かる場合は、信託会社または信託業務を営む金融機関への金銭信託の形で区分管理しなければならない（金商業等府令143条）。つまり、FX業者は、証拠金等の預り資金を、その固有の財産と区分して信託銀行等に金銭信託しなければならない。これにより、FX会社破綻の場合の顧客資産が保全されることになる。

10　プロ・アマ区分と行為規制

(1)　一般投資家

　以上の行為規制は、一般投資家（アマチュア）を相手とする場合に適用される（【図表29】）。

(2)　特定投資家

　これに対し、特定投資家（プロ。適格機関投資家、国、日本銀行、投資者保護基金その他内閣府令で定める法人（金商法2条31項））は、情報格差による保護は不要の顧客と位置づけられ、行為規制のうち広告規制、書面交付義務、適合性原則等の適用がない（同法45条）。

(3)　特定投資家に移行できる一般投資家

　一般投資家（アマチュア）である個人のうち、知識、経験および財産の状況に照らして特定投資家に相当するものとして金商業等府令62条で定める要件の組合せ（純資産額3億円以上、投資資産3億円以上、契約締結から1年以上経過など。詳細は第5章2参照）を全部満たす場合や一定の匿名組合の営業者である場合、一定の手続を経ると特定投資家に移行できる（金商法34条の4

第1項2号）（【図表29】中の一般投資家B）。一般投資家である法人の場合は特に限定なく移行できる。

⑷　一般投資家に移行できる特定投資家

特定投資家のうち、内閣府令（定義府令23条）で定める法人[31]、すなわち、特別法による法人、投資者保護基金、預金保険機構、保険契約者保護機構、外国政府等、上場会社、資本金5億円以上の株式会社は、一定の手続を経れば一般投資家に移行できる（金商法34条の2）（【図表29】中の特定投資家B）。

移行は契約の種類（有価証券関係、デリバティブ取引関係、投資顧問契約関係、投資一任契約関係の4種類）ごとであり、期間は1年である（金商法34条の3第2項・34条の4第2項）。移行に際して、業者から顧客に対し書面交付義務がある（同法34条の4第2項）。保護を要する顧客を、業者が、特定投資家になれば手数料を割り引くとか、特定投資家しか取引できない有利な取引がある等言って誘導しないよう注意が必要である。

【図表29】　投資家の分類

11　投資性の高い契約への準用

金商法の販売・勧誘に関する行為規制は、特定預金、特定保険、特定信託、不動産特定共同事業など、他の投資性の高い契約に準用される（詳細は第2部第3章参照）。

31　地方公共団体は当初、特定投資家Bに区分されていたが、仕組商品による被害が蔓延したため、2010年の金商法改正で、一般投資家とされることになった。

第 5 章　関係主体

1　市場を構成する主体

(1)　市場とは

　市場の語は、経済学的には、財貨やサービスの需要・供給の関係の全般をいい、場所を意味する使い方としては、広義では取引所と店頭（業者の店内）の両方、狭義では取引所を指す。金商法では、いずれの意味の使われ方もみられる。

　金商法 1 条（目的）では、「資本<u>市場</u>〔著者下線〕の機能の十全な発揮による金融商品等の公正な価格形成等を図り」として、市場の語を経済学的な意味で用い、同法 2 条では、「『金融商品<u>市場</u>』〔著者下線〕とは、有価証券の売買又は市場デリバティブ取引を行う市場（商品関連市場デリバティブ取引のみを行うものを除く。）をいう」（同条14項）とし、「『取引所金融商品<u>市場</u>』〔著者下線〕とは、金融商品取引所の開設する金融商品市場をいう」（同条17項）と、場所の意味のうち狭義で用いている。

(2)　「経済学的意味の金融商品市場」の構成者

　経済学的意味での金融商品市場は、①業者（インベストメント・チェーンの総体。組成者（開発者）、販売者、資産管理者、運用者、助言者）、②投資者、③場の提供者、④規制監督者により構成される。

　①業者には、証券会社・投資信託委託会社・投資助言会社などの金融商品取引業者、証券業務を行う銀行等、金融商品仲介業者、信用格付会社、振替決済機構などがある。②投資者には、一般投資家、特定投資家、適格投資家、適格機関投資家という区分があるほか、一般的用法として、他人のために資

産を運用する業者を機関投資家という。投資者は、自身の金融資産の増加を
目指して資金を投入する。そのうえで、議決権行使等による投資先の監視、
コントロールも行う。この際の、機関投資家が従うべき基準として、スチュ
ワードシップ・コード（第 5 章 2 (5)）がある。③場の提供者には、場所の意
味で用いられる市場が該当する。金融商品取引所と私設取引所がある。金融
商品取引所には、有価証券を専門に取り扱う取引所（例：東京証券取引所等）、
デリバティブ取引を専門に扱う取引所（大阪取引所、東京金融取引所）がある。
④規制監督者としては、金融庁（手足となる財務局も含む）、証券取引等監視
委員会、自主規制機関（日本証券業協会等）がある。自主規制機関が主体と
なって紛争解決機関（金融 ADR）を設けている。

　①業者についてはすでに第 3 章で解説したので、それ以外を順次解説する。

【図表30】　市場を構成する主体（株式、証券デリバティブ取引の場合）

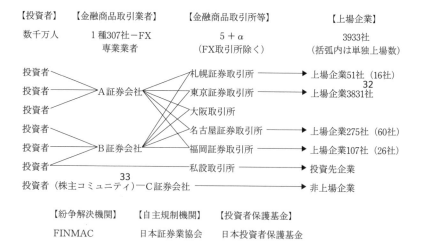

※数値は2022年 7 月末日時点の最新公表データ

【監督者】　　　　　　　内閣総理大臣

金融庁長官・金融庁・証券取引等監視委員会・財務局

【投資者】　【金融商品取引業者】　　【金融商品取引所等】　　　　【上場企業】
数千万人　　 1 種307社－FX　　　　　 5 ＋α　　　　　　　　 3933社
　　　　　　　専業業者　　　　　　（FX取引所除く）　　　（括弧内は単独上場数）

投資者　　　　　　　　　　　　札幌証券取引所　────→　上場企業51社（16社）
投資者　　　　　A証券会社　　　東京証券取引所　────→　上場企業3831社
投資者　　　　　　　　　　　　大阪取引所
投資者　　　　　　　　　　　　名古屋証券取引所　───→　上場企業275社（60社）
投資者　　　　　B証券会社　　　福岡証券取引所　────→　上場企業107社（26社）
投資者　　　　　　　　　　　　私設取引所　─────→　投資先企業
投資者（株主コミュニティ）─C証券会社　──────────→　非上場企業

【紛争解決機関】　　【自主規制機関】　　【投資者保護基金】
FINMAC　　　　　日本証券業協会　　　日本投資者保護基金

2　投資者

(1)　投資者の分類の概要

　市場を構成する最も重要な主体は、資金の出し手である**投資者**である。投資者は、個人である場合もあれば、株式会社等の法人であることもある。このような投資者には、販売勧誘規制の観点からの分類（特定投資家と一般投資家）、開示規制の観点からの分類（適格機関投資家）、投資運用業への参入促進の観点からの分類（適格投資家）がある。

(2)　特定投資家と一般投資家

　販売勧誘規制の観点から、その専門性、知識、投資経験や資金量などにより、投資者は、**特定投資家**（投資のプロ）と**一般投資家**（投資のアマ）に分けられる。特定投資家に対しては、一般投資家に対して適用される販売勧誘規制のうち一部しか適用されず（金商法45条）、たとえば書面交付義務や適合性原則などの規定は適用されない。

　各分類の具体的内容は次のとおりである（【図表31】中のA、Bの表示は本

32　2022年 7 月15日現在、区分別に、プライム1838社、スタンダード1457社、グロース480社、Tokyo Pro Maket56社であり、合計3831社である。

33　株主コミュニティ銘柄制度とは、日本証券業協会が2015年 5 月に創設した、非上場株式の流通取引・資金調達の制度のことである。証券会社が非上場株式の銘柄ごとに株主コミュニティを組成し、これに自己申告により参加する投資家に対してのみ投資勧誘を認めるしくみである。想定される参加者は、その会社の役員、従業員、その親族、株主、継続的な取引先といった会社関係者、新規成長企業等への資金供給により成長を支援する意向のある投資家、地域に根差した企業の財・サービスの提供を受けている（または受けようとする）ことから株主優待を期待する者などの非上場株式の取引意向のある者等である。

34　金商法の特定投資家と金サ法 4 条 7 項 1 号・10条 1 項の特定顧客の範囲は同じである（金サ法施行令12条 1 項）。

【図表31】　特定投資家と一般投資家

特定投資家A	適格機関投資家、国、日本銀行（金商法 2 条31項 1 号〜3 号）
特定投資家B （金融商品取引業者に対し契約の種類毎に、一般投資家として扱うよう申出可（金商法34条の 2 第 1 項））	特別法で設立された法人、投資者保護基金、預金保険機構、農水産業協同組合貯金保険機構、保険契約者保護機構、特定目的会社、上場会社、資本金 5 億円以上の会社、金融商品取引業者、適格機関投資家等特例業務届出者、外国法人（金商法 2 条31項 4 号、定義府令23条）
一般投資家B （特定投資家に移行可能な一般投資家（金商法34条の 4 第 1 項））	法人（金商法34条の 3 第 1 項）、ファンド関係者（金商業等府令61条）、富裕層個人（投資経験 1 年以上を a として、純資産額 3 億円以上＋金融資産 3 億円以上＋a、純資産 5 億円以上＋a、金融資産 5 億円以上＋a、収入 1 億円以上＋a、純資産 1 億円以上＋特別の知識経験＋a、金融資産 1 億円以上＋特別の知識経験＋a、収入 1 千万円以上＋特別の知識経験＋a のいずれかを満たす個人）（金商業等府令62条）
一般投資家A	富裕層でない個人

書による便宜的な区分表示）。

　特定投資家に移行可能な一般投資家（【図表31】の一般投資家B）が特定投資家へ移行すると、金商法の販売勧誘規制のうち一部しか適用されなくなる（つまり、保護が薄くなる）ので、この移行手続は慎重になされる必要がある。そこで、金商法は、契約の種類（金商業等府令53条）ごとの申出、承諾書面（個人顧客について金商法34条の 4 第 2 項、法人顧客について同法34条の 3 第 2 項。金商業等府令55条）、個人顧客について金商業者の要件充足確認義務（金商法34条の 4 第 2 項）を定め、期間を 1 年ごととして（同法34条の 4 第 6 項・34条

35　このほか、2008年の金商法改正で特定投資家私募が設けられ（同法 2 条 3 項 2 号ロ）、開示の場面でも特定投資家がプロ扱いされることとなり（第 1 部第 2 章参照）、第 5 章 2 (3)の適格機関投資家概念との役割分担が入り混じってきている。

の 3 第 2 項柱書)、顧客の意向や状況の変化による不測の損害を防ごうとしている。一般投資家 B は、いつでも一般投資家に戻れる（同法34条の 4 第 4 項・34条の 3 第 9 項）。

　一般投資家に移行可能な特定投資家（【図表31】の特定投資家 B）は契約の種類（金商業等府令53条）ごとに一般投資家への移行申出をすることができる。この場合、金商業者は、一定の事項を記載した書面を交付して（金商法34条の 2 第 3 項）、原則としてその申出を承諾しなければならない（同条 2 項）。特定投資家 B は、いつでも特定投資家に戻れる（同条10項）。

(3)　適格機関投資家

　開示規制を緩和する観点からプロとして特別扱いするのが**適格機関投資家**である。有価証券に対する投資に係る専門的知識および経験を有する者として内閣府令で定める20数類型がそれに該当する（金商法 2 条 3 項 1 号、定義府令10条 1 項 1 号～27号）。たとえば、有価証券関連業または投資運用業を行う金融商品取引業者（証券会社、投信会社等）、投資法人、銀行等の金融機関、保険会社、投資事業有限責任組合、純資産100億円以上で金融庁長官に届出を行った厚生年金基金や企業年金基金、運用型信託会社のうち金融庁長官に届出を行った者、10億円以上の有価証券を保有する法人または口座開設後 1 年以上経過し10億円以上の有価証券を保有する個人で金融庁長官に届出を行った者などである（第 3 章第 2 節 1 (8)参照）。

　適格機関投資家のみを相手とする有価証券の取得勧誘は、その取得者から適格機関投資家以外の者に譲渡されるおそれが少ない場合は、募集に該当しないこととし（プロ私募。金商法 2 条 3 項 2 号イ）、募集の開示規制が適用されない。

　また、集団投資スキーム持分への投資者に適格機関投資家が含まれていてそれ以外が49名以下の場合、その取得勧誘や投資運用は、**適格機関投資家等特例業務**としての私募、**適格機関投資家等特例業務**としての投資運用として、金融商品取引業の登録がない者も、届出をすれば行うことができることとし

183

ている（金商法63条1項・2項）。投資者として加わっている適格機関投資家
による監視監督が期待できるという理由である。

⑷　適格投資家

　投資運用業への参入を促進する観点から、2011年の金商法改正で、通常の
投資運用業と適格機関投資家等特例業務としての投資運用業の中間に、適格
投資家向け投資運用業（プロ向け投資運用業）の制度が設けられている（金商
法29条の5第1項）。**適格投資家**とは、特定投資家とほぼ同じ範囲の概念であ
り、特定投資家に、投資運用業者と密接な関連を有する者を追加し（同条3
項）、申出によって特定投資家に移行した一般投資家を除外したものである
（同法34条の2第5項8項カッコ書・34条の3第4項6項カッコ書参照）。

　適格投資家向け投資運用業に該当するためには運用財産の総額は200億円
を上限とする（金商法29条の5第1項2号、施行令15条の10の5）。適格投資家
向け投資運用業では、登録要件が通常の投資運用業よりも緩和されており
（金商法29条の5第1項）、取締役会設置会社でなくともよく、最低資本金・
純資産要件が5000万円から1000万円に緩和されている。

⑸　機関投資家

　以上のような法的区分ではなく、一般的用語として、適格機関投資家のう
ち他人のために資産を運用する者を、**機関投資家**という。信託銀行、保険会
社、投資信託会社、投資顧問会社、年金基金などがこれにあたる。

　機関投資家は、一方で出資者である顧客に対して受託者責任を負い、他方
で投資先企業に対しては投資先選定や議決権の行使を通して一定の影響力を
もつ立場である。そこで、機関投資家には、投資先企業やその事業環境等に
関する深い理解に基づく建設的な「目的をもった対話」（エンゲージメント）
などを通じて、当該企業の企業価値の向上や持続的成長を促すことにより、
「顧客・受益者」（最終受益者を含む）の中長期的な投資リターンの拡大を図
る責任があるとして、機関投資家が、顧客と投資先企業の双方を視野に入れ、

184

「責任ある機関投資家」としての責任を果たすのに有用な諸原則（スチュワードシップ・コード）が、金融庁主導で2014年2月に定められた。「プリンシプルベース・アプローチ」（原則を規定し関係者にはその趣旨・精神を確認して活動することを求めるもの）、「コンプライ・オア・エクスプレイン」（従うか、従わない場合はその理由の説明を求めるもの）を特徴とする。

　その後、スチュワードシップ・コードは、2017年5月、形式的な対応にとどまっているとして改訂され、2020年3月にはESG対応の視点から改訂された。[36] 2022年6月末日現在、信託銀行等が6社、投信・投資顧問会社等が205社、年金基金等が77社、生保・損保が24社、その他が11社の合計323社がその受入れを表明している。

3　金融商品取引所

　従来の証券取引所と金融先物取引所を含む横断的な組織概念として、**金融商品取引所**という概念が設けられている。この開設には**免許**が必要である（金商法80条）。組織形態としては、会員制法人と株式会社の2形態がある。取引所という文字を用いればよいので（同法86条1項）、金融商品取引所という名称、従来の名称、その他の名称のいずれでもよい。東京証券取引所、札幌証券取引所、名古屋証券取引所、福岡証券取引所は従来の名称を用いており、大阪取引所（元は大阪証券取引所）、東京金融取引所（元は金融先物取引所）などは名称を変更した。このうち大阪取引所の名称変更は、東京証券取引所との合併（2013年1月1日に日本取引所グループ（JPX）設立）以降、現物市場を東京に集中させ（同年7月）、デリバティブ取引を大阪に集中させたこと（2014年3月）による。

　有価証券が金融商品取引所での取引対象となることを、上場という。証券取引所は、市場を、通常の市場（さらに、東京証券取引所はプライム市場とス

36　「スチュワードシップ・コード（再改訂版）の確定について）」（2020年3月24日）別紙1参照（金融庁ウェブサイト）。

【図表32】　市場構造の見直し

2022年４月４日、３つの市場区分が始動します

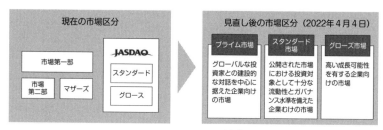

タンダード市場に、名古屋証券取引所はプレミア市場とメイン市場に分けている）、新興市場（東京証券取引所のグロース市場、名古屋証券取引所のネクスト市場、札幌証券取引所のアンビシャス、福岡証券取引所のＱ－ボード）、プロ向け市場（東京証券取引所の TOKYO PRO Market）[37]に区分して上場させている。東京証券取引所における区分の線引きと名称は、2022年４月に改訂されたものである（【図表32】）。

　各取引所の組織形態は会員制法人（札幌、福岡）または株式会社（東京、名古屋）であり、そこでの取引は、会員（会員制法人運用の取引所の場合）または取引参加者（株式会社運用の取引所の場合）しか行えない（金商法111条）。会員や取引参加者（以下、両者を「会員等」という）となるのは証券会社であり、一般の投資者が取引をするには、その証券会社に委託する必要がある。この委託は、取引所が定める**受託契約準則**によらなければならない（同法133条１項）。受託契約準則には、受託の条件、受渡しその他の決済方法、信

37　2008年の金商法改正でプロ向け市場制度が創設され（同法117条の２）、これに基づき、2009年６月に東京証券取引所グループとロンドン証券取引所の共同出資により TOKYO AIM が開設され、日本やアジアの成長企業に資金調達の場を提供すること、国内外のプロ投資家に投資機会を提供すること等を目的とし、ロンドン AIM における Nomad 制度を参考として「J-Adviser 制度」を採用するなどしてきた。2012年７月からは東京証券取引所が単独で市場運営を行うこととし TOKYO PRO Market（株式）、TOKYO PRO-BOND Market（社債）となっている。

用取引に関する事項などが定められている（同条 2 項）。委託を受ける取引
では、証券会社は取次を行う問屋（商法551条）の立場になる。

　金融商品取引所は、会員等に対し、取引参加契約に基づき、取引注文が実
現されるような市場システムを提供する義務を負う。また、適切に売買停止
権限を行使する義務も負い、決済の可否に問題が生じかねない状況を認識し
つつ、これを行使しないことは、市場参加者との関係で違法な行為となる。

　金融商品取引所が会員等との間で紛争となる要因としては、誤発注、誤表
示、ロスカットなどが考えられる。取引参加契約には、通常の過失は免責と
する規定があるものがあり、この解釈をめぐって争いとなった事件として、
ジェイコム株誤発注事件がある。

　金融商品取引所は自主規制業務を行わなければならず（金商法84条）、自主
規制法人への委託（同法85条・102条の 2 以下）、自主規制委員会の設置（同法
105条の 4 以下）に関する規定が整備されている。また、その公的性格から、
金融商品取引所が株式会社形態の場合、主要株主に対する規制がある（同法
103条の 2・106条の 3）。

　〈裁判例13〉 ジェイコム誤発注事件（東京高判平25年 7 月24日判時2198号27頁）

　　みずほ証券が、委託を受けたジェイコム株「61万円で 1 株」の売り注文を
　出すつもりで「 1 円で61万株」の売り注文を東京証券取引所に出してしまっ
　たという事案で、みずほ証券が、東京証券取引所に対し、取消し注文を出し
　たのに対応されなかったのはシステム不備でありそれにより損失が拡大した
　として損害賠償を求めた。東京高裁は、東京証券取引所には、売買停止義務
　違反による不法行為が成立し、重過失が認められるから本件免責規定は適用
　されないとしたうえで、みずほ証券にも重大な落ち度があるとして 3 割の過
　失相殺をし、附帯控訴に基づき原判決（東京地判平21年12月 4 日判時2072号
　54頁）を変更した（双方上告したが、最決平27年 9 月 3 日判例集未登載は上
　告を棄却し、高裁判決が確定した）。

---

4 金融商品取引業協会（自主規制機関）

(1) 概 要

　金融商品取引所が自主規制業務を行うことに加えて、金融商品取引業者の**自主規制機関**として**金融商品取引業協会**が設けられており、そこでも自主規制業務を行っている。金融商品取引業協会としては、従来の経緯から、認可金融商品取引業協会（金商法67条〜77条の7。例：**日本証券業協会**）、認定金融商品取引業協会（同法78条〜79条の6。例：金融先物取引業協会、投資信託協会、投資顧問業協会[38]）の2種類が設けられている。いずれの金融商品取引業協会も、それぞれ自主規制規則をつくり、会員に適用して会員の自主規制を行っている。たとえば日本証券業協会は、従来の公正慣習規則とほぼ同じ内容の規則を「自主規制規則」と名称変更して維持しているほか、統一慣習規則、紛争処理規則を維持している。投資被害救済の観点からは、自主規制規則のうち、「協会員の投資勧誘・顧客管理等に関する規則」（投資勧誘規則と略称される）が重要である。

　金融商品取引業協会は、金融商品取引業者と顧客との紛争を解決するしくみ（ADR）をもつことが求められ、日本証券業協会、金融先物取引業協会、投資信託協会、日本投資顧問業協会が共同して紛争解決機関として証券・金融商品あっせん相談センター（FINMAC）を設けている（第5章6(2)）。

　協会に加入せず第一種金融商品取引業や投資運用業を行う者については、内閣総理大臣が自主規制機関等の定款・規則を考慮し、直接監督する（金商法29条の4第1項4号ニ参照）。

---

38 このほか、商品ファンドの自主規制機関として日本商品投資販売業協会が2008年6月に設立されたが、2011年2月28日に解散した。

(2)　主な自主規制機関

　主な自主規制機関の概要は次のとおりである（2022年 7 月末日時点の公表データ）。

① 日本証券業協会（金商法67条。会員272社、特別会員200社）

　会員：第一種金融商品取引業のうち有価証券関連業を行う業者（証券会社）

　特別会員：登録金融機関（銀行等）

　規則：自主規制規則（「協会員の従業員に関する規則」その他）

② 金融先物取引業協会（金商法78条。会員137社、特別参加者 4 社）

　会員：銀行、金融商品取引業のうち金融先物取引業を行う業者（FX 業者、証券会社、商品先物取引会社など）、その他

　規則：「金融先物取引業務に従事する従業員の服務に関する規則」その他

③ 投資信託協会（金商法78条。正会員203社、賛助会員39社）

　会員：投資信託の運用会社および投資法人（J-REIT）の運用会社

　賛助会員：投資信託の販売会社および受託銀行

　規則：「投資信託の運用に関する規則」「投資信託の募集及び販売等に関する規則」その他

④ 日本投資顧問業協会（金商法78条。投資運用会員313社、投資助言・代理会員470社）

　会員：投資運用業のうち投資一任業務、ファンドの運用を行う業者、投資助言・代理業者

　規則：「会員の業務等に関する規則」その他

⑤ 第二種金融商品取引業協会（金商法78条。正会員600社）

　規則：自主規制規則（「投資勧誘及び顧客管理等に関する規則」その他）

　なお、商先法に根拠をもつ自主規制機関として、日本商品先物取引協会（商先法245条、33社（2022年 7 月21日現在））がある。会員は、商先法に基づき

189

主務大臣（農林水産大臣または経済産業大臣）の許可を受けた商品取引員（商品先物取引の受託業務を行う業者）である。

5　投資者保護基金

(1)　趣　旨

　金融商品取引の安全ネットとして、投資者保護基金制度がある。社債の発行会社が破綻した場合にその保有者が元本や社債金利の支払いを期日に受けられなくなるのは、信用リスクの実現でありやむを得ないことであるし、ある会社が破綻してその株式が無価値になるのも、株式の性質上当然のことであり、投資者はこれらの場合はその損失を受け止めなければならないが、顧客から資金や証券を預かっている証券会社が破綻したために顧客にそれらを返還できなくなることは、投資者にとっては受け入れがたいリスクであり、このようなことが放置されれば、証券取引に対する信頼を失うことになる。

　そこで、一方で、顧客資産のこのような毀損を防ぐために前述のとおり**分別管理**を義務づけている（金商法43条の2）。他方、破綻する場合ほど分別管理が不十分となるおそれが出てくるのでその場合に備えて、証券会社が破綻した場合の安全ネットとして、預託金や預託証券が返還されないことによる損失を一定限度まで補償する、**投資者保護基金制度**が設けられている（同法79条の20～79条の80）。

(2)　投資者保護基金制度の内容

　有価証券関連業を行う金融商品取引業者は、認可法人である投資者保護基金に加入しなければならない[39]（金商法79条の27）。認可法人として**日本投資者保護基金**が設立されている。

39　ただし、第一種金融商品取引業を行わない金融商品取引業者はこの義務がないので、その業者が加入しない場合は安全ネットがないことになる（施行令18条の7の2）。

　投資者保護基金は、金融商品取引業者と有価証券関連取引をした一般顧客の預託した顧客資産が、業者の破綻のため円滑に返還されない場合に、代わって返還する業務を行う（金商法79条の27、施行令18条の 7 の 2 、金商法79条の20・79条の56）。具体的には、会員である金融商品取引業者が破綻した場合に、①一般顧客資産に係る債務の支払い（顧客一人あたりの**限度額1000万円**）、②一般顧客資産の返還に係る債務の迅速な履行に必要な資金の貸付け、③一般顧客の債権の保全に必要な裁判上または裁判外の行為等を行う（金商法79条の49）。

(3)　対象となる取引

　投資者保護基金制度の対象は、金融商品取引業者との有価証券関連取引に関するものおよび商品デリバティブ取引に関するものに限定されている（金商法79条の20）具体的には、証券会社と株式や投資信託、公社債等の取引やデリバティブ取引をした場合についてのみ、この安全ネットの対象となる。つまり、金商法全体では対象となる取引は証取法よりも広げられたが、金商法に規定する安全ネットの対象は一部に限られる。たとえば集団投資スキーム持分の運営業者や FX 業者が破綻してもこの安全ネットの対象外となり、何の補償もされない。

(4)　対象となる損失

　投資者保護基金制度の補償の対象は、預託金・預託証券の返還請求権である。**損害賠償請求権は、対象に入れると必要資金が多額になり制度維持に支障があるとの政策的判断で、対象とならない。**そこで問題となるのが、取引が無断売買で無視できる場合（第 5 部第 2 章 3 参照）、公序良俗違反等で無効である場合、消費者契約法 4 条により取り消された場合の扱いである。これらの場合、顧客には不当利得返還請求権または預託金等返還請求権があり、補償対象となる可能性がある。

┌─〈裁判例14〉投資者保護基金事件（最判平18年 7 月13日判時1966号154頁）[40]─┐

　2000年 3 月に破綻した南証券に関し、架空の社債につき投資者保護基金の安全ネットが働くかが争点となった事案である。

　最高裁は、南証券の顧客が南証券に（架空の）社債代金として預けた預託金の返還請求権は基金の補償対象となる（ただし仮装につき悪意重過失の場合は、証券業に係る取引に該当しない）との判断を示した。

　差戻し後の札幌高判平19年 5 月18日裁判所ウェブサイトは、仮装につき悪意重過失はなかったとして、投資者保護基金に補償を命じた。これを受けて2007年 6 月、基金は原告へ補償金（約 2 億円）を支払い、ほかの顧客分も合わせて35億円を補償した。

　なお、代表取締役は南証券の預かり証券を持ち逃げして業務上横領罪で有罪（懲役11年）となっている（東京地判平16年 9 月28日判例集未登載）。

┌─〈コラム22〉金融商品取引の安全ネット─

① 保険の安全ネット

　保険会社が破綻した場合の安全ネットとして、保険契約者保護機構の制度がある（保険業法259条以下）。破綻保険会社に係る保険契約の移転等における資金援助、承継保険会社の経営管理、保険契約の引受け、補償対象保険金の支払いに係る資金援助および保険金請求権等の買取りを行う等により、保険契約者等の保護を図り、もって保険業に対する信頼性を維持することを目的とする制度である。生命保険と損害保険に分かれて存在する。

　生命保険では、生命保険契約者保護機構が、損害保険では、損害保険契約者保護機構がそれぞれ保険業法に基づいて1998年12月に設立されている。前者には国内で事業を行うすべての生命保険会社が加入し、後者には、国内において損害保険業を営む損害保険会社がすべて加入している。「少額短期保険業者」は保険契約者保護機構の会員ではなく、また、その契約者等

40　このほか、民集60巻 6 号2336頁、森下哲朗「投資者保護基金の補償対象」神田秀樹＝神作裕之編『金融商品取引法判例百選』（有斐閣・2013年）152頁参照。

192

は補償の対象外である。

②　預金の安全ネット

　預金の場合は、預金保険法に基づき、預金保険機構が設立されている。預金保険機構は、銀行等の金融機関から保険料を徴収して、破綻した場合の顧客の預金を一定限度額まで保障する、預金保険制度を運用する組織である。一般の預金で1000万円を上限とする。

③　国内商品先物取引の安全ネット

　商品先物取引では、委託者保護会員制法人による委託者保護基金制度が運用されている（商先法269条以下）。商品先物取引会社が破綻した場合などで、委託者の預かり資産等が弁済困難になったときに、それを一定額まで保障する制度である。日本商品委託者保護基金がその業務を行っており、1000万円を限度に保証することとしている。

6　紛争解決機関（金融 ADR など）

(1)　ADR 制度

　紛争解決手段には、交渉、訴訟のほか、訴訟より簡単な解決手続である ADR（Alternative Dispute Resolution、裁判外紛争解決）がある。

　ADR 法は、同法に基づき法務省に認証された ADR 機関（認証 ADR）に三つの効果、すなわち、**時効完成猶予効**（同法25条。手続終了通知を受けた日から1カ月以内の訴え提起が条件）、**訴訟手続の中止**（同法26条。認証 ADR により解決する旨の合意を条件として4カ月以内の期間）、**調停前置の例外**（同法27条。職権で事件を調停に付することは可能）という効果を付与する。

　認証 ADR には、一部の弁護士会、司法書士会、土地家屋調査士会、行政書士会、社会保険労務士会、PL センターなどのほか、民間総合調停センター、国際商事仲裁センター、日本スポーツ仲裁機構、日本消費生活アドバイ

ザー・コンサルタント・相談員協会など計167団体がある（2022年 7 月時点）。

　ADR 機能を有する公的機関もある。国民生活センターは内部に紛争解決委員会を設けて消費者被害の救済を行い（国民生活センター法11条）、金融商品に関する被害も扱っている。地方自治体も、消費生活センターや被害救済委員会において、消費者被害の救済を行い、金融商品被害も扱っている。

(2)　金融 ADR

　これに加えて、金融商品の分野では、2009年 6 月の金商法・銀行法・保険業法等16本の業法改正で（金融 ADR 法）、金融 ADR 制度が整備された。[41] これらの法律に基づき指定された紛争解決機関に、認証 ADR と同様、時効完成猶予等を付したほか、特別調停案制度という独特の制度を組み入れた。金融 ADR 法は、金融分野の ADR を整備するためのものであり、2010年 4 月に施行され同年10月 1 日から動き出している。

　金融 ADR 法によれば、一定の要件を満たした紛争解決機関を主務大臣が業態ごとに一つないし複数指定し、苦情処理・紛争解決の手続規定を整備して監督することとし、金融機関には、顧客から指定紛争解決機関に申し立てられたら、その手続に乗って説明や資料提出をすること、和解案を尊重することを内容とする契約を、一つの**指定紛争解決機関**と締結することを義務づけている（金商法156条の38以下、銀行法52条の62以下、保険業法308条の 2 以下など）。

　各業法で指定された金融 ADR は 8 団体ある。金商法に基づき指定されているのは**証券・金融商品あっせん相談センター**（FINMAC、フィンマック。日本証券業協会、金融先物取引業協会、投資信託協会、投資顧問業協会が協力して設立）である。それ以外の業法に基づき指定されている金融 ADR は、い

41　この改正では商品先物取引は足並みを揃えていない。2009年 7 月に商品取引所法が改正され商先法となったが、商品先物取引協会のあっせん調停手続については、対象を「商品市場における取引等の受託」から「商品デリバティブ取引等」に広げた程度である。

194

ずれも自主規制機関や業界団体の中に設ける形をとっている。全国銀行協会、生命保険協会、日本損害保険協会、保険オンブズマン、信託協会、日本少額短期保険協会、日本貸金業協会が、金融 ADR に指定されている。

　金融 ADR では、和解案のうち最終段階では**特別調停案**（金商法156条の44第2項5号など。金融 ADR 法で新たに登場した用語で、和解案よりも進んだ段階で提示する最終解決案）を出すことができる。これに消費者は拘束されないが、業者は原則として拘束される。業者は債務不存在確認訴訟を提起すれば従わない選択ができることとされている（金商法156条の44第6項2号など。従来の日本証券業協会の運用と同じ）。

　指定紛争解決機関には、時効完成猶予効など、認証 ADR に与えられている効果と同様の効果が与えられている。[42]

(3)　金融 ADR の課題

　金融 ADR には、訴訟より簡単な手続、低コスト、短期間で解決できる長所がある反面、課題もある。①業界縦割りの問題、②紛争解決能力の限界（解決しない場合がある）、③解決水準が訴訟による解決を下回りがちな構造であるという問題、④実務へのフィードバック機能（紛争事例を反面教師として実務を改善するしくみ）が不十分であることなどである。

　まず、銀行関係と保険会社関係では異なる指定紛争解決機関となるので、銀行窓口での変額年金保険契約の紛争はどちらに申し立てたらよいのかわかりにくいのは従来同様であるし、ある顧客が銀行で預金・投資信託・変額年金保険の取引をして全体が紛争となる場合、事件を三つに分けて別々の指定紛争解決機関に持ち込むのと、全部、全国銀行協会に申し立てるのとで、ど

42　金融 ADR 法の解説として、立法担当者による内容の解説は、商事1876号（2009年）42頁、池田ほか・前掲（注21）、同じく立法経過の解説は NBL913号（2009年）42頁がある。参考文献として、大森泰人ほか『詳説　金融 ADR 制度〔第2版〕』（商事法務・2011年）、山本和彦＝井上聡編著『金融 ADR の法理と実務』（金融財政事情研究会・2012年）。

ちらがよいのか不明である。

　それから、和解案や特別調停案の提示にまで至るケースはごく一部であるうえ、業者側に一定の拘束力のある特別調停案でも、業者は債務不存在確認訴訟を提起すれば従わない選択ができることとされているため、斡旋委員が業者に責任があると判断しても、解決に至らないことが発生する。

　さらに、訴訟となった場合の見通しよりも業者に不利な和解案や特別調停案は、業者が呑まない可能性が高いため提示されにくい。それに対して消費者側は、訴訟の原告としてのコストと期間、労力の負担を考え、訴訟による解決よりも低い水準でも妥協する傾向がある。また、金融ADRでは訴訟と異なり証人等尋問を実施しないので、書類を形式的に重視すると、それらを整えた業者の方に有利な内容に誘導されがちである。

　実務へのフィードバック機能については、紛争解決等業務に関する情報を積極的に公表することにより、利用者等に対し情報提供等を行う制度となっており（金商法156条の45第2項）、苦情・紛争事案について、その概要や結果等が公表されているものの、それにとどまり、業者が未然防止にどのように活かすか、監督機関がどのように活用するかについて制度的な道筋は示されておらず、改善の余地がある。

7　金融庁

(1)　権限と組織

　金商法では、内閣総理大臣に、業者を参入させて監視監督する広範な権限を与えている。内閣総理大臣はそのうち、金融商品取引業協会や投資者保護基金の設立の認可と取消し、金融商品取引所持株会社の認可と取消し等18項目（施行令37条の3）の権限を留保し、開示書類の届出（金商法4条・5条・7条～11条・24条等）、業者の登録・免許・許可・承認（同法2条・29条・30条等）、業者等の監視監督（同法50条～57条）、裁判所への禁止等命令申立（同法

192条）など、その他の権限を、金融庁長官に委任している（同法194条の 7
第 1 項）。

　これを受けて金融庁は、内閣府の外局として、金商法を所管する。金融庁
は、日本の金融機能の安定を確保し、預金者、保険契約者、有価証券の投資
者その他これらに準ずる者の保護を図るとともに、金融の円滑を図ることを
任務とし（金融庁設置法 3 条 1 項）、金商法のほかに銀行法、保険業法等も所
管する。2018年 7 月17日以降、総合政策局（新設）、企画市場局（総務企画局
を廃止）、監督局（検査局を廃止して統合）の 3 局体制をとる。

(2)　準立法作用

　金融庁は、金商法で委任された事項につき省令（金融庁の場合は内閣府令と
なる）を制定・改廃する。定義府令、開示府令、金商業等府令などが制定さ
れ、しばしば改正が行われている。さらに金融庁は、法令の適用にあたって
の**ガイドライン**（企業内容等開示ガイドライン、金融商品取引等ガイドラインな
ど）を定めており、金融庁による法令の解釈を示すものとなっている。実際
の監督を行うにあたっての**監督指針**（金融商品取引業者向け、主要行等向け、
中小地域金融機関向け、保険会社向け等）、制度や法律に関する **Q&A**（インサ
イダー取引規制に関する Q&A、コンテンツ事業に関する Q&A など多数）も公
表しており、これらも、同様の役割を果たしている。

(3)　行政規制

　金融庁は、金融商品取引業者や、登録金融機関、金融商品仲介業者、信用
格付業者、証券金融会社、投資法人等の監督を行う。金商法に規定されてい
る行為規制の遵守状況を監視し、それに違反すると、業務改善命令、業務停
止命令、登録取消し等の処分を行う（金商法51条・52条等）。

　金融庁はまた、金融商品取引所、金融商品取引業協会等をも監督する。こ
こでも、業務改善命令（金商法153条・79条の 6 第 1 項）、業務停止、免許取消
し（金商法152条・79条の⑥第 2 項）の各処分ができるほか、規則の変更命令

197

（153条・73条）などの直接的な介入もできる。

　金融庁（長官）は、開示規制違反や不公正取引につき後述のとおり課徴金を課すことができる。

(4)　緊急差止命令

　無登録業者も含め、金融商品取引法違反を早い段階で差止め、被害の拡大を防ぐ手段として、緊急差止命令の制度がある（金商法192条）。申立て主体は内閣総理大臣から金融庁長官に委任され（同法194条の7第1項）、2008年改正でそこからさらに証券取引等監視委員会に委任されている（同条4項）。証券取引等監視委員会に委任してから使われ出した制度であるので、第5章9で解説する。

(5)　破産手続開始申立て

　従来、内閣総理大臣（金融庁長官）は証券会社に対してのみ破産手続開始の申立てができた（金融機関等の更生手続の特例等に関する法律490条1項・2条4項）が、2010年の金商法改正で、破産手続開始申立権の対象が金融商品取引業者全般に拡大された（同法2条4項に「第9条第1号……及び第490条第1項を除く」とカッコ書を追加し、同法490条1項の金融商品取引業者に「金融商品取引法第2条第9項に規定する金融商品取引業者をいう」とカッコ書を追加し、登録を受けた金融商品取引業者すべてを含むことを明らかにした）。

　ファンドの販売業者や運用業者が出資金を流用する等の悪質な事案が生じ、行政処分を下される事態が起こっている。しかし、単に行政処分をしただけでは、このような悪質な業者は資金をさらに隠匿・消費することもありうる。そこで、これらに対しても当局に破産手続開始申立権を与えることとしたものである。

(6)　課徴金制度の運用[43]

　金商法は、刑事罰と行政規制の中間に位置する業者規制手段として、課徴

金の制度を設けている。課徴金制度の対象は、少しずつ広げられ、現在は、開示書類の虚偽記載・不提出、公開買付規制違反、公開買付け・大量保有に関する書類の虚偽記載・不提出、風説の流布・偽計（同法158条）、相場操縦（同法159条2項）、インサイダー取引（同法166条・167条）である。課徴金の額は、違反者が違反行為により実際に得た経済的利得相当額を想定した算定式から、違反者が得ることができる利得相当額を想定した算定方式に改正され、抑止効果を高めている。[44]無過失でも違反となるので、課徴金が課されうることになる。課徴金納付命令の要件は違反ごとに定められている（同法172条〜175条の2）。内閣総理大臣（金融庁）には、課徴金の調査のための処分権限がある（同法177条）。

　課徴金が適用される規定の違反があると認めるときは、内閣総理大臣（金融庁長官）は審判手続開始決定をしなければならない（金商法178条）。実務の流れは、証券取引等監視委員会が調査をして課徴金納付命令の勧告をしたときに、これを受けて審判手続開始決定をすることになる。審判手続開始決定書には、違反事実および納付すべき課徴金の額が記載され、対象者（被審人）に送付される（同法179条）。被審人は、答弁書を提出する（同法183条）。被審人が、違反事実と課徴金の額を争わない答弁書を提出したときは、審判期日は開かれず、課徴金納付命令が出される。

　審判では、内閣総理大臣（金融庁長官）が指定した3名（簡易な事案は1名）の審判官が違反事実の有無と課徴金の額について審判を行う。審判官は、審判の結果、決定案を作成し金融庁長官に提出する（金商法185条の6）。内

43　課徴金制度と民事責任・刑事罰との関係につき三井秀範編著『課徴金制度と民事賠償責任』（金融財政法務・2005年）、同じく、課徴金を投資被害者に分配する制度についての立法論については、森田章「証券取引法上の民事責任としての課徴金制度のあり方」商事1736号（2005年）18頁、黒沼悦郎「投資者保護のための法執行」商事1907号（2010年）45頁参照。

44　東京地判平26年2月14日判時2244号6頁は、経済的利得を得る可能性は課徴金の要件ではないとした。これには黒沼悦郎「判批」判評680号26頁（判時2265号256頁）からの批判がある。

199

閣総理大臣（金融庁長官）は、決定案に従った決定を行う。課徴金納付命令を受けた者は、その命令に不服があれば、処分の取消しの訴えを提起できる（行政事件訴訟法8条）。

(7)　民事紛争とのかかわり

金融庁は、個別の民事紛争には関与しない。

金融庁は、金融サービス利用者相談室という電話相談窓口を開いて、金融行政・金融サービスに関する一般的な質問・相談・意見を電話等で受け付け、電話相談者には、金融ADRなどの他機関の紹介や論点の整理などの助言を行うが、金融庁が自らあっせん・仲介・調停を行うことはしない。受けた相談情報は企画立案や監督に活かしている。典型的な相談事例とアドバイスは金融庁ウェブサイトでみることができる。

(8)　財務局

財務省の地方支分部局である財務局は、地方における民間金融機関等の検査・監督および有価証券届出書の審査事務等については、金融庁長官から委任を受けて、その指揮監督の下に行うこととされている（平成17年改正金融庁設置法附則36条3項）。財務局はまた、金融庁におかれた証券取引等監視委員会が行う金商法等に基づく事務の一部を、証券取引等監視委員会の委任を受けて、その指揮監督の下に行うこととされている。

8　他の官庁（経済産業省、農林水産省、国土交通省）

投資性があるとして金商法の行為規制が準用される取引のうち、特定預貯金、特定保険・特定共済、特定信託の取引については、他の預貯金、共済、信託と同様、監視監督は内閣総理大臣の権限であり、それが金融庁長官に委任されている（銀行法59条、保険業法313業、信託業法87条）。

　これに対し、不動産特定共同事業については、内閣総理大臣と国土交通大臣が監視監督にあたる（不動産特定共同事業法73条 1 項 1 号）。ここでも内閣総理大臣はその職務を金融庁長官に委任しているので（同条 3 項）、結局、金融庁長官と国土交通大臣が共同して監視監督にあたることになる。

　商品先物取引では、商品の種類により、貴金属やエネルギー商品を原資産とするものは経済産業大臣、大豆やとうもろこしなどの農産物を原資産とするものは農林水産大臣が、それぞれ監視監督にあたる（商先法354条 1 項）。

　このように、金融商品の種類によって監視監督体制は縦割りとなっている部分がある。

9　証券取引等監視委員会

(1)　組織の概要

　証券取引等監視委員会は、1991年の証券不祥事を受けて1992年に設立された組織である。現在は**金融庁内の委員会**に位置づけられている（金融庁設置法 6 条 1 項）。活動対象は、金商法、投資信託・法人法、資産流動化法、社債等振替法および犯罪収益移転防止法の規定によりその権限に属させられた事項である（金融庁設置法 8 条）。証券取引等監視委員会は、独立してその職権を行う委員長および委員二人をもって組織される（金融庁設置法 9 条・10条）。

(2)　活動の概要

　金融庁長官は、金商法等により内閣総理大臣から委任された権限のうち、監視に必要な一定の権限を、証券取引等監視委員会に委任している（金商法194条の 7 第 2 項等）。第 5 章 9 (3)のとおり、2008年12月からは、金商法違反行為について裁判所への**緊急差止命令申立権限**（同法192条）も証券取引等監視委員会へ委任されている（同法194条の 7 第 4 項）。その調査のために**文書**

提出等を命ずる権限も規定されている（同法187条）。証券取引等監視委員会には、これらとは別に、課徴金事件の調査のため、**報告聴取、立入検査権限**も与えられている（同法26条・177条）。

　証券取引等監視委員会は、上記規定に基づき、検査、報告もしくは資料の提出の命令、質問もしくは意見の徴取または犯則事件の調査（証券取引検査等）を行った場合において、必要があると認めるときは、その結果に基づき、金融商品取引の公正を確保するため、または投資者の保護その他の公益を確保するため行うべき行政処分その他の措置について内閣総理大臣および金融庁長官に**勧告**することができ（金融庁設置法20条１項）、証券取引検査等の結果に基づき、必要があると認めるときは、金融商品取引の公正を確保するため、または投資者の保護その他の公益を確保するために必要と認められる施策について内閣総理大臣、金融庁長官または財務大臣に**建議**することができる（同法21条）。

　証券取引等監視委員会は、毎年、その事務の処理状況を公表しなければならないこととされ（金融庁設置法22条）、近年は毎年６月に「証券取引等監視委員会の活動状況」として同委員会ウェブサイトに公表している。[45]

(3)　緊急差止命令

　無登録業者も含め、金融商品取引法違反を早い段階で差し止め、被害の拡大を防ぐ手段として、緊急差止命令の制度がある（金商法192条）。

　裁判所は、内閣総理大臣または内閣総理大臣および財務大臣の申立てにより、①緊急の必要がありかつ公益および投資者保護のため必要かつ適当であるときは、金商法または同法に基づく命令に違反する行為を行いまたは行おうとする者に対し、その行為の**禁止**または**停止**を命ずることができ（同法192条１項１号）、②集団投資スキーム運営者の業務執行が著しく適正を欠き、

45　最新版は2022年６月に公表されている。このほか、2020年１月には、「証券取引等監視委員会中期活動方針（第10期）〜信頼され魅力ある資本市場のために〜」をそのウェブサイトに公表している。

かつ現に投資者の利益が著しく害されておりまたは害されることが明白である
る場合において、投資者の損害の拡大を防止する緊急の必要があるときも同
様である（同条 1 項 2 号）。[46]

　申立て主体は金融庁長官に委任され（金商法194条の 7 第 1 項）、2008年の
金商法改正でそこからさらに証券取引等監視委員会に委任されている（同法
194条の 7 第 4 項）。この制度がつくられた1948年以降ずっと使われてこなか
ったが、証券取引等監視委員会が申立て権限を委任された後の2010年11月以
降、実際に活用されるようになり、毎年、数件の申立てがなされている[47]。こ
れまで、無登録業者による未公開株の勧誘、発行者による無届募集、無登録
業者による集団投資スキーム持分の募集・私募・運用、適格機関投資家等特
例業務届出者の行為規制違反などについて申し立てられている。

　この差止命令に違反すると、違反者は 3 年以下の懲役もしくは300万円以
下の罰金またはその併科（金商法198条 8 号）、違反者の属する法人は 3 億円
以下の罰金（同法207条 1 項 3 号。2010年金商法改正法）となる。

　無登録業者対策をさらに充実させるためには、金融庁・証券取引等監視委
員会への無登録業者に対する直接的な検査・監督の権限付与、無登録業者等
への検査の実効性を確保する法整備（登録業者の検査妨害等に対しては 1 年以
下の懲役等の刑事罰（金商法198条の 6 第11号）により担保されていることとの対
比）、無登録業者の刑事罰（ 5 年以下の懲役もしくは500万円以下の罰金またはそ
の併科（金商法197条の 2 第10号の 4 。2011年金商法改正法））の引上げ（貸金業
の無登録業者の刑事罰は2006年金商法改正で10年以下の懲役もしくは3000万円以
下の罰金またはその併科（貸金業法47条）となっていることとの対比）などがな
されるべきである。

46　集団投資スキームの差止め（ 2 号）は2010年金商法改正で追加された。違反がなくと
　　も差止めができるとした点については、詐欺禁止規定（同法157条）違反を理由に差し
　　止めるべきであるという批判がある（黒沼・前掲（注43）737頁）。2020年10月までに 2
　　号による差止申立ての例はない。
47　「金商法第192条に基づく裁判所への緊急差止命令申立ての実況状況（2022年 6 月28日
　　現在）」（証券取引等監視委員会ウェブサイト）。

第6章　有価証券取引規制

●第6章のポイント●

・インサイダー取引となる要件は何か。

・相場操縦とはどのような行為をいうのか。

・見せ玉とは何か。

・風説の流布が問題となった事件はあるか。

・これらの規制に違反するとどうなるか。

【事例】

　現在、一部の上場会社において、「役職員について、持株会を通じる方法以外での自社株式取得を禁止する」という社内ルールが設けられている例があるが、年末までまたは年度末までなど一時的にこの社内ルールを解除し、インサイダー規制に反しない限り役職員が自社株式を取得してよいこととしたいと考えている。インサイダー取引規制との関係で問題があるか（金融庁ウェブサイト「インサイダー取引規制に関するQ&A」参照）。

1　概　要

　金商法は、不公正取引を禁止するなど、有価証券取引の規制をしている（同法157条〜171条の2）。有価証券取引のうち、株式売買に関する規制が中心である。

　具体的には、不正の手段・計画・技巧の禁止（金商法157条1号）、虚偽の表示・誤解表示による財産取得禁止（同条2号）、風説の流布、偽計、暴行・脅迫の禁止（同法158条）、相場操縦行為等の禁止・賠償責任（同法159条・160条・162条の2）、業者の自己計算取引等の制限（同法161条）、信用取

引等における金銭の預託（同法161条の2）、空売りおよび逆指値注文の禁止（同法162条）、インサイダー取引規制（同法163条〜167条の2）、無免許市場における取引の禁止（同法167条の3）、虚偽相場の公示の禁止（同法168条）、対価を受けて行う新聞等への意見表示の制限（同法169条）、有利買付け・一定の配当等の表示の禁止（同法170条）、一定の配当等の表示の禁止（同法171条）、無登録業者による未公開有価証券の売付け等の効果（同法171条の2）である。

　これらの多くは、違反すると犯罪となる（金商法157条〜159条につき197条、166条・167条につき197条の2、167条の3・168条・170条・171条につき200条など）。金商法では、前身の証取法より刑罰が重くなっている。

　このうち風説の流布により相場を変動させた者、相場操縦をした者、インサイダー取引をした者について課徴金が課せられる（金商法173条〜175条の2）。さらに相場操縦行為については、それにより損害を被った投資者に対する特別の損害賠償責任が規定されている（同法160条）。

　ここでは、このうちインサイダー取引規制、相場操縦行為等の禁止、風説の流布・偽計、暴行脅迫の禁止、包括的な詐欺禁止規定、無登録業者による未公開有価証券の売付け等について、解説する。

2　インサイダー取引規制

(1)　沿革と概要

㋐　沿　革

インサイダー取引とは、一定の関係や立場に基づきある特別な情報を得た関係者がその情報に基づいて取引をして利益を得ることである。一般に、ある情報を得た者がその情報に基づいて取引をして利益を得ることは、創意工夫の一部として商取引では許容されてきたことであり、証券取引の世界では、インサイダー取引を発行会社役員の報酬の一形態として位置づける説明もみ

られたほどであり、長い間、規制されてこなかった。

　それが禁止されるようになったのは、世界的にも最近のことであり、米国における1960年代の判例に始まる。以来、米国では、インサイダー取引は不正取引を規制する証券取引所法10条(b)、SEC 規則10b-5の対象として扱われ、2000年にはそれを補完するものとして SEC 規則（レギュレーション FD（Fair Disclosure））が制定されている。EU では、インサイダー取引は1990年代の市場行為阻害指令（Market Abuse Directive、MAD）に基づいた国内立法で幅広く禁止された後、2014年 6 月12日の市場行為阻害規則（Market Abuse Regulation、MAR）によって、2016年 7 月 3 日以降、直接規制されるようになった。

　日本では、インサイダー取引は、EU より早く、1988年証取法改正で禁止されたが、適用対象が狭かったため、その後、数度の法改正で広げてきた。1992年改正で店頭有価証券の取引でも禁止することとし、2014年改正で投資法人の投資証券でも禁止して REIT 関係者をインサイダー取引規制の対象に入れるとともに、それまでは情報受領者側のみが処罰対象とされてきたところ、情報伝達者も規制対象として違反者を処罰することとした。2016年には、日本でもインサイダー取引規制を補完するものとして、**フェア・ディスクロージャー・ルール**（上場会社による公平な情報開示のルール）を設けることにつき金融審議会の検討結果がとりまとめられ、[48]2017年にそれに沿った法改正がなされて、2018年 4 月から施行されている。[49]

用語解説
　▶フェア・ディスクロージャー・ルール：上場会社が、公表されていない重要な情報を

48　金融審議会「『市場ワーキング・グループ』報告書の公表について」別紙 2 （「フェア・ディスクロージャー・ルール・タスクフォース報告～投資家への公平・適時な情報開示の確保のために～」（平成28年12月 7 日））（金融庁ウェブサイト）。

49　「平成29年金融商品取引法改正に係る政令・内閣府令案等の公表について」および【ガイドライン】別紙 5 （「金融商品取引法第27条の36の規定に関する留意事項（フェア・ディスクロージャー・ルールガイドライン）」（2017年10月24日））（金融庁ウェブサイト）。

金融商品取引業者、投資家等に伝達する場合、当該情報をインターネット等で公表することを求めるものである（金商法27条の36〜27条の38）。上場会社等またはその役員等が、その業務に関して、証券アナリスト等の取引関係者に未公表の重要情報の伝達を行う場合には、原則として、その伝達と同時に、その重要情報を公表しなければならず（同法27条の36第1項）、伝達を行った時に伝達した情報が重要情報であることを知らなかった場合または伝達と同時に公表することが困難な場合には、伝達が行われたことを知った後、速やかに、公表しなければならない（同条2項）。重要情報の公表は、インターネットの利用その他の方法により行う（同条4項）。

(イ)　禁止する理由

インサイダー取引を禁止する理由は、それを許すと一般投資家が不公正と感じるからである。金融商品取引市場が市場機能を果たすためには一般投資家の参加が不可欠であり、一般投資家は不公正と感じると取引に参加しないので、「一般投資家が不公正と感じること」を禁止することで、その参加を確保することとするものである。

(ウ)　規制の概要

インサイダー取引には、内部情報（発行者を情報源とする情報）に関するものと外部情報（発行者の外部に情報源がある情報）に関するものとがあり、いずれも、その情報を取得した関係者はその公表前に売買をすることが禁止される。内部情報と外部情報では、情報内容と関係者が異なってくる。前者は、金商法166条、後者は同法167条で規制されている。

(2)　内部情報に関するインサイダー取引

(ア)　情報を得た者の責任

重要事実を知った、会社関係者およびその者から情報を受領した者が、重要事実が公表される前に、関係証券の売買を行うことは禁止される（金商法166条）。要件を区分して表示すると【図表33】(A)〜(E)のとおりとなる。以下、

【図表33】　内部情報に関するインサイダー取引の要件

(A)重要事実を知った　　{ (B)会社関係者　(C)情報受領者 }　が　(D)事実公表前に　(E)関係証券の売買を行うこと

順に解説する。

(A)　重要事実

　対象となる**重要事実**とは、投資判断にとって重要な事実であり、次のとおり具体化されている（金商法166条 2 項。【図表34】）。

【図表34】　重要事実の詳細

①　決定事実	上場会社の業務執行決定機関の決定した事実。株式募集、減資、準備金減少、株式無償割当て、株式分割、株式交換、株式移転、株式交付、合併、会社分割、事業譲渡・譲受、解散、新製品・新技術の企業化等（「軽微基準」に該当するものは除外。有価証券取引等規制府令49条）（金商法166条 2 項 1 号）
②　発生事実	災害に起因する損害、業務遂行の過程で生じた損害、主要株主の異動、特定有価証券・特定有価証券のオプションの上場廃止の原因となる事実、政令で定める事実（「軽微基準」に該当するものは除外。有価証券取引等規制府令50条）（金商法166条 2 項 2 号）
③　決算変動	売上高・経常利益・純利益・配当のいずれかにつき、直近の予測値・実績値と新たに算出された予測値・実測値が大きく異なっていること（「重要基準」を満たすような一定の変動に限る。有価証券取引等規制府令51条）（金商法166条 2 項 3 号）
④　包括条項	上場会社の運営、業務または財産に関する重要な事実であって、投資家の投資判断に著しい影響を及ぼすもの（金商法166条 2 項 4 号）
⑤　子会社の重要事実	子会社の①〜④の事実（金商法166条 2 項 5 号〜 8 号）
【以下は2014年改正で追加された投資証券に関する規制（リート関係者の規制）】	
⑥　上場投資法人の重要事実	上場投資法人（リート等）に関する決定事実（資産運用委託契約の締結・解約、投資口募集・分割、金銭の分配、合併、解散等）（金商法166条 2 項 9 号）、発生事実（同項10号）、決算変動（同項11号）

⑦　上場投資法人の資産運用会社の重要事実	上場投資法人（リート等）の資産運用会社に関する決定事実（金商法166条2項12号）、発生事実（行政処分、特定関係法人・主要株主の異動、政令事項）（同項13号）、包括条項（同項14号）

　①②では、投資者の投資判断に及ぼす影響が軽微なものとして内閣府令で定める基準（軽微基準）に該当する場合は、違反とならない。有価証券取引等規制府令では、軽微基準について、たとえば株式募集については募集の払込金額の総額が一億円未満と見込まれる場合などと具体的に定められている（同府令49条）。③では、「重要基準」を満たすような一定の変動に限る。同府令では、重要基準について、たとえば売上高の新たに算出した予想値または当事業年度の決算における数値を公表済み直近予想値で除して得た数値が1.1以上または0.9以下であることなどと具体的に定められている（同府令51条）。

　①決定事実、②発生事実、③決算変動と④包括条項の関係は、①②③以外で投資判断に影響を及ぼす事実が④である。①②で軽微基準に該当し、あるいは③で重要基準に該当しないという場合に、④を満たすことがあるかという問題がある。

〈裁判例15〉　決定事実関係　日本織物加工株事件[50]
（最判平11年6月10日刑集53巻5号415頁）

　決定事実①と評価されるには、業務執行決定機関の決定した事実であることが必要であるが、業務執行決定機関とは、取締役会等の刑式に限られるものではなく、実質的に会社の意思決定と同視されるような意思決定を行うことができる機関で足りるとした。ワンマン社長の会社では、社長の意思決定が業務執行機関の決定と評価されることがあることになる。

┌─〈裁判例16〉 日本商事事件（最判平11年 2 月16日刑集53巻 2 号 1 頁）[51]─┐

　製薬会社が開発した新薬で死亡例を含む重篤な副作用が明らかとなった事
案で、副作用例の発生は、発生事実（②）の面があるが、新薬の販売に支障
を生じ、信用を低下させるという面があり、②の損害の発生として包摂・評
価される面と別の重要な面を有している事実であるとして、包括条項（④）
に該当するとした。

(B)　会社関係者

会社関係者とは、【図表35】のとおり一定の地位にあるものをいい、その
者が一定の関係から重要事実を知った場合のみが問題とされる。会社関係者
でなくなった後 1 年間も規制対象であり、同様の責任を負う。

①　上場会社等の役員・従業員等については、上場会社が投資法人である
　　場合は、その資産運用会社の役員、従業員、その資産運用会社のスポン
　　サー企業[52]の役員、従業員も含む（金商法166条 1 項 1 号・ 5 項）。

②　上場会社の株主（ 3 ％以上）は、会社法433条 1 項により、上場会社

【図表35】会社関係者の詳細

【一定の地位】	【一定の関係】	
①　上場会社等の役員・従業員等	その職務に関し	
②　株主（ 3 ％以上）、投資主	帳簿閲覧権等の行使に関し	
③　法令に基づく権限を有する者	権限の行使に関し	知った
④　契約先	契約の締結・交渉・履行に関し	
⑤　②④の役員・従業員	その職務に関し	

50　このほか、川口恭弘「インサイダー取引規制(2)──『業務執行を決定する機関』」神
　田秀樹＝神作裕之編『金融商品取引法判例百選』（有斐閣・2013年）120頁参照。

51　このほか、松井秀征「インサイダー取引規制(4)──バスケット条項」神田秀樹＝神作
　裕之編『金融商品取引法判例百選』（有斐閣・2013年）124頁参照。

の帳簿閲覧権を有する。投資法人の投資主（金商法166条１項２号の２）は、口数にかかわらず、投資法人の帳簿閲覧権を有する（投資信託・法人法128条の３第１項）。そのため、それぞれ、帳簿閲覧により重要事実を知る可能性をもつ。

③　法令に基づく権限を有する者とは、たとえば、監督官庁、警察署、消防署、保健所などが権限に基づき立入調査をする場合の当該公務員や、親会社の監査役である（会社法381条３項）。

④　契約先は、取引先やその他も幅広く含まれる。

(C)　情報受領者

情報受領者とは、①第１次受領者（会社関係者から情報の伝達を受けた者）または②職務上伝達を受けた者が所属する法人の他の役員等でその職務に関し重要事項を知った者をいう（金商法166条３項）。たとえば、レストランの隣の席等から他人間の会話が聞こえてきて知った場合は、①の「伝達を受けた」ことにならず、「情報受領者」にならない。

第１次受領者に限定されるので、第２次受領者（第１次受領者から情報の伝達を受けた者）は「情報受領者」にならない。第１次受領者に限定したのは、犯罪の構成要件であるため、範囲を明確化する必要があるからである。

(D)　公表措置

公表がされたとは、①有価証券届出書・有価証券報告書の公衆縦覧、②二つ以上の報道機関が公表して12時間以上経過したとき、③上場会社から金融商品取引所に通知され、金融商品取引所のウェブサイトに公開されたときのうち、最も早いものがなされた時点で公表があったと評価される（金商法166条４項、施行令30条、取引規制府令56条）。通常は③が早い。

上場会社等は、金融商品取引所の上場規則で**タイムリー・ディスクロージ**

52　スポンサー企業は、不動産投資法人の立ち上げや証券取引所への上場などにおいて主導的役割を果たし、上場後は、不動産投資法人の運営をサポートし、運用する不動産の取得や運用等に関しても重要な役割を果たすので、その過程で、スポンサー企業の役員・従業員等は、重要事実を知る機会がある。

ヤー（適時開示）義務を負っており、投資判断にとって重要な事実が生じれば「直ちに」開示される。たとえば、多額の損害賠償請求訴訟で裁判上の和解が成立したという事実があれば、和解成立の日の内に東京証券取引所の適時開示情報伝達システムである TDnet（Timely Disclosure network、ディーディーネット）で公表されるのが通常である。

(E)　証券売買等

証券販売等とは、株式、転換社債、（普通）社債、投資証券（金商法163条の「特定有価証券」、施行令27条の2〜27条の4）の売買、株式オプション取引をいう（金商法166条1項本文）。

このうち、普通社債の売買が問題となるのは、破産手続開始申立て、手形不渡り等の、信用リスクに関する重要事実である場合に限られる（金商法166条6項、取引規制府令58条）。

(イ)　情報提供者の責任

2012年に表面化した増資インサイダー事件（引受証券会社から上場会社の公募増資に関する未公表情報を入手した機関投資家等が違法なインサイダー取引を行った事件）において、未公表情報を提供した証券会社の行為が何ら問題とされないのはおかいしいとの批判があり、これをきっかけとして2013年に金商法を改正し、インサイダー情報を**提供する**ことも禁止し、違反者に制裁を課すこととした。[53]

具体的には、内部者等がインサイダー情報の公表前に、他人に利益を得させ、または損失を回避させる目的をもって、当該情報を伝達したり、売買推奨をしたりする行為を禁止する（金商法167条の2第1項）。情報伝達や売買推奨を受けた者がその取引を行った場合に限り、責任が発生する。

53　2013年の金商法改正では、ほかに、投資運用業者・信託銀行の責任、課徴金の基準を「自ら得た利益」から「ファンドが得た利益」に変更するなどの改正が行われた。

⑶　外部情報に関するインサイダー取引

㋐　情報を得た者の責任

外部情報に関する規制で対象となるのは、「公開買付けに関する情報」（公開買付け等事実）である。**公開買付け**とは、ある株式会社の株式等の買付けを、「買付け期間・買取り株数・価格」を公告し、不特定多数の株主から株式市場外で行う制度である。日本においては**TOB**（take-over bid）ということが多い。上場会社等の有価証券報告書の提出を義務づけられている株式会社等の株式等を発行者以外の者が市場で一定数以上の買付け等をする場合は、原則として公開買付けの方法によることが必要である（金商法27条の2）。

一定数以上とは、3分の1を超える、または買付け後の株式所有割合が3分の1を超えることをいう。

〈コラム23〉ライブドアと村上ファンドの公開買付け事件

　市場内で全体の3分の1以上の議決権となる株式を取得しても問題とならない、との解釈に基づき、ライブドアが東京証券取引所の取引開始前の時間外取引でニッポン放送株式の29.5%を取得して、グループとして発行済み株式のうち35%を保有するに至った件（2005年2月）や、村上ファンドが市場内・市場外を併用して阪神電気鉄道株式38%を取得した件（2005年10月）などの反省から、2005年の証取法改正により、市場内取引でも、ToSTNetなど証券取引所の立会外取引（時間外取引）によって、買付け後の株券等所有割合が3分の1を超えるものについては、同じく公開買付けによらなければならないこととされた。

公開買付け等事実を知った者が、事実公表前に関係証券の売買を行うことは禁止される（金商法167条、【図表36】）。

【図表36】　外部情報に関するインサイダー取引の成立要件

(A)　公開買付け等事実

公開買付け等事実とは、公開買付者等が、公開買付け等を行うことについ
ての決定をしたこと、または、公開買付者等が当該決定（公表がされたもの
に限る）に係る公開買付け等を行わないことを決定したことをいう（軽微基
準に該当するものを除く）（特商法167条 2 項）。

〈裁判例17〉　ニッポン放送事件 ———

　2004年 9 月、ライブドア社長が村上ファンド代表からの勧誘により同年11
月にニッポン放送株式の 3 分の 1 以上を取得する方針を決定したことが、村
上ファンド代表に伝えられ、同代表は、2005年 1 月までにニッポン放送株式
を193万株買い増しし、同年 2 月に売却して利益を得た。これが外部情報のイ
ンサイダー取引に該当するとして起訴され、東京地判平19年 7 月19日資料版
商事法務329号90頁、東京高判平21年 2 月 3 日判タ1299号99頁はいずれも有罪
とし、最決平23年 6 月 6 日判時2121年34頁は、「公開買い付け等を行うことに
ついての決定」といえるためには、その公開買付けの具体的な実現可能性ま
では必要がないとして、上告を棄却した。

(B)　公開買付者等関係者

公開買付者等関係者とは、【図表37】のとおり一定の地位にあるものをい
い（金商法167条 1 項）、その者が一定の関係から公開買付け等事実を知った
場合のみが問題とされる。公開買付者等関係者でなくなった後 6 カ月間も規
制対象であり同様の責任を負う。

【図表37】　公開買付者等関係者の詳細

【一定の地位】	【一定の関係】	
①　公開買付者等の役員・従業員等	その職務に関し	知った
②　3 ％以上の株主等	帳簿閲覧権等の行使に関し	
③　法令に基づく権限を有する者	権限の行使に関し	
④　契約先	契約の締結・交渉・履行に関し	
⑤　当該公開買付け等に係る上場等株券等の発行者	当該公開買付者等からの伝達により知ったとき	
⑥　②④⑤の役員・従業員	その職務に関し	

(C)　情報受領者

情報受領者とは、(2)(C)の内部情報に関するインサイダー取引におけるそれと同じである（金商法167条 3 項）。第 2 次受領者（第 1 次受領者から情報の伝達を受けた者）は「情報受領者」にならない。

(D)　公表措置

公表がされたとは、①公開買付開始公告、公開買付届出書、公開買付撤回届出書に記載され、公衆の縦覧に供されたとき、②二つ以上の報道機関が公表して12時間以上経過したとき、③自社公開買付けの実施決定または中止決定が上場会社から取引所に通知され、取引所のウェブサイトに公開されたとき、④上場会社である公開買付会社から金融商品取引所に通知され、取引所のウェブサイトに公開されたとき、⑤上場会社でない公開買付会社が上場会社である自身の親会社または対象会社に要請して、当該親会社・対象会社が公開買付け等事実を取引所に通知し、取引所のウェブサイトに公開されたときのうち、最も早いものがなされた時点で公表があったと評価される（金商法167条 4 項、施行令30条、取引規制府令56条）。

(イ)　情報提供者の責任

内部情報の場合と同様、2013年の金商法改正で、外部情報を**提供する**ことも禁止し、違反者に制裁を課すこととした。具体的には、公開買付者等関係

215

者がインサイダー情報の公表前に、他人に利益を得させ、または損失を回避させる目的をもって、当該情報を伝達したり、売買推奨をしたりする行為を禁止する（金商法167条の2第2項）。情報伝達や売買推奨を受けた者がその取引を行った場合に限り、責任が発生する。

〈裁判例18〉　ドン・キホーテ事件（東京地判令3年4月27日裁判所ウェブサイト）

　ドン・キホーテの代表取締役が、その地位にあったことから2018年8月、B社がドン・キホーテの公開買付けを決定した事実を知り、その公表前に知人にドン・キホーテ株の購入を3回にわたって勧め、知人に7万6500株を代金合計4億3279万8000円で買い付けさせ、6900万円の利益を得させた事件。公開買付けの事実への具体的言及は避けながらも相応の根拠があることを暗に示し、知人が買い付けた株数が5000株にとどまることを知ると、買付けの具体的な期限をも示唆して買増しを推奨しており、悪質であるとして、懲役2年、執行猶予4年とした。

---

(4)　違反に対する制裁

　インサイダー取引の禁止規定に違反すると、刑事、行政上の制裁が発生する。民事責任については規定がない。

(ア)　刑事責任

　内部情報または外部情報を得て公表前に売買をした者は、5年以下の懲役または／および500万円以下の罰金（金商法197条の2第13号）、没収・追徴（同法198条の2）に処せられる。法人の財産または業務に関して行われたときは法人に5億円以下の罰金（同法207条1項2号）が科される。

　内部情報を提供した者は、情報伝達や売買推奨を受けた者がインサイダー取引を行った場合に限り、上記と同様の刑（金商法197条の2第14号・15号）となる。

(イ)　課徴金

　内部情報または外部情報を得て公表前に売買をした者は、利得相当額または回避額相当額（金商法175条1項・2項）の課徴金を課される。罰金刑との重複がありうるが、現実には、刑事事件とならない場合に効果を発揮する。

　内部情報を提供した者は、情報受領者が得た利得相当額の50%の課徴金を賦課される（金商法175条の2第1項3号・2項3号）。

　金融庁による課徴金は、会計年度別統計が開始した2009年から2019年までの10年間では平均で年間40数件、2020年は20件、2021年は27件課されており、そのうちインサイダー取引に関するもの（内部者取引、伝達推奨）は、半分以上を占めている。

(ウ)　民事責任

　民事責任に関する特別の規定はない。インサイダー取引によって損害を受けた者は、民法の不法行為に基づき損害賠償を請求することになる。不法行為責任の考え方としては、開示義務違反説と取引断念義務違反説がある。インサイダー情報を得た者は、それを開示するか取引を断念するか、いずれかをしなければならない。前者の違反ととらえると、開示されていれば取得しなかったという関係があれば損害との因果関係も肯定できるが、インサイダー情報を得た者の多くは開示する立場にないので、この説はとりにくい。取得断念義務違反ととらえると、インサイダー情報を得た者が取引をしたこと自体を非難できるが、この取引と市場で取得した投資者の損害との因果関係は肯定されにくい。[54]

　これまで、インサイダー取引をした者に対する損害賠償請求を認容した判決には接していない。インサイダー取引によって損害を受けたと主張する株主が、インサイダー取引を行った者に損害賠償を請求した事案で、訴訟上の和解が成立した事件がある（日本商事ソリブジン事件。大阪地裁平9年12月12

---

[54]　米国では1988年の証券取引所法改正で、インサイダー取引と同時期に対向する取引をした者に対して、インサイダー取引をした者は損害賠償責任を負うという規定を新設した。黒沼悦郎『アメリカ証券取引法〔第2版〕』（弘文堂・2004年）171頁。

日判例集未登載（和解））。[55]

⑸　インサイダー取引の予防

㋐　概　要

インサイダー取引に関連するが異なる制度として、短期売買利益提供制度、売付け禁止制度があり、これらの制度の実効性を確保するための制度として、短期売買報告制度がある。これら全体では、一定範囲で、インサイダー取引を予防する効果があるといえる。

㋑　短期売買報告制度

上場会社の役員、10％以上の議決権を有する主要株主は、自己の計算でその上場会社等の株式等の売買をした場合は、翌月15日までに売買報告書を内閣総理大臣に提出しなければならない（同法163条1項）。証券会社に委託して売買した場合は、証券会社を経由して報告書を提出する（同条2項）。不提出、虚偽記載には罰則がある（同法205条19号）。

㋒　短期売買利益提供制度

上場会社の役員、主要株主は、その上場会社等の株式等を6カ月以内に売買して得た利益を会社に提供しなければならない（金商法164条）。

上場会社等の役員または主要株主がその職務または地位により取得した秘密を不当に利用することを防止するため、その者が当該上場会社等の株式等について、自己の計算においてそれに係る買付け等をした後6カ月以内に売付け等をし、または売付け等をした後6カ月以内に買付け等をして利益を得た場合においては、当該上場会社等は、その利益を上場会社等に提供すべきことを請求することができる（金商法164条1項）。上場会社が請求しない場合は、株主が、上場会社に代位して請求できる（同条2項）。

インサイダー取引が禁止される前からあった制度であり、インサイダー情報に基づく取引であることは要件ではない。

55　公刊物ではないが、インサイダー取引事件弁護団編著『日本商事　インサイダー取引と被害の救済──民事責任追及の記録』（太平洋法律事務所・1998年）がある。

㈓　上場会社等の役員等の禁止行為

さらに、上場会社等の役員または主要株主は、①一定額を超えるその上場会社等の株式等の売付け、②一定数量を超えるその上場会社等の株式等の売付けは、それ自体を禁止される（金商法165条）。

3　相場操縦

⑴　制度の趣旨と概要

㈠　趣　旨

本来、市場原理に基づいて価格が形成されるべき相場について、特定の意図をもって**変動**あるいは**安定**させようとする人為的行為を禁止することによって、**公正な価格形成**を守ろうとするものである。

㈡　概　要

金商法は、相場操縦行為（広義）を禁止し（同法159条 1 項（仮装取引、馴合^{なれあい}取引）・2 項（変動操作、表示による相場操縦）・3 項（安定操作））、違反した場合の罰則（同法159条につき197条）、課徴金（同法174条・174条の 2・174条の 3）、損害賠償責任（同法160条）を規定する（【図表38】）。

⑵　仮装取引、馴合取引

仮装取引とは、取引が繁盛に行われていると誤解させる目的で、<u>一人で行う</u>次の仮装行為である。繁盛とは、文字どおり、頻繁に、盛んに取引が行わ

【図表38】　相場操縦の概要

相場操縦行為（広義）
- 仮装取引
- 馴合取引
- 変動操作
- 表示による相場操縦
- 安定操作

➡

- 刑事責任（罰則）
- 行政制裁（課徴金）
- 民事責任（損害賠償責任）

れることをいう。仮装取引をすること、その委託等または受託等をすることが禁止される（金商法159条 1 項）。

①　権利移転を目的としない有価証券の仮装の売買・先物取引・先渡し取引（金商法159条 1 項 1 号）

②　金銭の授受を目的としない仮装の指数先物・スワップ・クレジットデリバティブ取引（金商法159条 1 項 2 号）

③　オプションの付与または取得を目的としない仮装の市場オプション取引または店頭オプション取引（金商法159条 1 項 3 号）

馴合取引とは、取引が<u>繁盛に行われている</u>と誤解させる目的で、<u>複数で行う</u>次の馴合行為である。馴合取引をすること、その委託等または受託等をすることが禁止される。

①　自己のする金融商品の売付けまたは買付けと同時期に、それと同価格において、他人が当該金融商品の反対取引（買付けまたは売付け）をすることをあらかじめその者と**通謀**のうえ、当該売付けまたは買付けをすること（金商法159条 1 項 4 号・5 号）、

②　指数先物・指数先渡しの取引の申込みと同時期に、当該取引の約定数値と同一の約定数値において、他人が当該取引の相手方となることをあらかじめその者と**通謀**のうえ、当該取引の申込みをすること（金商法159条 1 項 6 号）

③　市場オプション取引または店頭オプション取引の申込みと同時期に、当該取引の対価の額と同一の対価の額において、他人が当該取引の相手方となることをあらかじめその者と通謀のうえ、当該取引の申込みをすること（金商法159条 1 項 7 号）

④　市場スワップ取引・クレジットデリバティブ取引または店頭スワップ取引・クレジットデリバティブ取引の申込みと同時期に、当該取引の条件と同一の条件において、他人が当該取引の相手方となることをあらかじめその者と通謀のうえ、当該取引の申込みをすること（金商法159条 1 項 8 号）

〈裁判例19〉　大阪証券取引所事件（最決平19年 7 月12日刑集61巻 5 号456頁）[56]

　大阪証券取引所（当時）の副理事長が、同取引所に上場されている株式オプション取引の出来高を多くみせかけるため、コールとプットを同時に買う自己両建て取引を行ったことが、仮装取引、馴合取引に該当するかが争点となった事件である。判決は、①コールとプットを同時に同額で取得する取引は仮装取引に該当する、②「繁盛と誤解させる目的」は、価格操作目的がなくとも出来高を操作する目的があれば肯定される、として、原審（大阪高判平18年10月 6 日判時1959号167頁）の有罪判決を維持した。

(3)　変動操作（現実取引による相場操縦）

　変動操作（現実取引による相場操縦）とは、誘引目的をもって、一連の取引、その委託・受託・申込みをすることである。

　何人も、有価証券売買等を誘引する目的をもつて、有価証券売買等が**繁盛に行われている**と誤解させ、または上場金融商品等もしくは店頭売買有価証券の相場を**変動**させるべき一連の有価証券売買等またはその申込み、委託等もしくは受託等をすることをしてはならない（金商法159条 2 項 1 号）。

　実際に市場で買い上げ、売り浴びせ等をする方法が変動操作の典型である。変動操作と正当な売買との区別は、誘引目的という主観的要件の有無でなされる。

〈裁判例20〉　誘引目的　藤田観光事件（東京地判平 5 年 5 月19日判タ817号221頁）

　この判決は、誘引目的について、人為的に相場を操作する目的であるとした。これについては、他人の取引を利用して自己の取引だけではつくり出せないような相場の変動を生じさせる目的と解すべきとの批判がある。[57]

56　このほか、佐伯仁志「相場操縦の規制　相場操縦」神田秀樹＝神作裕之編『金融商品取引法判例百選』（有斐閣・2013年）110頁参照。

　見せかけの注文を行う**見せ玉**（みせぎょく）は、顧客が行う場合は「委託等」に該当し、変動操作となる。これは、売買が盛んなように見せかけるため、注文を出して約定成立前に取消す行為であり、板（その時点の売り注文、買い注文の価格と量を記載した表）をインターネットで見ることができるようになったため、インターネット取引では容易にできるようになった。

```
┌─────────────────────────────────────────────────────────────┐
│ ┌──────────┐ 顧客の見せ玉　ネット取引見せ玉事件      58         │
│ │〈裁判例21〉│ （釧路地判平17年12月9日商事1755号53頁）          │
│ └──────────┘                                                  │
│                                                               │
│　　会社員Aは、東証一部銘柄である真柄建設の株式につき、2003年7月下旬、│
│　ヤマタネの株式、岩崎通信の株式につき、同年8月中旬、各株式の買い気配│
│　値および株価の高値形成をはかり、各株式の売買を誘引する目的をもって、│
│　北海道釧路市の自宅において、インターネット取引の方法によって、自己名│
│　義で多数の証券会社を介し、約定させる意思がないにもかかわらず、最良買│
│　い気配値を1円ないし4円下回る買い注文を多数かつ大量に出し、厚い買い│
│　板を形成することにより、高値の買付けを誘引し、株価を上昇させるなどし│
│　て、各株式の売買が繁盛であると誤解させ、かつ各株式の相場を変動させる│
│　一連の売買の委託をしたとして、証券取引等監視委員会が相場操縦の罪で告│
│　発し、釧路地方裁判所は、懲役1年6カ月・執行猶予3年・罰金100万円の有│
│　罪判決を言い渡した。被告はこの行為で値を上げた銘柄を売り抜け、320万円│
│　ほどの利益を得ていたという。インターネットによる株式取引で不正に株価│
│　を吊り上げたとして日本で初めて摘発された事件である。                 │
└─────────────────────────────────────────────────────────────┘
```

　証券会社による見せ玉行為も横行したため、2006年には法改正で「申込み」を追加し、証券会社の自己売買の形による見せ玉も変動操作となることとした。具体的には、「何人も……次の行為をしてはならない」の後に、改正前は「1　……一連の上場有価証券売買等又はその委託等若しくは受託等をすること」とあったが、2006年7月4日施行の改正法では「1　……一連

57　黒沼・前掲（注43）478頁。
58　このほか、証券取引等監視委員会報告書（平成17年）15頁参照。

の上場有価証券売買等又はその申込み〔著者下線〕、委託等若しくは受託等をすること」とした。この改正法では、顧客の委託等が、従来は刑事罰だけだったが、課徴金の対象にもした。2007年9月30日施行の改正法では「上場」の語を削り、「1　……一連の有価証券売買等又はその申込み、委託等若しくは受託等をすること」とし、上場有価証券に限らないことにした。

〈課徴金事例1〉 証券会社の見せ玉　国債先物見せ玉事件[59]

　2018年7月、三菱UFJモルガン・スタンレー証券のディーラーが国債先物について見せ玉を行ったとして、金融庁長官は、同社に2億1837万円の課徴金納付命令を出した。

---

(4)　表示による相場操縦

表示による相場操縦とは、①誘引目的をもって、相場が変動するとの風説を流布すること、または②誘引目的をもって、不実表示をすることである。

　何人も、有価証券売買等を誘引する目的をもって、次の行為をしてはならない。

①　上場金融商品等または店頭売買有価証券の相場が自己または他人の操作によって変動するべき旨を流布すること（金商法159条2項2号）

②　有価証券売買等を行うにつき、重要な事項について虚偽であり、または誤解を生じさせるべき表示を故意にすること（金商法159条2項3号）

(5)　安定操作

安定操作とは、価格のくぎ付け・固定・安定目的で、一連の取引、その委

59　証券取引等監視委員会「三菱UFJモルガン・スタンレー証券株式会社による長期国債先物に係る相場操縦に対する課徴金納付命令の勧告について」（2018年6月29日）（同委員会ウェブサイト）、「平成30年度課徴金納付命令等一覧」より一連番号14の決定要旨参照（金融庁ウェブサイト）。

託・受託・申込みをすることである。

　何人も、政令で定めるところに違反して、上場金融商品等または店頭売買有価証券の相場を**くぎ付け**し、**固定**し、**または安定させる目的**をもって、一連の有価証券売買等またはその申込み、委託等もしくは受託等をしてはならない（金商法159条3項）。

〈業務停止命令事例1〉　安定操作　SMBC日興證券相場操縦事件

　SMBC日興証券とその幹部は、2019年12月から2021年4月の間に、複数回にわたり、合計10銘柄の株式について、『ブロックオファー』取引（大株主からまとまった株を買い取り投資家に転売する取引）の対象銘柄の株式について、売買価格の基準となる同取引当日の終値等が前日の終値に比して大幅に下落すると取引が中止されてしまうと懸念して、その株価を一定額程度に維持するため、すなわち相場を安定させる目的で、指値の買い注文を大量に入れて買い付ける行為を行ったとして、2022年4月12日、証券取引等監視委員会により金商法違反（相場操縦の罪。安定操作）で告発された。その後、起訴され、法人と罪を認めた一部の役員について、2023年2月23日に判決が言い渡される予定となっている。

　2022年9月には行政処分が勧告され、金融庁は、2022年10月7日、SMBC日興証券に対して金商法に基づき3か月間の業務停止命令（一部）を出した。

　政令では、安定操作が許容される例外として、募集・売出しを容易にするために市場において一連の有価証券売買を行う場合を規定している（施行令20条1項）。有価証券の市場価格が募集・売出しの価格を下回ると、募集・売出しは、それに応ずる人が現れず失敗してしまうからである。発行者は、元引受証券会社に安定操作を委託し（同条2項・3項）、安定操作することは有価証券届出書および目論見書に記載する（施行令21条）。

⑹　違反に対する制裁等

相場操縦等の禁止規定に違反すると、刑罰、課徴金の制裁があり民事責任
も発生する。

⑦　刑事責任（罰則）

相場操縦等の禁止規定に違反した者は、10年以下の懲役または／および
1000万円以下の罰金（金商法197条1項5号）、没収・追徴（同法198条の2）に
処せられる（商品関連市場デリバティブ取引にのみ係るものは、5年以下の懲役
または／および500万円以下の罰金に処せられる（同法197条の2第13項））。財産
上の利益を得る目的で、相場操縦等の禁止規定に違反し、有価証券等の相場
を変動させ、またはくぎ付けし、固定し、もしくは安定させ、その相場によ
り、当該有価証券の売買等を行った者は、10年以下の懲役および3000万円以
下の罰金に処せられる（金商法197条2項）。法人の財産または業務に関して
行われたときは法人に7億円以下の罰金（同法207条1項1号）が科される。

相場操縦等の刑事事件判決として、①日本鍛工事件（東京地判昭56年12月
27日判時1048号164頁）、②三菱地所事件（東京地判昭56年4月27日判時1020号
129頁）、③協同飼料事件（最決平6年7月20日判時1507号51頁）、④藤田観光事
件（東京地判平5年5月19日判タ817号221頁。裁判例20）、⑤日本ユニシス事件
（東京地判平6年10月3日資料版商事法務128号166頁）、⑥志村化工事件（東京地
判平15年7月30日商事1672号43頁）、⑦キャッツ事件（東京地判平17年3月11日
判時1895号154頁）などがある。

⑦　課徴金

相場操縦等をした者のうち、①仮装取引・馴合取引をした者に対する課徴
金納付命令（金商法174条1項）、②変動操作をした者に対する課徴金納付命
令（同法174条の2）、③安定操作取引等の禁止に違反した者に対する課徴金
納付命令（同法174条の3）が規定されている。表示による相場操縦について
は課徴金の対象とされていない。

①は、違反行為終了時のポジションを違反行為後1カ月間の最有利値で反

対売買した場合に得られる利益の額、②は、違反行為中の売買により得た利益と、違反行為終了時のポジションを違反行為後1カ月間の最有利値で反対売買した場合に得られる利益の合計額、③は、違反行為中に反対売買により得た利益と、違反行為中の平均価格と違反行為後1カ月の平均価格の差額に違反行為開始時のポジションを乗じた額の合計額である。

　罰金刑との重複がありうるが、現実には、罪状の重いものは刑事責任、そうでないものは課徴金という振分けが意識されている。

　金融庁では、会計年度別統計が開始した2009年から2019年までの10年間をみると平均年間40数件の課徴金が課されており、そのうち相場操縦等に関するものは毎年数件から10数件含まれている。2020年は総数20件、2021年は総数27件と減少したが、それでも相場操縦等に関するものは年間数件含まれている。

㈦　民事責任（損害賠償責任）

　違反者は、相場操縦等によって形成された価格で取引した者の損害を賠償する責任がある（金商法160条）。この賠償請求権は、請求権者が違反行為を知った時から1年または当該行為時から3年で時効消滅する。

　大阪高判平6年2月18日判時1524号51頁は、この規定を不法行為の特則であるとしたが、時効期間が不法行為の時効期間より短いことからすると、不法行為による損害賠償請求を排除する趣旨ではないと考えるべきである。

4　風説の流布、偽計、暴行・脅迫の禁止

⑴　沿革と概要

㈦　沿　革

　相場操縦を防止するため、および、詐欺的行為を一般的に禁止するための規定である。戦前からの規定であり、戦後の証取法で取り入れられた相場操縦（現在の金商法159条）や一般的詐欺禁止規定（現在の金商法157条）と要件

が重複するところがある。

(イ)　概　要

　何人も、有価証券の募集、売出しもしくは売買その他の取引もしくはデリバティブ取引等のため、または有価証券等の相場の変動を図る目的をもって、風説を流布し、偽計を用い、または暴行もしくは脅迫をしてはならない（金商法158条）。違反した場合の罰則（同法197条）、課徴金（同法173条）を規定する。損害賠償責任の規定はない。

(2)　風説の流布

　風説の流布とは、虚偽または不確かな情報（合理的根拠のない情報）を不特定多数に流すことである。投資者を惑わし価格形成をゆがめる影響があるので、禁止される。

　将来実現するかもしれないことをすでに実現したと公表することは虚偽である（テーエスデー事件・東京地判平8年3月22判時1566号143頁）。公開買付けを行う意思がないのに公開買付を行う旨の意思を表明することも虚偽の事実であり風説に該当する（東天紅事件・東京地判平14年11月18日判例集未登載）。なお、**風説**とは、合理的な根拠のない事実であり、それが真実であっても風説に該当しうる。ただし、個別の銘柄を推奨するだけの場合は事実が含まれておらず、風説とはいえない。

　流布とは、不特定または多数の者に伝達することである。記者会見のように、特定の者に伝達することではあってもその者から不特定多数の者に伝達する可能性があることを認識していれば、流布に該当する（テーエスデー事件）。記者会見の予告を記者クラブの幹事社にファックスすること（東天紅事

【図表39】　風説の流布等要件図

件)、インターネットの掲示板へ書き込むことも流布にあたる。インターネット上で集めた特定の集団に対し電子メールを送信することも流布にあたる（ドリームテクノロジー事件）。開示書類に虚偽の事実を記載して提出・公表した場合、開示義務違反であるとともに、風説の流布にも該当することがある（ライブドア事件）。

〈裁判例22〉　流布　ドリームテクノロジー事件
（広島簡裁平15年 3 月28日略式命令）

　Aは、B社に関するうそ情報を流して相場を変動させ、それを利用して株の売買で利益を上げようと思い、インターネット上で募集した投資クラブ会員に対し「B社には会社の存立を左右するような悪材料があるから明日の寄付きで売り注文を出してください」という内容虚偽の電子メールを送信し、その後、悪材料が偽りであったとして買戻しを指示する電子メールを送信した。

〈裁判例23〉　流布・偽計　ライブドア事件
（東京地判平19年 3 月16日判時2002号31頁）

　四半期報告書に業績について虚偽の事実を記載して公表したことが風説の流布にあたるとともに、偽計にも該当するとした。

---

(3)　偽　計

　偽計とは、他人に誤解を生じさせる詐欺的または不公正な策略・手段を用いることである。取引相手に対する詐欺的行為、組織再編に関する偽計、架空増資などが偽計の例とされる。架空増資では、増資がなされた旨および同増資により資本増強が行われている旨の開示が偽計にあたる（ペイントハウス事件）。

〈裁判例24〉 偽計　ペイントハウス事件
（東京地判平22年2月18日判タ1330号275頁）

　増資に伴う新株引受に際しての払込金の大半を何の対価もなく直ちに流出させることが払込み以前から予定されており、現に流出させたにもかかわらず、証券取引所が提供する開示情報システムにおいて、増資がなされた旨および同増資により資本増強が行われている旨開示したことが、虚偽の事実を公表させたものとして偽計にあたるとした。

　偽計については、太田浩「アーバンコーポレーション・BNPパリバ間の『CB・スワップ組合せ取引』に関する検討」商事1865号（2009年）75頁も参照。

⑷　暴行・脅迫

　暴行とは、有形力の行使であり、**脅迫**とは、言動で畏怖させることである。株価を下げようと思って当該会社の運営する店舗に放火する行為は、金商法158条で禁止する暴行・脅迫に該当する（ドン・キホーテ放火事件）。

〈裁判例25〉 暴行・脅迫　ドン・キホーテ放火事件
（横浜地判平21年11月24日2009年11月25日付け日本経済新聞）

　Aはあらかじめドン・キホーテ株を信用取引で売却し（空売り）、株価を下落させたうえで安値で買い戻して利益を得ようと計画し、2008年5月と7月、横浜市の2店舗内の商品などにライターで火を付けた（従業員が消火）ほか、新聞社や同社本社に放火を予告する文書を送った。判決は、ドン・キホーテの株価を下落させ、「空売り」で利益を得る目的で、店舗に火を付けたと認定し、金商法の相場変動目的暴行・脅迫の罪は「相場変動の恐れが生じれば、対象は限定されない」として、同罪と現住建造物等放火未遂の罪で懲役6年とした。

⑸　違反に対する制裁等

㋐　刑事責任（罰則）

　風説の流布、偽計、暴行・脅迫の禁止規定に違反した者は、10年以下の懲役または／および1000万円以下の罰金（金商法197条 1 項 5 号）、没収・追徴（同法198条の 2 ）に処せられる（商品関連市場デリバティブ取引にのみ係るものは、 5 年以下の懲役または／および5000万円以下の罰金に処せられる（同法197条の 2 第13項））。財産上の利益を得る目的で、これらの禁止規定に違反し、有価証券等の相場を変動させ、またはくぎ付けし、固定し、もしくは安定させ、その相場により、当該有価証券の売買等を行った者は、10年以下の懲役および3000万円以下の罰金に処せられる（同法197条 2 項）。法人の財産または業務に関して行われたときは法人に 7 億円以下の罰金（同法207条 1 項 1 号）が科される。

㋑　課徴金

　風説の流布、偽計の禁止規定に違反し、それにより有価証券等の価格に影響を与えた者は、課徴金の納付を命じられる（暴行、脅迫は除外。金商法173条）。

①　違反行為期間で売りが多い場合、「超える数量×売却代金」から「期間後 1 カ月間の最低額×その数量」を控除した額

②　違反行為期間で買いが多い場合、「超える数量×買付代金」から「期間後 1 カ月間の最高額×その数量」を控除した額

③　違反行為の開始時から違反行為の終了後 1 カ月を経過するまでの間に違反者が自己または関係者の発行する有価証券を発行勧誘等により取得させ、または組織再編成により交付した場合は、その間の最高額からその直前の価格を控除した額

④　違反者が、自己以外の者の計算において、違反行為の開始時から違反行為の終了後 1 カ月を経過するまでの間に売付け等または買付け等をした場合は、有価証券の売付け等または有価証券の買付け等をした者の区

【図表40】　課徴金の要件

分に応じ、ⓐまたはⓑに定める額

ⓐ　運用対象財産の運用として当該有価証券の売付け等または有価証券の買付け等を行った者は、有価証券の売付け等または有価証券の買付け等をした日の属する月（2以上の月にわたって行われたものである場合は最後の月）における運用対象財産のうち運用の対価の額に相当する額の3倍の額

ⓑ　ⓐの者以外の者は、売付け等または買付け等に係る手数料、報酬その他の対価の額

㈦　民事責任（損害賠償責任）

　風説の流布、偽計、暴行・脅迫の禁止規定の違反について、金商法には民事責任の規定はない。風説の流布等の結果、相場操縦に該当すれば、相場操縦禁止規定（同法159条）にも違反し、その場合の損害賠償責任（同法160条）が発生する。また、風説の流布、偽計は不法行為の違法性の要件は満たすと考えられるので、その行為と相当因果関係のある損害について、損害賠償責任を負うと考えられる。

5　包括的な詐欺禁止規定

⑴　沿革と概要

　沿革的には、米国の証券取引所法10⒝、SEC規則10b-5に倣ったものである。

　何人も、有価証券の売買その他の取引またはデリバティブ取引等について、

①「不正の手段、計画、技巧」、②「重要な事項について虚偽の表示があり、または誤解を生じさせないために必要な重要な事実の表示が欠けている文書その他の表示を使用して金銭その他の財産を取得」、③取引誘引目的をもって「虚偽の相場を利用」してはならない。

　有価証券の売買その他の取引とは、有価証券の売買、募集、売出し、公開買付け、減資取得、承継取得、交換等、有価証券の移転を広く指す。これらの違反は犯罪である（金商法197条）。同法157条は禁止行為の範囲が広いので、包括的な詐欺禁止規定と位置づけられている。

`用語解説`

　▶**SEC 規則10b-5（テンビーファイブ）**：米国の SEC（証券取引委員会）が証券取引所法に基づき制定した規則10b-5は、詐欺を行うための策略、計略または技巧を広く禁止したものである。これまで、ディスクロージャー違反、インサイダー取引、相場操縦、不当な投資勧誘、適合性原則違反等に広く適用されてきた。この規則違反は、刑事罰の対象となるし、SEC による差止めと利益吐出し訴訟、民事制裁金の対象にもなる。さらに、判例上、被害者による損害賠償請求権の請求原因にもなるとされている[60]。

(2)　不正の手段・計画・技巧

　何人も、有価証券の売買その他の取引またはデリバティブ取引等について、不正の手段、計画、技巧をしてはならない（金商法157条1号）。

　不正の手段、計画、技巧とは、社会通念上不正と認められる行為を意味し、欺罔行為や錯誤等の詐欺的な要素は要件ではない。これまで、若干の刑事裁判例があるものの、あまり使われてこなかった。

(3)　虚偽の表示、重要事実欠落表示による財産取得

　何人も、重要な事項について虚偽の表示があり、または誤解を生じさせないために必要な重要な事実の表示が欠けている文書その他の表示を使用して金銭その他の財産を取得してはならない（金商法157条2号）。

　虚偽の表示または重要事実欠落表示＋財産取得という要件であり、前段は

60　詳細は、黒沼・前掲（注43）494頁参照。

金商法158条の偽計と相当重なるが、同条の偽計では目的があることが要件であるが、こちらはそのような要件はない代わりに財産取得という結果が要件となっている点に相違がある。これまで裁判例は見当たらない。

(4)　虚偽相場利用の禁止

何人も、有価証券の売買その他の取引またはデリバティブ取引等を誘引する目的をもって、虚偽の相場を利用してはならない（金商法157条3号）。

虚偽相場を利用した取引を行えば、金融商品取引所の無免許開設（金商法80条1項）にも該当する。同法159条2項3号の「表示による相場操縦」と類似しているが、自己が有価証券売買等を行うときに限られない点が異なる。

6　無登録業者による未公開株売付けの無効

(1)　沿　革

一般消費者が、電話や訪問で無登録業者から価値のない未公開株や未公開社債を勧誘されて売り付けられ、支出額相当額の損害を被る被害が続出したため、被害回復を少しでも容易にするため、2011年金商法改正で、無登録業者による未公開有価証券の売付けを原則として無効とすることとしたものである（金商法171条の2）。

(2)　内　容

無登録業者が、上場されていない株券、社債券、新株予約証券等につき売付けまたはその媒介、代理、募集または売出しの取扱い等を行った場合には、対象契約は、無効とする（金商法171条の2）。これは顧客保護のための規定であるから、業者からは無効の主張はできない。錯誤と異なり、顧客に重過失があっても無効主張できる。

ただし、当該無登録業者または当該対象契約に係る当該未公開有価証券の

売主もしくは発行者（当該対象契約の当事者に限る）が、当該売付け等が当該顧客の知識、経験、財産の状況および当該対象契約を締結する目的に照らして顧客の保護に欠けるものでないことまたは当該売付け等が不当な利得行為に該当しないことを証明したときは、この限りでない（金融法171条の 2 第 1 項ただし書）。

　これは、法律で無効とする根拠が、未公開株等の投資勧誘が適合性原則違反や公序良俗違反（暴利行為類型）に該当する点にあるので、例外的にこれらのいずれにも該当しない場合は無効とならないこととし、その立証責任を業者側に負わせたものである。

　実際の被害回復の場面では、未公開株詐欺を行うような業者は資力に不安があることから、業者に加えその役員や勧誘をした個人も被告にして訴訟提起するのが通常であり、請求原因の中心は共同不法行為となるので、この規定だけでは解決できない。それでも、この規定により取引自体が無効であることを前提にできるので、不法行為の立証が容易になる。

第 4 部
金融サービス提供法

第1章　金融サービス提供法の全体像

1　金融商品取引法と金融サービス提供法

　すでに解説した「金融商品取引法」（金商法）は、証取法という大きな法律を改正して、対象を広げて名称を変えたものであり、これから解説する「金融サービスの提供に関する法律」（金サ法。旧名称は「金融商品の販売等に関する法律」（金販法））は、説明義務等に違反した場合の損害賠償責任を定める民事法部分と横断的な金融サービス仲介業を定める業法部分で構成される法律であって、この二つの法律は、その位置づけも内容もまったく異なる。それにもかかわらず、両者は密接な関係がある。

　金商法は公正な市場を通じて顧客保護をめざすものであり、金サ法は業者の損害賠償責任を規定することと金融サービス仲介業を規制することを通じて顧客保護をめざすものであって、究極の目的は共通している。そこで、将来的には一つの法律とすることが望ましいという意見があったが、適用対象の広狭（金サ法の適用対象は、金商法の適用対象（有価証券とデリバティブ取引）＋預金・保険）の相違が障害となっていた。今般、預金や保険の仲介を含む金融サービス仲介業の規定が追加されたことで範囲の違いが際立つことになったものの、追加部分は業法であるので、業法である金商法に法的性格が近づいたともいえる。

2　金融サービス提供法の変遷

　金サ法は、①金融商品販売等の規定と、②金融サービス仲介業の規定からなる法律である。

　金サ法の前身は①のみであり、2001年に「金融商品の販売等に関する法

律」（金販法）として施行され、2006年に大きな改正が行われた（2007年9月30日施行）。この改正法の全体像は次のとおりである（3条以降の条数は2007年改正以降から2020年改正以前のもの）。

〈2007年9月～2021年10月の金販法〉

1条（目的）：顧客保護　⇒　国民経済の健全な発展

2条（定義）：金商法で有価証券やデリバティブ取引が拡大　⇒その分拡大。
　　さらに政令。

3条（説明義務）：2006年の改正で、説明内容拡大（当初元本上回るリスクの
　　説明義務、しくみの説明義務）、説明の方法・程度（適合的な、理解できる
　　説明）を追加した。

4条（断定的判断提供等の禁止）：2006年の改正で新設された。

5条（損害賠償責任）：説明義務違反、断定的判断提供等と損害賠償責任を結
　　びつける。

6条（因果関係・損害額の推定）

7条（民法の適用）

8条、9条、10条（勧誘方針等）

　その後、FinTechの進展を受けて2020年6月5日の改正により、②横断的な金融サービス仲介業に関する規定が追加された。これに伴い、金販法は、法律名を「金融サービスの提供に関する法律」（金サ法）に変更した（2021年11月1日施行）。

　2条に総則としての定義規定が加わり、従来の2条以下が繰り下がり、従来の10条（過料の制裁規定）が削除された。その後に金融サービス仲介業の規定が追加された（11条～105条）。

〈2021年11月以降の金サ法〉

第1章　総則

　1条（目的）：顧客保護⇒国民経済の健全な発展、2条（定義）

第2章　金融商品の販売等

　3条（定義）：「金融商品の販売」の定義／4条（説明義務）／5条（断定的判断提供等の禁止）／6条（損害賠償責任）／7条（因果関係・損害額の推定）

　8条（民法の適用）

　9条・10条（勧誘方針等）

第3章　金融サービス仲介業

　第1節　総則（11条～23条）、第2節　業務（24条～32条）、第3節　経理（33条・34条）、第4節　監督（35条～39条）、第5節　認定金融サービス仲介業協会（40条～50条）、第6節　指定紛争解決機関（51条～73条）、第7節　雑則（74条～84条）

第4章　罰則（85条～102条）

第5章　没収に関する手続等の特例（103条～105条）

3　総則（共通規定）

(1)　目　的

　この法律は、①金融商品販売等の際の説明義務等と、説明しなかった場合等の業者の損害賠償責任などの金融商品販売に関する事項を定め、②金融サービス仲介業を登録制として業務の健全かつ適切な運営を確保することにより、「顧客の保護を図り、もって国民経済の健全な発展に資すること」を目的とする（金サ法1条）。

⑵　定　義

　預金等とは、預金、貯金、定期積金または銀行法に規定する掛金をいう（金サ法 2 条 1 項）。**保険契約**とは、保険業法に規定する保険業を行う者が保険者となる保険契約をいう（同条 2 項）。**有価証券**とは、金商法 2 条 1 項規定の有価証券または同条 2 項で有価証券とみなされる権利をいう（金サ法 2 条 3 項）。**市場デリバティブ取引**とは、金商法 2 条21項規定の市場デリバティブ取引をいう（金サ法 2 条 4 項）。**外国市場デリバティブ取引**とは、金商法 2 条23項規定の外国市場デリバティブ取引をいう（金サ法 2 条 5 項）。

　第 2 章では金融商品販売等に関する規制を解説し、横断的仲介法制は第 3 章で解説する。

第2章　金融サービス提供法における金融商品販売等の規制

●第2章のポイント●

- ・金サ法は、金融商品の取引ではどのような場面に関係するか。
- ・被害救済手段として、金サ法による救済を不法行為に基づく損害賠償請求と比較すると、長所、短所は何か。
- ・これまで損害賠償請求訴訟であまり使われてこなかったのはなぜか。

【事例】
　これまで社債を買ったことがない主婦が、証券会社から利回りが良いと勧誘されてマイカルの社債を買ったところ、マイカルがその年の9月に破綻して損失を被った。勧誘に問題がないか。

1　「金融商品の販売等」の規制対象

　金サ法のうち「金融商品の販売等」の規制対象となる取引は「金融商品の販売」である。具体的には、有価証券取引、デリバティブ取引、預金取引、保険取引など幅広く対象とされ（同法3条）、2004年4月からは外国為替証拠金取引も対象に加えられているが、国内商品先物取引等は対象からはずれている。2007年9月30日には、金商法における有価証券概念とデリバティブ取引概念の拡大に伴い、それらを対象の一部としていた金販法の対象も拡大し、たとえば、集団投資スキームが対象に加わった。その後の改正により、2020年5月からさらに暗号資産も加わった（同法3条1項6号）。

　金サ法の対象となる販売等の主体は、業として金融商品の販売等を行う者（金融商品販売業者）であり、金商法規定の金融商品取引業の登録を受けてい

るか否かは関係ない。

　販売の相手方は顧客であり、個人や消費者に限られない。顧客が株式会社である場合も適用されることに注意が必要である。ただし、顧客のうち、特定顧客（金融商品販売業者、金商法規定の特定投資家（プロ））に対しては、金サ法の説明義務規定等の適用が排除される（同法 4 条 7 項 1 号、金サ法施行令 9 条）。

2　説明義務と損害賠償

　金融商品の販売等に際し、業者に重要事項の説明を義務づけ（金サ法 4 条）、その違反を損害賠償責任と結びつけている（同法 6 条）。この説明は、「顧客の知識、経験、財産の状況及び当該金融商品の販売に係る契約を締結する目的に照らして、当該顧客に理解されるために必要な方法及び程度によるものでなければならない」（同法 4 条 2 項）。

　重要事項とは、①元本欠損のおそれがあるときは、その旨とその要因（市場リスク、信用リスクの具体的内容）、取引のしくみ、②当初元本（保証金または証拠金）を上回る損失発生のおそれがあるときは、その旨とその要因（市場リスク、信用リスクの具体的内容）、取引のしくみ、③権利行使期間、解除期間などの期間制限があるときはその旨をいう。

　取引のしくみについては次のとおり定義されている（金サ法 4 条 5 項 1 号〜 6 号）。

① 　預貯金、無尽掛け金、信託契約、保険、不動産特定共同事業契約
　　契約の内容
② 　証券等　　　権利の内容、義務の内容
③ 　信託受益権　　　権利の内容、義務の内容
④ 　譲渡性預金証書に表示される金銭債権　　　債権の内容、債務の内容
⑤ 　デリバティブ取引　　　取引のしくみ
⑥ 　政令で定める行為　　　政令で定める事項

　たとえば、外貨預金の「しくみ」は「契約の内容」と規定されている。具体的には、「日本円を外貨に換算して預託し、その後、日本円に換算して受取ること」「往復の換算の際にいずれもスプレッドがあってその分が費用（為替手数料）となること」「為替相場の変動により受取額が変動すること」等の説明をすることになる。

　以上の説明は、複数業者が説明義務を負う場合、一つの業者がすればよく、重複説明は不要である（金サ法4条6項）。

　例外的に説明が不要となるのは、顧客が特定顧客である場合のほか、説明不要の意思表示をした場合である（金サ法4条7項2号）。これは、説明不要の理由がすでに理解していることであることが必要であり、面倒であるとか、一任状態を容認したような場合は、これに該当しない。

　立法担当者は、この説明義務と損害賠償責任を、不法行為の特則であると説明している。[1]ほとんどの金融商品に適用があること、勧誘がない場合にも説明義務があること、民法の使用者責任の規定を経由しない直接責任であること、故意過失の有無を問わない無過失責任であること、損害額（支出額－受取額＝損害額）と因果関係が推定されること（金サ法7条）などが特徴である。

　勧誘がある場合は、従来から判例で認められてきた、民法の信義則を根拠とする説明義務と重複して金サ法の説明義務を負うことになる。説明すべき内容と程度が同一ではないことから、勧誘による取引の場合に、民法の信義則を根拠とする説明義務と金サ法の説明義務が並存するという事実は重要である。両者を比喩的に表現すると、金サ法に規定する説明義務はパッケージ商品、民法の信義則を根拠とする説明義務はケースに応じて説明すべき対象や程度が異なる手作り商品ということができる。

1　大前恵一郎＝滝波泰『一問一答金融商品販売法』（商事法務研究会・2001年）23頁～24頁。

3　断定的判断提供・確実性誤解告知と損害賠償

　金融商品の販売等に係る事項について、不確実な事項について断定的判断の提供等（断定的判断を提供し、または確実であると誤解させるおそれのあることを告げる行為）を禁止し（金サ法5条）、その違反を、損害賠償責任と結びつけている（同法6条）。民法の使用者責任の規定を経由しない直接責任であること、故意過失の有無を問わない無過失責任であること、損害額（支出額−受取額＝損害額）と因果関係が推定されること（同法7条）などは、説明義務違反の場合と同様である。

4　民法の適用

　以上の損害賠償責任については、金サ法の規定によるほか、民法の規定による（金サ法8条）。時効、民事法定利率などが適用されることになるが、過失相殺の適用については、金サ法の責任が無過失責任であることから理論的な問題はあるものの、判例は肯定している。

5　勧誘方針策定公表義務等

　金融商品販売業者等は、勧誘をするに際し適正の確保に努めなければならない（金サ法9条）。

　同じく、金融商品販売業者等は、勧誘方針を策定して公表しなければならない（金サ法10条）。勧誘方針には、①適合性に関する事項（契約締結目的に対する配慮が改正で追加）、②不招請の勧誘を含む勧誘制限に関する事項（方法、時間帯に関する配慮事項）、③その他勧誘の適正確保に関する事項が含まれていなければならない。勧誘方針を定めて公表することを個々の金融商品販売業者等に義務づけたものである。政令は、公表の方法については定める

が、内容にかかわることについては規定しない。当局の監督よりも市場の評価に重点をおいた規定といえる。違反したら過料の制裁がある（同法97条）。

6　裁判例

　これまでの裁判例はすべて金販法時代のものであるので、以下では、判決文に従い、金販法の語を用い、条文も当時の条文のまま記載する。

　金販法 3 条（当時。現在の金サ法 4 条）規定の説明義務違反を理由に損害賠償を命じた裁判例が 4 件把握されている（〈裁判例26〉～〈裁判例29〉、〈コラム24〉）。

① マイカル債事件（東京地判平成15年 4 月 9 日）

② 中央会クレディ事件（東京地判平成22年11月30日）

③ 髙木証券事件（大阪高判平23年11月 2 日）

④ みずほ EB 事件（大阪高判平成27年12月10日）

〈裁判例26〉 マイカル債事件（東京地判平15年 4 月 9 日金法1688号43頁）

　マイカルの普通社債の販売に関して、金販法 3 条に規定する信用リスクの説明義務に違反したとして、販売した証券会社に同法 4 条（現在の金サ法 6 条）に基づき損害賠償を命じた（過失相殺 7 割）。

〈コラム24〉 酒販年金事件

　全国小売酒販組合中央会（以下、「中央会」という）では、組合員のための年金制度（酒販年金）をつくり運営していたところ、金融ブローカー S が、オルタナティブ運用であるとしてチャンセリー債という証券化商品（英国の法律事務所に交通事故損害賠償事件の裁判費用を融資する運用をする SPC の社債）を勧誘し、中央会の担当者にリベートを支払うなどした。そのため、中央会の担当者が承諾し、2002年から2003年にかけて、中央会は、組合員等

から拠出された年金資金のほとんどである145億円を投入した。この証券は、実際は上記SPCから運営会社であるインバロ社への貸付けを経由してそこから法律事務所に貸し付ける形になっており、インバロ社の信用リスクを負うものであったところ、インバロ社は程なく破綻して全損となり、年金制度が崩壊した。

　この事件については多数の判決がある。①中央会が金融ブローカーSと証券保管金融機関クレディスイス（以下、「クレディ」という）、その従業員Kを被告とした事件（東京地判平22年11月30日判時2104号62頁）、②組合員が中央会を被告とした、年金受給方法選択の際の説明義務が争点となった事件（東京地判平18年4月24日判時1955号43頁、東京高判平18年10月25日判時1962号72頁。一審は説明義務違反があるとしたが、控訴審はこれを否定し、説明義務はないとして請求棄却となった）、③組合員が中央会とその役員、S、クレディ、ほかのチャンセリー債取引の関与者を被告とした集団訴訟事件（大阪地判平23年7月25日判時2184号74頁、東京地判平23年9月28日判例集未登載）などがある。

　中央会は、①でクレディに敗訴し、③で組合員に敗訴したため、年金掛金の返還義務があること、それが不能であることが明確になり、2012年7月に再生手続開始申立てを行い、同手続を経て今日に至っている。裁判例では、このうち金販法に関する判示がある①を〈裁判例27〉で取り上げる。

〈裁判例27〉　中央会クレディ事件（東京地判平22年11月30日判時2104号62頁）

　判決はまず、金融ブローカーSやクレディが金販法2条3項の「金融商品販売業者等」に該当するとし、次に中央会について、その年金共済制度は生死にかかわらず一定額が支払われる制度設計になっているので同条1項4号の「保険契約に類する」とはいえないとして、中央会は金融商品販売業者等には該当せず同法3条7項1号の特定顧客に該当しないので、説明義務の規定の適用がある顧客であるとした。

　そして、Sについては、運営会社インバロの信用リスクがチャンセリー債の償還に影響を及ぼすことを説明しなかったことが、説明義務違反であると

して、金販法 4 条（現在の金サ法 6 条）および民法709条に基づき、150億円余りの損害賠償を命じた（過失相殺なし）。

　クレディについては、中央会の委託を受けてクレディ名義で取得することによって、中央会に有価証券を取得させる行為の媒介を行ったとして、金販法 3 条 1 項の説明義務を負うとし、チャンセリー債関連文書にインバロ社の信用リスクについては触れられていなかったことから、同項の説明義務に違反するとしたが、相当因果関係がないとして請求を棄却した。すなわち、「〔旧金販法〕（〔　〕内著者加筆） 4 条が、金融商品販売業者等が重要事項について説明をしなかったときは、『これによって』生じた損害を賠償する責めに任ずる旨規定している文言に照らしても……相当因果関係が、旧金販 4 条の定める損害賠償責任の要件として不要とされたものとも、推定されるものとも解することができない」として、本件では、チャンセリー債購入決定後に保護預かり機関を探している過程でクレディと契約したのであるから、「被告クレディが原告との間で本件契約を締結したことによって本件投資が実現できたとはいえる」が「被告クレディ又はその従業員であるKの行為ないし不作為によって、原告が本件投資を実行させられたものと評価することができず」説明義務違反と購入・損失との間には相当因果関係がないとした。不法行為については、不法行為法上の違法があるとは認められないうえ、同様に相当因果関係もないとした。

　──〈裁判例28〉 髙木証券事件（大阪高判平23年11月 2 日セレクト41巻315頁）──

　髙木証券は、レジデンシャル－ONE と名付けた独自の不動産ファンドを、2003年 6 月から2007年11月にかけて、 2 万人余りに総額527億円販売し大きな被害をもたらした。このファンドは、匿名組合に対する顧客からの出資金に金融機関からの借入金を加えることによりレバレッジをきかせた運用を行うものであり、満期償還時には借入金の返済が出資金の償還に優先されることとあいまって、投資対象不動産の売却価格が下落したときは大きなレバレッジ効果が働き、不動産価格の下落幅以上に出資金が大幅に元本割れするリスクがある商品であり、実際に、不動産価格の下落率の何倍もの率で下落した

ため、投資した顧客に大きな損失が発生した。本件は、そのうちの一部の投資者が原告となって、損害賠償を求めた事案である。

　一審の大阪地判平22年10月28日セレクト39巻21頁は、レバレッジリスクに係る説明義務違反を理由に、不法行為と金販法を根拠に損害賠償を命じた。過失相殺 3 割だが、過失相殺、損益相殺の順で行ったため賠償額が少なくなっている。この控訴審判決である本件も、説明義務違反が不法行為になり、金販法違反にもなるとして損害賠償を命じた。過失相殺割合を 4 割としたが、損益相殺、過失相殺の順としたため、認容額は増加している。なお、源泉税は際し引くべき利益ではないとした。

〈裁判例29〉　みずほEB事件（大阪高判平27年12月10日判時2300号103頁）

　証券会社外務員から勧誘を受け、他社株転換条項付社債（EB）を購入した原告が、同外務員による勧誘が適合性原則違反、説明義務違反等の不法行為または金販法 3 条の説明義務違反であるとして損害賠償請求した事案である。

　一審は原告の請求を棄却したが、控訴審判決である本件では、説明文書の交付がなかったと認定し、金販法 3 条の説明義務に違反したとして（その余は判断せず）、同法 5 条に基づき損害賠償を命じた（2016年 6 月に上告棄却・不受理で確定した）。過失相殺はない。

第 3 章　金融サービス提供法における 金融商品仲介業の規制

●第 3 章のポイント●

- ・金サ法の横断的仲介法制部分は、何がどう横断的なのか。
- ・金融サービス仲介業では、各分野特有の制約（情実融資の禁止、インサイダー情報を利用した仲介勧誘の禁止、告知妨害の禁止など）はどうなるのか。
- ・この規制の創設により、実態はどのように変化するのか。

【事例】

　スマホに入れていた SNS アプリで、預金の預入れ、引出し、支払い、株の売買、保険の加入ができるようになり、借金もできることになったので、気楽に借金で株を買ったら、借入れの上限を一方的に決められた。上限はどのようにして決められるのか。

1　概　要

　第 1 章 2 のとおり、金販法は、2020年 6 月 5 日改正で金融サービス仲介業の規定が追加され（金サ法11条～105条）、金サ法に改称した（2021年11月 1 日施行）。[2]

　金融サービス仲介業とは、「預金等媒介業務、保険媒介業務、有価証券等仲介業務又は貸金業貸付媒介業務のいずれかを業として行うこと」（金サ法11条 1 項）である。この改正で、業態ごとの縦割りだった既存の仲介業（銀

2　第201回国会「金融サービスの利用者の利便の向上及び保護を図るための金融商品の販売等に関する法律等の一部を改正する法律案新旧対照表」（金融庁ウェブサイト）、渡邉将史「金融商品販売法等改正案」立法と調査423号（2020年）47頁～51頁参照（参議院ウェブサイト）。

【図表41】　既存の仲介業と金融サービス仲介業の比較

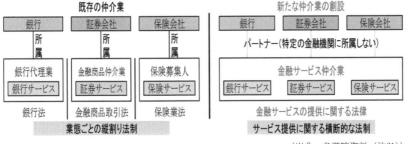

（出典　参議院資料（注61））

【図表42】　金融サービス仲介業──利用者保護のための主な規制

○　様々なサービスを取り扱えるよう、金融サービス仲介業には、特定の金融機関への所属を求めない。
○　代わりに、取扱可能なサービスの制限や利用者財産（サービス購入代金など）の受入禁止、保証金の供託義務により利用者保護を図る。

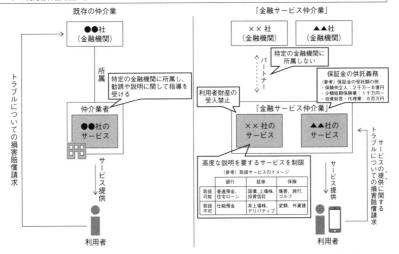

（出典　一般社団法人ファイナンシャル・アドバイザー協会主催の第 3 回セミナー「『金融サービス仲介業』創設の背景および概要について」（2021年 6 月10日開催）において用いた金融庁企画市場局総務課決済・金融サービス仲介法制室長の守屋貴之氏による講演資料）

行代理業、金融商品仲介業、保険募集人など）と異なり、「金融サービス仲介業」という一つの登録で、銀行・証券・保険すべての分野のサービスを仲介可能とするなど、ワンストップ提供がしやすくなった。さらに、協同組織金融機関や貸金業者のサービスも仲介可能となる。そのうえ、一定の要件を満たせば、電子決済等代行業（顧客側で銀行との間に入る業務）の登録手続も省略可能となる。

　ただし、「顧客に対し高度に専門的な説明を必要とするものとして政令で定めるもの」は、金融サービス仲介業者は取り扱うことができない（金サ法11条1項〜5項）。それから、金融サービス仲介業には、既存の仲介業と異なり、所属制を採用していない。そのかわり、損害賠償請求される場合の資力確保の趣旨で、保証金の供託義務が設けられている。

2　取扱い可能な金融サービス

(1)　基　準

　金融サービス仲介業で取扱い可能な金融サービスの範囲は、顧客保護の観点から「高度に専門的な説明を必要とするものとして政令で定めるものを除く」こととした（金サ法11条1項〜5項）。「商品設計が複雑でないものや、日常生活に定着しているものなど」に限って取扱いを認めることが適当である旨、WG 報告で示されたことを受け、政令では、顧客の保護、顧客の利便、イノベーションの促進の三者のバランスに配慮して、除外されるものについて次のとおり規定している。

3　施行令新旧対照表および内閣府令については、「『令和2年金融商品販売法等改正に係る政令・内閣府令等』に関するパブリックコメントの結果等について（令和3年6月2日）」別紙2・別紙3参照（金融庁ウェブサイト）。

⑵　預　金

　預金で除外されるのは、特定預金（外貨預金、仕組預金など投資性のある預金）（金サ法施行令17条 1 項 1 号）、譲渡禁止特約のない定期預金（譲渡預金）（同項 2 号）、**貸付け**で除外されるのは、消費者金融において極度額内で貸付けを行う契約（カードローン契約等）や極度額内で手形割引を行う契約（同条 2 項 1 号）およびそれに基づく貸付けまたは手形割引（同項 2 号）である。

⑶　保　険

　保険で除外されるのは、特定保険（外貨建て保険、変額保険等の投資性のある保険）（金サ法施行令18条 1 号）、不動産火災保険（同条 2 号）、再保険（同条 3 号）、法人保険（同条 4 号）、団体保険（同条 5 号）、府令で定める保険（同条 6 号、転換契約（金サ法府令 5 条 2 項 1 号）、基礎率変更付きの第三分野保険（同項 2 号）を定める）、保険給付1000万円以上の生命保険（金サ法施行令18条 7 号イ⑴）、同600万円以上の傷害疾病定額保険（同号イ⑵）、同2000万円以上の損害保険（同号イ⑶）、終身保険（同号ロ）である。

⑷　証　券

㋐　有価証券取引の媒介

　有価証券の売買は、原則として除外し、取り扱えるもの（媒介できるもの）（金サ法11条 4 項 1 号）を例外として規定している。ただし、(A)〜(I)に該当しても、リスクの大きい信用取引、デリバティブ取引は除外される（金サ法施行令19条 1 項 2 号）。

(A)　公社債

　公社債のうち、取得勧誘・売付けが募集・売出しに該当し、元本欠損・通貨変更・利率変動・期限前償還・劣後等のいずれの特約もないもの（金サ法施行令19条 1 項 1 号イ、金サ法府令 6 条 1 項）を取り扱うことができる。仕組債や劣後債は除かれる。

(B)　株　式

株式は、上場株式等（上場廃止の予定ないしおそれのあるものは除く）（金サ法施行令19条 1 項 1 号ロ、金サ法府令 6 条 2 項）を取り扱うことができる。未公開株は取り扱えない。

(C)　投資信託

投資信託受益証券のうち、取得勧誘・売付けが募集・売出しに該当し（金サ法施行令19条 1 項 1 号ハ(1)ⅰ）、または上場されていて（上場廃止の予定ないしおそれのあるものを除く）（同号ハ(1)ⅱ、金サ法府令 6 条 2 項）、かつ、デリバティブ取引に係る権利を信託財産とするものでないもの（金サ法施行令19条 1 項 1 号ハ(2)）を取り扱うことができる。

(D)　投資証券

投資法人の投資証券のうち、取得勧誘・売付けが募集・売出しに該当し（金サ法施行令19条 1 項 1 号ニ(1)ⅰ）、または上場されていて（上場廃止の予定ないしおそれのあるものを除く）（同号ニ(1)ⅱ、金サ法府令 6 条 2 項）、かつ、デリバティブ取引にかかる権利を投資の対象とするものでないもの（金サ法施行令19条 1 項 1 号ニ(2)）を取り扱うことができる。

(E)　投資法人債

投資法人債のうち、取得勧誘・売付けが募集・売出しに該当し、かつ、元本欠損・通貨変更・利率変動・期限前償還・劣後等のいずれの特約もないもの（金サ法施行令19条 1 項 1 号ホ、金サ法府令 6 条 1 項）を取り扱うことができる。

(F)　受益証券発行信託

受益証券発行信託の受益証券のうち、上場されていて（上場廃止の予定ないしおそれのあるものを除く）（金サ法施行令19条 1 項 1 号ヘ(1)、金サ法府令 6 条 2 項）、かつ、有価証券またはデリバティブ取引にかかる権利を信託財産とするものでないもの（金サ法施行令19条 1 項 1 号ヘ(2)）を取り扱うことができる。

252

(G)　外国証券

外国証券で(A)(B)(F)に類似するもの（金サ法施行令19条 1 項 1 号ト）を取り扱うことができる。

(H)　預託証券

預託証券で(A)～(G)の有価証券表示権利で上場されたもの（金サ法施行令19条 1 項 1 号チ）を取り扱うことができる。

(I)　有価証券表示権利

(A)～(H)の有価証券表示権利（金サ法施行令19条 1 項 1 号リ）を取り扱うことができる。

(イ)　有価証券取引の委託の媒介

(A)～(I)以外の有価証券取引の委託の媒介は除外される（金サ法11条 4 項 2 号、金サ法施行令19条 2 項 1 号）。市場デリバティブ取引の委託の媒介も除外される（同項 2 号）。

(ウ)　有価証券の募集・売出し、私募・私売出しの取扱いの媒介

(A)～(I)以外の有価証券の募集・売出しの取扱いの媒介は除外される（金サ法11条 4 項 3 号、金サ法施行令19条 3 項）。私募・私売出しの取扱いの媒介は除外される（同項）。

(エ)　投資顧問契約、投資一任契約

(A)～(I)以外の有価証券に係る投資顧問契約の媒介（金サ法11条 4 項 4 号金サ法施行令19条 4 項）、投資一任契約の媒介（同条 5 項）は除外される。

(5)　貸金業貸付け

貸金業貸付けで除外されるのは、個人顧客との間の資金の貸付けまたは手形の割引を内容とする契約のうち、定められた条件に従った返済が行われることを条件として、請求に応じて極度額の限度内において資金の貸し付けまたは手形の割引を行うことを約するもの（金サ法施行令21条 1 号）およびそれに基づく貸付けまたは手形割引（同条 2 号）である（金サ法11条 5 項）。枠を設定してその範囲内で自由に借りることができる契約は、多重債務の温床

となることが懸念され制限されたものである。

⑹　まとめ

　この結果、金融サービス仲介業で媒介するものとしては、普通預金、住宅ローン、国債、上場株式、投資信託、損害保険、旅行保険、ゴルフ保険、単発的な貸金業貸付けなどが例示されている。

3　登　録

　金融サービス仲介業は、内閣総理大臣の登録を受けた者でなければ行うことができない（金サ法12条。登録義務）。所定の要件を満たした登録申請をすると、登録拒否事由（同法15条）に該当しない限り、登録される（同法14条1項）。登録されるとその旨を通知され（同条2項）、公衆の縦覧に供される（具体的には、金融庁ウェブサイトの登録業者一覧表に掲載される）（同条3項）。登録事項に変更があれば、変更登録を行う（同法16条）。なお、銀行法等の特例（同法17条）がある。

　電子金融サービス仲介業務（もっぱらネットで行う金融サービス仲介業務。金サ法13条6号）を行う金融サービス仲介業者は、金サ法18条に掲げる要件のすべてに該当する場合には、銀行法52条の61の2の規定にかかわらず、**電子決済等代行業**（同法2条17項）を行うことができる（金サ法18条）。

　金融サービス仲介業者でない者は、金融サービス仲介業者という商号もしくは名称または紛らわしい商号もしくは名称を用いてはならない（金サ法19条）。金融サービス仲介業者は、標識の掲示義務を負う（同法20条。標識掲示義務）。名義貸しは禁止される（同法21条）。

　金融サービス仲介業者は、所定の保証金を供託しなければならない（金サ法22条。保証金の供託義務）。ただし、賠償責任保険契約を締結した場合は、保険金の額に応じて保証金の一部の供託をしないことができる（同法23条）。

　2022年6月1日現在、登録業者は3社（保険媒介、証券仲介各1社、預金等

媒介・保険媒介・証券仲介 1 社）である。

4　業　務

(1)　共　通

　金融サービス仲介業者並びにその役員および使用人は、顧客に対して誠実かつ公正に、その業務を遂行しなければならない（金サ法24条。誠実義務）。

　金融サービス仲介業者は、金融サービス仲介業務を行うときは、あらかじめ、顧客に対し、商号等、住所、登録業務の種別、代理権がないことなど権限に関する事実、金銭の預託を受けることが禁止されている趣旨、損害賠償に関する事項、府令事項を明らかにしなければならない（金サ法25条 1 項）。

　府令では、①登録番号、②相手方金融機関の商号、名称または氏名、③顧客が金融サービス仲介業者に支払う手数料・報酬・対価（手数料等という）の額もしくはその上限額または計算方法の概要（これらを明示することができない場合は、その旨および理由）、④顧客が相手方金融機関に支払う手数料等が相手方金融機関により異なるときはその旨、⑤投資助言業務の顧客に対し金融サービス仲介行為を行うときは、当該金融サービス仲介行為により得ることとなる手数料等の額または算定方法、⑥相手方金融機関との間の資本関係および人的関係並びに金融サービス仲介行為に係る委託契約の有無、⑦顧客に対する情報の提供、説明および書面の交付等についての金融サービス仲介業者と相手方金融機関の役割分担に関する事項を規定する（金サ府令33条 2 項）。

　顧客から求められたときは、その仲介業務に関して（相手方金融機関から）受け取る手数料その他の対価の額、その他府令事項を明らかにしなければならない（金サ法25条 2 項）。

　府令では、①取引関係にある主な相手方金融機関の商号、名称または氏名、相手方金融機関から受領した手数料等合計金額総額に占める顧客が締結しよ

うとする金融サービス契約に係る相手方金融機関から受領した手数料等合計金額の割合、②供託している保証金の額、または保証委託契約の供託金額、賠償責任保険契約の保険金額と規定する（金サ府令34条）。

　金融サービス仲介業者は、重要事項の顧客への説明、顧客情報の適正取扱い等、健全かつ適切な運営を確保するための措置を講じなければならない（金サ法26条）。

　金融サービス仲介業者は、その業務に関して顧客から金銭等の預託を受けてはならないし、密接な関係者に預託させてもならない（金サ法27条）。

　金融サービス仲介業者は、指定紛争解決機関と契約を締結する義務がある（金サ法28条）。

(2)　分野ごとの規制

　金融サービス仲介業という横断的仲介業としたものの、分野ごとに要請される独自の規制は、その分野の業務を行う場合には適用されることとなる（金サ法29条〜32条）。

㋐　預金等媒介業務を行う金融サービス仲介業者

　預金等媒介業務を行う金融サービス仲介業者には、銀行法52条の44第2項（顧客に対する説明等）・52条の45（銀行代理業に係る禁止行為）が準用される（金サ法29条）。

　したがって、預金等媒介業務を行う金融サービス仲介業者は、府令で定めるところにより、預金または定期積金等に係る契約の内容その他預金者等に参考となるべき情報の提供を行わなければならない。また、次の行為が禁止される。

① 　顧客に対し、虚偽のことを告げる行為

② 　顧客に対し、不確実な事項について断定的判断を提供し、または確実であると誤認させるおそれのあることを告げる行為

③ 　顧客に対し、「密接関係者」の営む業務に係る取引を行うことを条件として、資金の貸付けまたは手形の割引を内容とする契約の締結の代理

【図表43】　金融サービス仲介業──その他の規制

> ○　金融サービスの仲介を行う場合に利用者保護等のために必要となる規制は、銀行分野・証券分野・保険分野で異なることがある。
> ○　金融サービス仲介業については、取り扱うサービスの分野に応じ、必要な規制を過不足なく適用する。

金融サービス仲介業の規制

銀行分野 [預金受入・貸付・為替取引]	証券分野 [有価証券売買・投資信託直売]	保険分野 [保険引受]

共通の規制	○　健全かつ適切な運営を確保するための措置（顧客に対する情報提供、顧客情報の適正な取扱い等） ○　誠実義務 ○　金融機関から受け取る手数料等の開示 ○　名義貸しの禁止 ○　標識の掲示 　　　　　　　　　　　　　　　　　　　　等

	＋	＋	＋
分野に応じた規制	○　情実融資の媒介の禁止 　　　　　　　　　等 ※　金融サービス仲介業者が貸金業者の貸付を媒介する場合について、誇大広告禁止や取立て行為規制を措置。	○　インサイダー情報を利用した勧誘の禁止 ○　損失補填の禁止 ○　顧客の注文の動向等の情報を利用した事故売買の禁止 　　　　　　　　　　　　　　等	○　自己契約の禁止 ○　告知の妨害の禁止 ○　不適切な乗換募集の禁止 　　　　　　　　　　等

※　上記のほか、監督規定や、認定金融サービス仲介業協会及び裁判外紛争解決制度に関する規定を整備。

（出典　金融庁ウェブサイト）

または媒介をする行為（例外あり）

④　「密接関係者」に対し、取引の条件が（所属）銀行の取引の通常の条件に照らして当該（所属）銀行に不利益を与えるものであることを知りながら、その通常の条件よりも有利な条件で資金の貸付けまたは手形の割引を内容とする契約の締結の代理または媒介をする行為（例外あり）（**情実融資の媒介禁止**）

⑤　①～④のほか、顧客の保護に欠け、または所属銀行の業務の健全かつ適切な遂行に支障を及ぼすおそれがあるものとして府令で定める行為

(ｲ)　保険媒介業務を行う金融サービス仲介業者

保険媒介業務を行う金融サービス仲介業者には、保険業法293条（商法の仲立人に関する規定の準用）・294条１項・２項（情報の提供）・294条の２（顧客の意向の把握等）、295条（自己契約の禁止）・298条（結約書の記載事項）・300

条1項（保険契約の締結に係る禁止行為等）・309条7項・8項・10項（保険契約の申込みの撤回等）が準用される（金サ法30条）。

　したがって、保険媒介業務を行う金融サービス仲介業者には、保険契約の内容その他保険契約者等に参考となるべき情報の提供義務がある。また、顧客の意向を把握しそれに沿った提案をし、その内容が意向に合致していることを顧客が確認する機会を提供する義務がある。さらに、意向把握確認義務、禁止行為（自己契約の禁止、告知妨害の禁止、不適切な乗換え勧誘の禁止等）、クーリングオフなどの規制が適用される。

㈦　有価証券等仲介業務を行う金融サービス仲介業者

　有価証券等仲介業務を行う金融サービス仲介業者には、金商法38条の2（投資助言・代理業または投資運用業の禁止行為）・66条の14（1号イ・ロ・3号を除く）（金融商品仲介業の禁止行為）・66条の14の2（特定投資家向け有価証券の売買の媒介等の制限）が準用される（金サ法31条）。特定金融サービス契約（特定預金契約、特定保険契約、金融サービス仲介業者が行う有価証券等仲介業務による契約をいう）に係る金融サービス仲介業務を行う金融サービス仲介業者には、金商法第3章第1節第5款（一部を除く）・第2節第1款（一部を除く）・45条（一部を除く）が準用される（金サ法31条2項）。

　したがって、有価証券等仲介業務を行う金融サービス仲介業者には、インサイダー情報を利用した勧誘の禁止（金商法66条の14第1号ホ）、損失補てんの禁止（同法38条の2）、顧客の注文の動向等を利用した自己売買の禁止（同法66条の14第2号）などの規制が適用される。

㈣　貸金業貸付媒介業務を行う金融サービス仲介業者

　貸金業貸付媒介業務を行う金融サービス仲介業者には、貸金業法12条の4から12条の9（証明書等の携帯、暴力団等の使用禁止、貸金業者の禁止行為、生命保険契約等の締結に係る制限、利息・保証料等に係る制限等、相談および助言）・14条（4号を除く）（貸金業者の禁止行為）・15条〜18条（貸付条件の広告、誇大広告の禁止等、書面交付）・19条の2〜20条の2（帳簿の閲覧、特定公正証書に係る制限、公的給付に係る預金通帳等の保管等の制限）・21条（2項5号を除

く）（取立て行為の規制）・22条（債権証書の返還）が準用される（金サ法32条）。

5　認定金融商品仲介業協会

　2021年6月に設立された一般社団法人日本金融サービス仲介業協会が、2021年11月1日付けで金サ法40条に基づく金融庁長官の**認定**を受け、同法11条7項に規定される認定金融サービス仲介業協会となった。同法における「金融サービス仲介業」について、関連する業務の適正性の確保とその健全な発展および利用者の保護に資することを目的に、普及推進および自主規制機能を担う（金サ法11条7項・40条～50条）。

6　指定紛争解決機関

　ほかの金融業と同様、金融サービス仲介業者は、苦情と紛争のそれぞれについて適切な態勢を整備することが求められている（金サ法51条～73条）。日本金融サービス仲介業協会は、金融サービス仲介業者の金融サービス仲介業に関する利用者からの申立による紛争解決（ADR）については、東京三弁護士会の紛争解決センター・仲裁センターを紛争解決措置として利用する協定を締結している。2021年11月1日以降に発生した紛争の解決に利用できる。

7　金融サービスのプラットフォーム業者

　金融サービス仲介業は、顧客とさまざまな分野の金融関係業者をマッチングさせる「金融サービスのプラットフォーム」（【図表44】）ということができる。

　一つの金融サービスのみ仲介する業者、複数の金融サービスを仲介する業者、さらにその他のサービスも仲介する業者など、多様な形態が想定される。

【図表44】　金融サービスのプラットフォーム

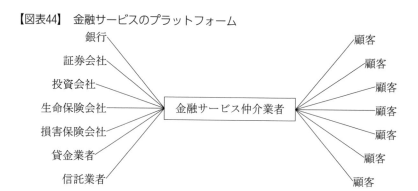

第5部
投資被害救済の法理論

●第5部のポイント●

- ・契約の拘束からの解放によって被害が救済されるのはどのような場合か。
- ・契約の拘束から解放された後の不当利得の処理はどのようにするのか。
- ・被害救済手段として、不法行為に基づく損害賠償請求はどのように使われているか。
- ・適合性原則違反、説明義務違反と不法行為の関係はどうなっているか。
- ・被害救済の観点からは、「契約の拘束からの解放（不当利得返還請求）の道」と「損害賠償請求の道」の長所、短所は何か。

【事例】
〔証券会社、銀行、保険会社による被害〕
- ・老後の資金を投入し、証券会社の言いなりに株式売買を承諾し続けたらなくなってしまった。
- ・銀行から定期預金満期なので印鑑持参で来店を求められ応じたら、元本確保型投資信託とリスク限定型投資信託を勧められ承諾した。2年後に4割減ってしまった。
- ・保険会社から、銀行預金を解約し一時払外貨建て保険に入るよう勧められ承諾した。数年後、老人ホームに入ることになり、その資金源としてこの契約を解約したところ、何割も減ってしまった。
〔商品先物会社、FX会社による被害〕
- ・専門家に任せれば安心だと言われ、外務員の言うとおりに商品先物取引を承諾し続けたら、さらにお金を入れないと負債が残ると言われた。お金を入れたほうがよいか。
〔無登録会社、投資詐欺会社による被害〕
- ・確実に利益の出る投資だと言われて資金を出したら、連絡がとれなくなった。騙されたようだ。回収できないか。

第1章　投資被害救済の法理論に二つの道

　投資被害救済の法理論には、①「契約の拘束からの解放型」（不当利得返還請求型）と、②「損害賠償請求型」がある。

　①は、契約のない状態とすることで、支出済みの金銭について支出の法的根拠がないことに着目して返還を請求するという方向であり、不当利得返還請求権や預託金返還請求権となる。②は、契約の拘束力があることを前提に、あるいは契約の拘束力を無視して、契約をしたことまたは資金を支出させたことに関して違法な行為があったことに着目し、資金を支出したことによる損害の賠償を請求するものであり、不法行為等による損害賠償請求権となる。どちらの道も、最終的には金銭による損害の回復をめざす点では共通している。ケースによって、この二つの道のうち片方がよりよくあてはまる場合もあれば、どちらもあてはまる場合もある。

　相手が銀行、証券会社、保険会社などの普通の業者の場合は、まず①の道を検討し、事実関係によって進めるところがあればそこを進むとともに予備的・追加的に②の道も検討することとし、①の道に見込みがない場合は、②の道に集中する。裁判で①②の両方の道を主張する場合は、①は主位的請求、②は予備的請求という関係になる。

　相手が詐欺的業者の場合は、支払能力の問題や関係者を放置することが相当でないことなどから、業者である会社だけでなくその役員や勧誘した従業員も請求対象とすることが適切なので、業者に対しては①の道もあるが、全体としては②の道のうち共同不法行為による損害賠償請求が中心となる。

　なお、詐欺的業者による被害の救済の場合には、以上のような権利義務に関する局面の法理論のほか、資産のある加害者・関係者の捜索・特定のための法技術、資産の確保（預金口座凍結、預金仮差押えなど）や判決の強制執行に関する工夫（差し押さえる預貯金の特定の程度、執行文数通付与のタイミング）も重要である。

第2章　契約の拘束から解放する道

1　契約の拘束からの解放とその形（不成立・無効・取消し・解除等。民法を逆さまにみる）

　契約には拘束力があり、守らない場合は強制執行の制度により国家が強制的に履行や損害賠償を実現することができることとなっている。このことは契約の種類・善悪を問わないので不当な契約にもあてはまることとなり、不当な契約による被害の救済という観点からは、契約の拘束からの解放が重要なテーマになる。その方法として、契約不存在、契約不成立、無効、取消し、解除（またはクーリング・オフ）等がある。契約の拘束から解放できない場合は、信義則や損害賠償請求（不法行為）を検討することとなる。

①　契約の外形がない場合は、契約不存在である（無断売買など）。

②　意思表示の不合致の場合は、契約不成立となる（民法521条以下）。

③　公序良俗違反（民法90条）、強行法規違反（同法91条・90条）、錯誤（同法95条（2020年3月末まで））、虚偽表示（同法94条）、意思能力なし（同法3条の2）、不当条項（消費者契約法8条〜10条）の場合は無効である。

④　詐欺・強迫（民法96条）、錯誤（同法95条（2020年4月以降））、未成年者（同法5条）、不当勧誘（消費者契約法4条、特定商取引法9条の3など）の場合は取り消す。

⑤　債務不履行解除（民法541条〜543条）、中途解約権（特定商取引法40条の2・49条など）、クーリング・オフ（同法9条、金商法37条の6、保険業法309条など）により契約の拘束をなくす。

⑥　信義則（民法1条2項）による請求権の否定・減縮、義務調整、解釈による調整をする。

⑦　契約の拘束からの解放ではなく、損害賠償請求（不法行為（民法709

【図表45】　契約の拘束からの解放

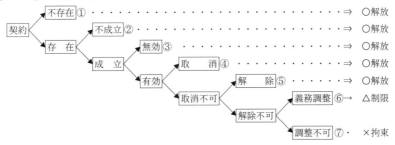

条）、金サ法６条など）をする。

　以上を図示すると【図表45】のとおりである（⑦では、契約の拘束から解放
されないが、損害賠償請求により被害回復がめざされる）。

2　拘束からの解放の意義

　不当な契約をしたことにより被害を被っているのであるから、その被害救
済では、不当な契約の拘束力を否定する方法をとることが合理的であるし、
理論的でもある。民法や特別法が契約の拘束からの解放の手段を準備してい
るし、拘束力を信義則によって制限することについては判例も蓄積されての
で、被害救済のためには、まずはこれらをいかに使うかが検討されるべきで
ある。

　契約の拘束からの解放による被害救済は、損害賠償請求による被害救済と
比較すると、過失相殺の可否、時効期間等で有利な面が多いほか、被害額が
未定ないし不明の場合など、損害賠償請求では解決できないケースでも使え
るという特徴がある。不当利得の清算については、現存利益、利息の率と始
期、損害賠償の加算などについて、理論的問題もある。

3　拘束からの解放の形と裁判例

(1)　不存在

　無断売買のような、本人の意思表示がまったくない場合は契約の外形すら
ないので、その売買はないものとして無視し、売買前に預けていた資金等に
ついて、不当利得返還請求または口座設定契約に基づく預託金（または預託
証券）返還請求をすることができる。

〈裁判例30〉 無断売買事件（最判平 4 年 2 月28日判タ783号78頁）

　証券会社の担当者が顧客口座を利用して無断で株式等の売買をし、その結
果生じた手数料・売買差損などに相当する金額を顧客口座から引き落とす会
計処理がされたため損害賠償請求をした事件である。判決は、損害はないと
して損害賠償請求は認めず、顧客はその取引がないものとして計算した額の
預託金等の返還を求めることができるとした。これにより、顧客から委託を
受けたことの立証責任が証券会社にあることが明確となった。

---

(2)　不成立

　契約に関する意思内容が曖昧な場合、申込みの意思と承諾の意思の内容が
一致したといえず、契約が不成立と判断されることがある。この場合は、支
出した金銭が不当利得となるので返還を求めることができる。原野商法や投
資詐欺取引で検討される。

〈コラム25〉 ロコ・ロンドン貴金属取引商法

　2007年頃まで流行した、CFD 取引（Contract for Difference）型の投資詐
欺商法である。ロンドン市場の貴金属価格を指標として証拠金の10倍程度か

ら数十倍の取引をしたことにして価格変動後の反対売買で差金決済をする取引を装う。業者（Bと表示）が、①相対型の相手方となる取引（A－B）、②相対型の相手方となる取引でカバー取引あり（A－B……（カバー取引）……C）、③相対型の仲介をする取引（A－(B)－C）、④市場取引の仲介をする取引（A－(B)－市場）のうち、いずれであるかを故意に曖昧にしたパンフレット・契約書を用いる。「売買委託契約書」、「売買取引を行うことを委託します」「委託者」、「受託者」等の表現をするが仲介先の記載はない。「店頭取引」の語を用いて相対型の相手方ととれる記載をしながら、クーリング・オフを記載した「特定商取引法にもとづく交付書面」を交付するなどして仲介のふりをする（仲介で2007年 7 月15日以降の取引であれば、その部分は特定商取引法の対象）。このように、業者は①②なのに契約書等に①②の表現と③④の表現を意図的に混在させて③④を装っている。このような契約は、不成立と判断されてよいと思われるが、そのような判断をした裁判例には接していない。

(3)　無　効

　契約成立の場合でも、効果を否定できる場合はそれを前提にして不当利得の返還を請求する。公序良俗違反（民法90条）、強行法規違反（同法91条）、錯誤（改正前民法95条）などの場合である。高齢者名義口座での無断売買が絡む事件では意思能力なし（民法 3 条の 2 ）ということもある。

　具体的には、証券取引（成年後見人選任直前の投資信託の取引につき意思能力がなく無効であるとした東京地判平15年 7 月17日セレクト22巻222頁）、海外商品先物取引（公序良俗違反で無効とした東京地判平 4 年11月10日判時1479号32頁）、変額保険と融資（変額保険契約と銀行融資契約の双方とも錯誤無効とした、①大阪高判平15年 3 月26日金判1183号42頁、②東京高判平16年 2 月25日金判1197号45頁、③東京高判平17年 3 月31日金判1218号35頁）、簡易保険（受取り年金額が払込み保険料を下回る危険性の存否、程度の認識を欠いていたので錯誤により

無効であるとした岡山地判平18年11月30日セレクト29巻325頁）、仕組債（大阪地判平22年3月30日セレクト37巻96頁）について判決がある。

　これらは、不法行為に基づく損害賠償請求では十分な被害救済が困難なケースでも、契約の拘束から解放することによって被害救済を実現している。

〈コラム26〉　変額保険事件

　1989年から1991年にかけ、銀行員と生保外務員が、「1円もかからない相続対策商品」であり「相続税から家を守る方法」であるとして、変額保険と銀行融資をセットで大都市の高齢者に大量に勧誘販売した事件であり、数年後には、自殺者が相次ぐなどの極めて深刻な被害をもたらした。この「相続対策」は、自宅を担保に銀行から数千万円～数億円の融資を受けてそれをそっくり変額生命保険の保険料として生保会社に一時払いする方法であり、負債の運用という極めてリスクが大きい形であるにもかかわらず、このリスクを意識させない勧誘がされることで、リスク認識をもたない高齢者が銀行に対する信用に依拠して契約した。

　変額保険に関する判決は1992年からの10年間で400件を超える。消費者の請求を認容した判決もあるが、記憶力の衰えた高齢者が口頭で行われた勧誘経過につき立証責任を負うこと、銀行の裏書書が証拠として提出されないこと、勧誘規制が不十分であったこと、裁判所の認識不足などが原因で、消費者の請求を棄却する判決のほうが相当多い（これらとは別に、判決前に和解で終了した例は相当ある）。請求を一部認容した判決は、ほとんどが説明義務違反等の不法行為による損害賠償であり、錯誤無効とした判決は数件にとどまる。

〈裁判例31〉　変額保険・融資錯誤無効事件
（東京高判平16年2月25日金判1197号45頁）

　高齢者Dが、1990年、みずほ銀行の行員および同行した日本生命保険相互会社の外務員に相続対策として勧誘された融資一体型変額保険契約（被保険者は長男C）を実行したところ、後日、説明と異なることに気づき、1997年、変額保険を解約して返戻金を銀行に返済した。それでも多額の借金が残った

ので、銀行と生保を被告として損害賠償請求等をした事案である。その後高齢者Ｄが死亡し、長男Ｃが訴訟を承継した。なお、融資一体型変額保険契約がなかったとしても相続税はゼロとなることが明らかにされている。一審（東京地判平14年 2 月27日金判1197号55頁）は請求を棄却した。

　控訴審判決は、「上記のような、ア、イの諸事情をあわせ考慮すると、Ｄないしその代理人であった控訴人Ｃは、本件保険契約及び本件融資契約を締結するに当たり、その相続税対策としての有効性について、単に見通しを誤ったとみなされるべきではなく、そもそも有効性を欠いていた本件保険契約の効果を誤信して、本件各契約の締結に至ったものというべきであり、Ｄの意思表示には重大な錯誤が存在したものと認めるのが相当である」とした。さらに、銀行と日本生命保険相互会社の勧誘は共同不法行為であるとして弁護士費用分の損害賠償を命じた。保険相互会社は上告を取り下げ、銀行は上告棄却・不受理で確定した（最決平16年 9 月 3 日判例集未登載）。評釈として、角田美穂子「融資一体型変額保険の不当勧誘と錯誤・不法行為」法セ601号120頁、石田剛「融資一体型の変額保険契約と融資契約が要素の錯誤により無効とされた事例」判タ1166号98頁、中田裕康ほか「説明義務情報提供義務をめぐる判例と理論」判タ1178号80頁、田澤元章「変額保険の勧誘と説明義務」山下友信＝洲崎博史編『保険法判例百選』別冊ジュリ202号（有斐閣・2010年）116頁などがある。判決文では明示的に取り扱われていないが、不当利得の処理が独特であり、今後の研究課題を提供している。

(4)　取消し

契約が有効でも、取り消すことで契約の拘束から解放される。錯誤による取消し、消費者契約法による取消し（消費者契約法 4 条）が重要である。国内商品先物取引につき、断定的判断提供を理由に消費者契約 4 条の取消しを認めたのが、名古屋高判平17年 1 月26日判時1939号83頁である。未成年者取消権、特定商取引法の取消権（海外商品デリバティブ取引の仲介の場合）もその適用がある場合は検討されるべきである。理論的には詐欺・脅迫による取

消し（民法96条）もあるが、主観面の立証が困難なためほとんど使われてこなかった。

〈裁判例32〉 商品先物取引　消契法事件
（名古屋地判平17年 1 月26日判時1939号83頁）

　商品先物会社外務員から商品先物取引を勧誘され、支出額315万円で118万4400円のアシ（不足額）が発生した事件である。①平成14年 8 月 8 日㈭ 9 時18分：東京灯油10枚売建て、②同日14時26分：東京灯油20枚売建て、③ 8 月13日㈫ 9 時10分：東京灯油30枚買落ちという取引内容で、②につき、断定的判断提供を理由に消費者契約法による取消しを認め、対応する210万円の返還を業者に命じた（①については、消費者契約法の取消し、予備的請求の不法行為ともに否定）。本訴請求（アシの請求）については①について発生したアシ（47万9800円）のみ顧客に支払いを命じた。

⑸　解　除

　契約が有効で、取消しができなくても、契約解除や、クーリング・オフ（投資顧問契約（金商法37条の 6 ）、海外商品デリバティブ取引の仲介（特定商取引法 9 条）、保険契約（保険業法309条）の場合）ができれば、契約の拘束から解放される。

⑹　信義則による請求権の否定・制限

　契約の拘束から解放されなくても、信義則を根拠に履行請求を制限する道がある。その趣旨の判決は、消費者信用の分野では多数あるが（ゴルフ会員権ローンの返還請求を半額に制限した東京地判平 3 年 4 月17日判時1406号38頁、過剰与信を前提として貸金請求を減額した釧路簡判平 6 年 3 月16日判タ842号89頁）、金融商品取引分野では、損害をこうむった顧客が原告となるのが普通であるため、少ない。ただし、商品先物取引で、証拠金を超える損害が発生

したとして業者が顧客に帳尻差損金を請求したケースでは、信義則を理由に業者の請求を棄却したり減額したりした判決が相当数ある（信義則を理由に業者の請求を半分に制限した東京地判平 5 年 3 月17日判時1489号122頁など）。[2]

第 3 章　損害賠償請求の道

1　不法行為等に基づく損害賠償請求

⑴　概　要

　契約の効果を否定できない場合は、民法の不法行為に基づく損害賠償請求の可否を検討する。**適合性原則違反、説明義務違反、不当勧誘（断定的判断提供等）、過当取引、指導助言義務違反**などがそれらの内容となる。

　金融商品取引による被害事例では、契約の拘束からの解放が可能なのはむしろ例外であり、契約の拘束とは無関係に、勧誘行為の違法性などを問題として不法行為による損害賠償請求を行うのが一般的である。特に投資詐欺事件では、業者の資力に不安があるので勧誘者や役員など関係する個人にも請求する必要があること、勧誘者や役員などを放置するのは好ましくないことから、共同不法行為など、不況行為を請求原因とすることは不可欠といえる。

⑵　適合性原則違反による不法行為

　適合性原則は、金商法40条 1 号に規定されており、その違反は、金商法においては行政処分の根拠となりうるにすぎないが、判例によって民事責任と

1　このほか、鎌田薫「信販会社の過剰与信による債務減額」森島昭夫＝伊藤進編『消費者取引判例百選』（有斐閣・1995年）164頁参照。

2　このほか、栗山修「先物取引の代金請求と損害回避の義務」森島昭夫＝伊藤進編『消費者取引判例百選』（有斐閣・1995年）36頁参照。

結びつけられている。

〈裁判例33〉適合性原則事件　（最判平17年7月14日判時1909号30頁）

　この判決は、適合性原則違反が不法行為となることがあるとした（事案の詳細は第3部第4章参照）。すなわち、「証券会社の担当者が、顧客の意向と実情に反して、明らかに過大な危険を伴う取引を積極的に勧誘するなど、適合性の原則から著しく逸脱した証券取引の勧誘をしてこれを行わせたときは、当該行為は不法行為法上も違法となると解するのが相当である〔著者下線〕」とし、日経平均株価オプションの売り取引は、各種の証券取引の中でも極めてリスクの高い取引類型で、その取引適合性の程度も相当に高度なものが要求されるとしながら、当然に一般投資家の適合性を否定すべきものであるとはいえないとして、「一般的抽象的なリスクのみを考慮するのではなく、当該オプションの基礎商品が何か、当該オプションは上場商品とされているかどうかなどの具体的な商品特性を踏まえて、これとの相関関係において、顧客の投資経験、証券取引の知識、投資意向、財産状態等の諸要素を総合的に考慮する必要がある〔著者下線〕」という判断枠組みを示した。

　その後の下級審判決は、この最高裁判決の判示を引用して、具体的事案にあてはめている。

(3)　説明義務違反による不法行為

　証券取引等の投資取引に関する訴訟のほとんどは、不法行為に基づく損害賠償請求事件であり、そのうちでも、説明義務違反を理由とするものが重要である。「当該契約を締結するか否かに関する判断に影響を及ぼすべき情報〔著者下線〕」を相手方に提供しなかった場合に不法行為による賠償責任を負うことがある。これを、デリバティブ取引を組み込んだ金融商品の取引を想定して表現すると、「いかなる性質のリスクがいかなる仕組みで組み込まれ

3　最判平23年4月22日民集65巻3号1405頁。

ている金融商品であるかということを理解し、当該リスクを引き受ける投資判断を自律的に行うことを可能とするに足りる情報提供こそが説明義務の核心〔著者下線〕ということにな」る[4]。

説明義務の対象は、当事者や取引に応じてさまざまなものがありうる。状況により、株式信用取引における逆日歩のような特殊な事項についても説明義務があるとされる[5]。

証券取引事件だけではなく、変額保険事件においても、説明義務違反による損害賠償を命じた判決が多数ある。判決が設定する説明義務の対象には変遷があり、当初は変額保険単体のしくみとリスクが対象とされていたが、途中から、融資と変額保険のセットを相続税対策として勧誘したという全体像を的確にとらえての説明義務が設定されるようになった。たとえば東京地判平17年10月31日裁判所ウェブサイト[6]などである。説明の程度は、当該顧客に理解できるような説明であることが求められている。

〈コラム27〉　生半可な表示（half truths）は悪

米国SECの規則10b-5では、重要な事項について曖昧で不確実な事実の表示は、その表示自体は真実であっても、適切な限定が欠けているため誤解を招く（misleading）もので違法とされる。すなわち、生半可な表示（half truths）は「全くの虚偽と同じ程度の悪である」[7]。日本において説明義務違反が不法行為になるとしていることに通ずる考え方といえる。

4　宮坂昌利ほか『デリバティブ（金融派生商品）の仕組み及び関係訴訟の諸問題（司法研究報告書68輯1号）』（司法研修所・2017年）123頁。

5　東京地判平17年7月25日判時1900号126頁とその控訴審である東京高判平18年3月15日セレクト27巻6頁。

6　評釈として、山田純「判批」金判1240号2頁参照。

7　ルイ・ロス（日本証券経済研究所証券取引法研究会訳）『現代米国証券取引法』（商事法務研究会・1989年）828頁。

⑷　断定的判断提供による不法行為

価格の変動等について断定的判断提供を伴う勧誘をすることは禁止されている（金商法38条2号）。民事上も、断定的判断を伴う勧誘は、不法行為法上の違法性を有することとされ、多数の裁判例がある。

〈裁判例34〉 断定的判断事件（最判平9年9月4日判時1618号3頁）

株式の購入勧誘の際に、断定的判断提供と損失保証があったとされる事案で、断定的判断提供と買付の因果関係を肯定し、「断定的判断の提供が社会通念上許容された限度を超えるものであるかなど不法行為の成否についてさらに審理を尽くさせる」ために原審に差し戻した。断定的判断の提供を伴う勧誘が不法行為となることがあること示した最初の最高裁判決である。

⑸　過当取引による不法行為

過当取引とは、証券会社外務員が、顧客が言いなりになる状態をつくったうえ、顧客の利益を省みず、手数料を得る目的で、顧客名義口座で多数回・多量の取引を実行させることである。①口座支配、②取引の過当性（多数回の取引を頻繁に行うこと）、③主観的要素（手数料取得目的等）の3要件を満たすと過当取引として違法であり、これによって顧客に損害を発生させた場合は、不法行為となるとする判例法理がまず米国で形成され、日本においても同様に形成されている。

業者は、この損害を賠償する責任がある。取引による損害全体が賠償対象となる。これに対し、手数料取得目的である点が違法性の中核であるとして、損害賠償請求できるのは手数料額にとどまるという見解もあるが、取引による損害も因果関係のある損害であることは明らかであり、手数料額に限定する理由はない。

近時は、適合性原則の深化に伴い、量的適合性原則の違反との理論的な重

なり合いがみられ、裁判例でも、それが表れている。[8]

〈裁判例35〉　過当取引　一任取引事件
（東京高判平10年 9 月30日セレクト11巻55頁）

一任勘定取引における過当取引の裁判例である。[9]

大阪高判平12年 9 月29日判タ1055号181頁は、株式会社である顧客の口座で、株式の現金取引、同信用取引、転換社債取引、投資信託取引、ワラント取引等の多種多様な取引が借入金により頻繁かつ大量に行われ、多額の損失が発生した事案で、「顧客に対する**誠実義務に違反**する詐欺的、背任的行為として、私法上も違法と評価すべきである」として、過当性、口座支配、悪意性を認定して、過当取引として違法となるとして損害賠償を命じた（過失相殺 6 割）。

(6)　指導助言義務違反による不法行為

大きなリスクを負担する可能性がある複雑な取引を多数回、多額に及んで勧誘した場合に、勧誘する側に、顧客に過大なリスクを負担させないように配慮した一定の行為をする指導助言義務が発生し、その義務違反は不法行為になるとされている。

指導助言義務違反で不法行為になるとした裁判例として、日経平均オプション取引に関し、①東京地判平29年 5 月26日金判1534号42頁、②大阪高判平17年12月21日セレクト27巻370頁、株式信用取引に関し、③大阪高判平20年 8 月27日判時2051号61頁、融資と投資信託取引を組み合わせて投資信託の信用取引となるような取引に関し、④東京地判令 4 年 3 月15日セレクト59巻205頁、⑤東京地判令 4 年 3 月16日セレクト60巻（2023年発刊予定）がある。①は過当取引でもあるとし、③は適合性原則違反、説明義務違反でもあると

8　桜井健夫ほか『新・金融商品取引法ハンドブック〔第 4 版〕』（日本評論社・2018年）326頁参照。

9　このほか、石田眞得「過当取引と損害賠償責任」神田秀樹＝神作裕之編『金融商品取引法判例百選』（有斐閣・2013年）80頁参照。

したが、②④⑤は、指導助言義務違反だけを根拠に不法行為になるとしている。適合性原則違反が不法行為になることがあるとした最判平17年７月14日判時1909号30頁で、具体的事案に関し指導助言義務違反の有無を検討すべしとの補足意見があったことも影響を与えている可能性がある。

2　金融サービス提供法等に基づく損害賠償請求

　金サ法における説明義務（同法４条）、断定的判断提供等禁止（同法５条）の違反を理由とする損害賠償請求権（同法６条）が、不法行為等に基づく損害賠償請求権と並存する。金販法３条（現在の金サ法４条）違反を根拠に損害賠償を命じた判決としては、①マイカル債事件（東京地判平15年４月９日金法1688号43頁）、②中央会クレディ事件（東京地判平22年11月30日判時2104号62頁）、③髙木証券事件（大阪高判平23年11月２日セレクト41巻315頁）、④みずほEB事件（大阪高判平27年12月10日判時2300号103頁）の４件がある（第４部第２章６）。

　商品先物取引には金サ法の適用がないが、商先法で、説明義務違反や断定的判断提供を理由とする損害賠償規定が設けられており（商先法218条４項・214条１号・217条１項１号～３号）、金サ法の適用があるのと同じ状況がつくられている。

3　金融商品取引法の位置づけ

　金商法の行為規制（適合性原則（同法40条１号）、不当勧誘禁止（同法38条１項・２項・157条）、説明義務（同法38条９号、金商業等府令117条１号））違反は、不法行為責任の判定指標であり、それ自体に民事効果はない。不招請の勧誘等の禁止（金商法38条４項）違反も同様と考えられる。

　なお、開示の場面では、金商法による民事責任（損害賠償責任）もあり、これらは第３章１と並存する（目論見書交付義務違反（同法16条）、不実記載

目論見書使用（同法17条）、有価証券届出書不実記載（同法18条・19条・21条・22条）、開示書類不実記載（流通市場取得）（同法21条の2））。ライブドア事件等の開示責任事件の民事訴訟でこの規定が使われている。

　相場操縦についても金商法160条に民事責任（損害賠償責任）の規定があり、第3章1と並存する。

　個々の被害は少額の場合が多く、クラスアクション制度があれば活用の余地は大きくなる。

第4章　請求原因の観点からの整理

1　概　要

投資被害救済の法理論を請求原因の観点から整理すると、次のとおりとなる。

① 契約の不成立　　　　　　　　　　　　　　　　　⇒　不当利得[10]

② 意思無能力（民法3条の2）（錯誤（旧民法95条））　無効

　　　　　　　　　　　　　　　　　　　　　　　　　⇒　不当利得

③ 公序良俗違反（民法90条）・強行法規違反（同法91条）
　　無効　　　　　　　　　　　　　　　　　　　　　⇒　不当利得

　　（①～③では、預託金返還請求、損害賠償請求もありうる）

④ 未成年者取消し（民法5条）・クーリング・オフ
　　（特定商取引法、保険業法等）　　　　　　　　　⇒不当利得

⑤ 適合性原則違反　　⇒　民法709条　　　　　　　⇒　損害賠償

⑥ 説明義務違反　　⇒ ⎰ 消費者契約法4条取消し
　　　　　　　　　　　⎱ （不利益事実不告知）　　⇒　不当利得
　　　　　　　　　　　⎰ 民法709条　　　　　　⎱
　　　　　　　　　　　⎱ 金サ法4条・6条　　　　⎰　⇒　損害賠償

⑦ 断定的判断提供　⇒ ⎰ 消費者契約法4条取消し　……⇒　不当利得
　　　　　　　　　　　⎱ 民法709条　　　　　　⎱
　　　　　　　　　　　　 金サ法5条・6条　　　　⎰　⇒　損害賠償

10　単発の取引の場合は単なる不当利得の清算の問題となるが、基本契約がある場合に特定の取引が無効になったり取り消されたりして特定の契約の拘束から解放された場合は、預託金返還請求となる。

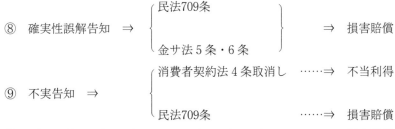

⑧　確実性誤解告知　⇒　民法709条　⇒　損害賠償
金サ法 5 条・6 条

⑨　不実告知　⇒　消費者契約法 4 条取消し　……⇒　不当利得
民法709条　……⇒　損害賠償

⑩　開示関係（金商法16条・17条・18条・21条の 2 ）　⇒　損害賠償
　・発行開示責任（目論見書交付義務違反（金商法16条）、目論見書虚偽記載（同法17条）、有価証券届出書虚偽記載（同法18条））
　・継続開示責任（有価証券報告書虚偽記載（金商法21条の 2 ））

⑪　相場操縦等（金商法160条）　⇒　損害賠償

2　説明義務違反の関係

　業者には金商法、金サ法、民法に基づく説明義務がある。一個の説明義務違反があると、金商法により行政上の処分対象となるほか、①消費者契約法 4 条 2 項規定の不利益事実不告知に該当し取り消すことによる不当利得返還義務、②金サ法 4 条の説明義務に違反して同法 6 条による損害賠償責任、③民法の不法行為による損害賠償責任を同時に負うことがある。

　消費者契約法 4 条 2 項は、勧誘に際し、重要事項またはそれに関連する事項について消費者の利益となる旨を告げ、かつ、重要事項について消費者の不利益事実を故意に告げない場合、誤認と因果関係の存在を条件に意思表示を取り消すことができるとしている。

　金サ法 4 条では重要事項の説明義務を規定し、それに違反すると同法 6 条により損害賠償義務を負うこととした。重要事項とは元本欠損のおそれとその要因等、当初元本超過損のおそれとその要因等および期間制限である。これは、消費者契約法の重要事項（契約の目的となるものの質、用途、その他の

279

内容および対価その他の取引条件）よりも限定的である。ただし、勧誘は要件ではなく、利益となる旨を告げることも不要であるし、説明しないことによる責任は無過失責任であり、「故意」が必要でないのはもちろんのこと、過失も不要である。

　以上のとおり、消費者契約法4条2項の不利益事実不告知と金サ法4条の説明義務違反では双方に該当する場合があるが、片方にしか該当しない場合もある。これに対し、これらのほとんどは、民法の信義則に基づく説明義務違反となって不法行為となるといえる。この関係を大まかに図示すると、【図表46】のとおりである。

【図表46】　説明義務違反の関係

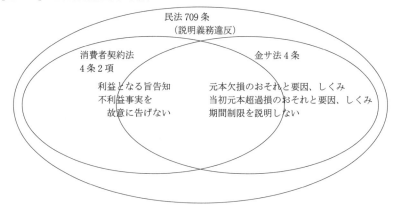

民法 709 条
（説明義務違反）

消費者契約法
4 条 2 項

金サ法 4 条

利益となる旨告知
不利益事実を
　故意に告げない

元本欠損のおそれと要因、しくみ
当初元本超過損のおそれと要因、しくみ
期間制限を説明しない

3　断定的判断提供

　消費者契約法4条1項2号の断定的判断提供と金サ法5条の断定的判断提供は要件がほとんど重なるので、一つの行為が一方の要件を満たせば、他方の要件も満たすことが多い。断定的判断提供はまた、不当勧誘として不法行

為にもなる。したがって、断定的判断提供を伴う勧誘をした場合は、①消費者契約法に基づく取消権が発生すると同時に、②不法行為に基づく損害賠償請求権、③金サ法に基づく損害賠償請求権の三つが同時に発生する。

4　確実性誤解告知

　消費者契約法 4 条 1 項 2 号は断定的判断提供のみに関する規定であり、確実性誤解告知では取消権は発生しない。これに対し、金サ法 5 条は、断定的判断提供と並んで、確実性誤解告知の場合も損害賠償請求できることとした。また、判例上、確実性誤解（誤認）告知は不当勧誘の一種と位置づけられ、断定的判断があった場合と同様、不法行為になり損害賠償請求権が発生する。このように、二つの根拠から損害賠償請求権が同時に発生する。なお、金商法38条でも確実性誤認告知を禁止しており、違反は行政処分の対象となる。

5　不実告知

　消費者契約法 4 条 1 項 1 号で、不実告知の場合は取り消すことができることとした。判例上、不実告知は不当勧誘の一種と位置づけられ、不法行為となるとされている。なお、金商法では虚偽告知を禁止しており（同法38条 1号）、違反は犯罪となるし行政処分の対象ともなる。

6　選択の際に考慮すべき要素

　当然のことながら、当該事案に最も適切にあてはまる請求原因はどれかという視点でまずは検討することになるが、その結果、以上のような、三つないし二つの請求原因が同時に成り立つ場合がある。そこで、請求原因選択の際に考慮すべき要素である過失相殺、時効、遅延損害金、立証の容易さについて次に検討する。

(1)　過失相殺

　まず、過失相殺のされやすさの違いがある。消費者契約法 4 条に基づく取消しの結果発生する不当利得返還請求権ないし寄託物返還請求権では支出額全額を回復できるが、不法行為に基づく損害賠償請求権や、金サ法 4 条の説明義務違反や同法 5 条の断定的判断提供等禁止違反により発生する同法 6 条の損害賠償請求権では、過失相殺により減額されるおそれがあるといわれる[11]。ただし、不法行為や金サ法 6 条に基づく損害賠償請求では、過失相殺は極めて限定されるとの見解をとれば、額の相違は小さくなる。

　特に、金サ法に規定する損害賠償責任が無過失責任であることに争いはなく、損害額の推定もあることから、顧客の過失を理由に損害賠償額が減額される過失相殺概念の働く余地は少ないと考えるべきであろう。加害者に無過失責任を認める場合は被害者の過失の比重を少なくすると考えられるので、それが考慮される程度は一般に低くなるといわれている[12]といわれており、金サの前身である金販法制定までには、加害者が無過失責任を負う場合に過失相殺した判例もなかった。たとえば、大判大 7 年 5 月29日判例集未登載は、仮支持の送電線を放置した電気会社に民法717条の責任を認め、送電線に触れた被害者の過失を認定しながら斟酌していない。したがって、金サ法の適用にあたっても、特に、業者側に過失がある場合は、過失相殺をすることは理論的におかしいと考える（反対：東京地判平15年 4 月 9 日金法1688号43頁）。

(2)　時　効

　次に、時効期間の違いである。消費者契約法 4 条の取消権は、契約の時か

11　滝澤孝臣『不当利得法の実務』（新日本法規・2001年）。

12　加藤一郎『不法行為』法律学全集（有斐閣・1957年）248頁、藪重大「過失相殺」谷口知平ほか編『総合判例研究叢書(12)』（有斐閣・1959年）180頁）。また、「特に加害者の過失がある場合は、被害者の過失は斟酌されがたい」とされる（中川善之助ほか編『注釈民法(19)債権(10)』（有斐閣・1965年）357頁〔植林弘〕）。

ら5年、追認できるときから1年で時効消滅する。不法行為による損害賠償請求権の消滅時効は、行為の時から20年、損害および加害者を知ったときから3年である。なお、債務不履行では損害確定時から5年（2020年4月以前は10年）である。

(3)　遅延損害金等の起算日、利率

消費者契約法4条により取り消された場合、悪意の受益者に対する不当利得返還請求となるので、交付したときからの利息を請求できる。利率は民事法定利率3％を請求することになる。不法行為等に基づく損害賠償請求では、遅延損害金の起算日につき、判例は支出時説と損害確定時説に分かれている。損害金の率は民事法定利率3％を請求することになる。

(4)　立証の容易さ

最後に、立証の容易さに関する違いである。一般に、金サ法に基づく損害賠償請求は、損害額と因果関係の推定規定があるので、不法行為に基づく損害賠償請求よりも立証上有利であるとされるが、事実関係や証拠の残り方など、ケース次第の面もある。

7　使い方

消費者は、消費者契約法による取消し後の不当利得返還請求と、民法による損害賠償請求、金サ法による損害賠償請求のうち、複数の要件を満たす場合は、複数を同時に選択的に主張することが可能であるし、事案により可能なほうまたは有利なほうを主張してもよい。主たる請求原因と予備的請求原因とすることも考えられる。

【著者略歴】

桜井　健夫（さくらい　たけお）

1954年生まれ。1977年司法試験合格。1978年一橋大学法学部卒。司法研修所を経て1980年弁護士登録（第二東京弁護士会）。現在に至る。この間、日本弁護士連合会消費者問題対策委員会副委員長、第二東京弁護士会消費者問題対策委員会委員長、東京都消費者被害救済委員会委員、国民生活センター紛争解決委員会特別委員などを歴任。2012年東京経済大学教授。弁護士としての実務経験を活かし、同大学で金融法の授業を担当。

〔主な著書〕
『新・金融商品取引法ハンドブック〔第4版〕』（共著。日本評論社、2018年）
『消費者法講義〔第5版〕』（共著。日本評論社、2018年）
『保険法ハンドブック』（共著。日本評論社、2009年）

〈消費者のための金融法講座①〉
金融商品取引法・金融サービス提供法

2023年2月13日　第1刷発行

定価　本体3,200円＋税

著　　　者　桜井　健夫

発　　　行　株式会社　民事法研究会

印　　　刷　株式会社　太平印刷社

発 行 所　株式会社　民事法研究会
　　　　　〒150-0013　東京都渋谷区恵比寿3-7-16
　　　　　TEL 03(5798)7257　FAX 03(5798)7258〔営業〕
　　　　　　　03(5798)7277　FAX 03(5798)7278〔編集〕
　　　　　http://www.minjiho.com/　info@minjiho.com

落丁・乱丁はおとりかえします。ISBN978-4-86556-542-3　C2032　¥3200E
カバーデザイン　関野美香

トラブル相談シリーズ

┤ トラブル相談の現場で必携となる１冊！ ├